La femme que j'ai voulu être

Diane von Furstenberg

La femme que j'ai voulu être

Traduit de l'anglais (États-Unis) par
Françoise Torchiana

Flammarion

Titre original : *The Woman I Wanted to Be*

ISBN : 978-2-0813-8989-2

Avant-propos

À Bruxelles, petite fille de parents exilés, je pensais que rien ne m'arriverait jamais. Je m'échappais dans les livres, m'imaginant une vie pleine d'aventures.

Je ne savais pas ce que je voulais faire plus tard, mais je savais quel genre de femme je voulais être. Plus que tout, je voulais être une femme indépendante. Pour être libre, je savais qu'il faudrait que je sois entièrement responsable de moi-même et de mes actes, fidèle à la vérité, et que je sois pour toujours ma meilleure amie.

C'est une petite robe toute simple qui m'a donné ma liberté, qui a fait de moi la femme que j'ai voulu être, et c'est cette même petite robe qui a donné confiance à tant d'autres femmes. C'est grâce à cette petite robe que j'ai vécu le Rêve américain et que j'ai pu depuis inspirer beaucoup d'autres femmes à être les femmes qu'elles veulent être.

Enfant, quand je préparais mes examens, je faisais semblant de faire la classe à des élèves imaginaires. C'était ma façon d'apprendre. Vivre, c'est apprendre. Quand je repense à toutes les strates d'expériences que j'ai engrangées, je me sens prête à partager beaucoup des leçons que j'ai apprises en chemin. Vivre, c'est aussi vieillir. L'avantage de la vieillesse, c'est d'avoir un passé, une histoire à raconter.

La vie est un long voyage. Les paysages changent, les gens vont et viennent, les obstacles surgissent et perturbent l'itinéraire prévu. Une chose est sûre cependant, on est toujours avec soi-même et je suis heureuse d'avoir été ma propre complice. C'est cette complicité honnête, et pas toujours facile, que je veux partager avec ce livre.

Les chapitres qui suivent portent sur tout ce qui m'a le plus inspirée et continue à me donner de la force : la famille, l'amour, la beauté et le monde de la mode. Mais il me faut distinguer la personne qui a été le plus importante dans le cours qu'a pris ma vie, celle qui a fait de moi la femme que je suis devenue : ma mère. Et c'est avec elle que commencent ces mémoires.

La femme que je suis

1

Mes racines

Sur les étagères de ma chambre à New York, trône un grand cadre. Il contient une page découpée dans une revue allemande datant de 1952. C'est la photo d'une femme élégante et de sa petite fille, prise en Suisse en gare de Bâle alors qu'elles attendent l'Orient Express. Blottie contre l'ample manteau de sa mère, la petite fille mange une brioche. C'était la première fois, à l'âge de cinq ans, que j'avais ma photo dans une revue. Une photo charmante. La sœur aînée de ma mère, Juliette, me l'a donnée lors de mon mariage, mais je n'ai compris que récemment sa réelle importance.

À première vue, c'est la photo d'une belle femme, apparemment fortunée, en route pour un séjour au ski avec sa petite fille aux cheveux bouclés. La jeune femme ne regarde pas directement l'objectif, mais on devine, à l'ébauche d'un sourire, qu'elle sait qu'on la photographie. Elle est élégante. Rien dans son apparence ne peut indiquer son passé et pourtant il y a seulement quelques années, elle se trouvait dans une autre gare de langue germanique, de retour d'un camp de concentration nazi, prisonnière depuis treize mois, réduite à un sac d'os, et près de mourir de faim et d'épuisement.

Que ressentit-elle lorsque le photographe lui demanda son nom, pour le publier dans la revue ? De la fierté, je pense, d'avoir été remarquée pour son style et son élégance. Sept ans seulement avaient passé depuis ce moment où elle n'était qu'un numéro. Maintenant, elle avait un nom ; de beaux vêtements, propres et chauds ; et surtout elle avait un enfant, une petite fille en bonne santé. « Dieu m'a sauvé la vie pour que je puisse te donner naissance », m'écrivait-elle chaque Nouvel An pour mon anniversaire. « Je t'ai donné la vie, et tu m'as rendu la mienne. Tu es le flambeau et l'étendard de ma liberté. »

Ma voix se brise à chaque fois que je parle de ma mère en public, bien consciente que je n'aurais pas eu cette opportunité si Lily Nahmias n'avait pas été ma mère. Il peut parfois sembler étrange que je raconte toujours son histoire, mais je ne peux pas m'en empêcher. Elle explique l'enfant que j'étais, et la femme que je suis devenue.

« Je voudrais vous raconter l'histoire d'une jeune fille qui, à vingt-deux ans, pesait vingt-neuf kilos, à peine le poids de ses os », expliquais-je récemment à un séminaire sur la santé des jeunes filles à Harvard. « La raison pour laquelle elle pesait vingt-neuf kilos, c'est qu'elle venait de passer treize mois dans les camps de la mort nazis d'Auschwitz et de Ravensbrück. C'est un véritable miracle qu'elle ait survécu, bien qu'elle ait frôlé la mort. Lorsqu'elle a été libérée et rendue à sa famille en Belgique, sa mère l'a nourrie comme un petit oiseau, une bouchée toutes les dix ou quinze minutes, puis encore un peu, comme un ballon qu'on gonfle tout doucement. Au bout de quelques mois, son poids était presque normal. »

À ce stade de l'histoire de ma mère, il y a toujours des murmures dans la salle, peut-être parce que c'est tellement choquant et inattendu, ou peut-être parce que je suis une page d'histoire vivante pour des jeunes qui ont seulement vaguement entendu parler d'Auschwitz. Il doit être difficile pour eux d'imaginer que la femme pleine d'énergie et de santé qui s'adresse à eux ait eu une mère pesant vingt-neuf kilos. Quoi qu'il en soit, je ressens tant le désir que le besoin d'honorer ma mère, son courage et sa force de caractère. C'est ce qui a fait de moi la femme qu'elle voulait que je sois.

« Dieu m'a sauvé la vie pour que je puisse te donner naissance. » Ses mots résonnent en moi chaque jour de mon existence. Il me semble que j'ai le devoir de compenser toutes les souffrances qu'elle a endurées, de toujours célébrer la liberté et de vivre pleinement. Ma naissance a été son triomphe. Elle n'était pas censée survivre ; je n'étais pas censée naître. Nous leur avons donné tort. Le jour où je suis née, nous avons toutes les deux remporté une victoire.

Je répète souvent quelques-unes des leçons que ma mère m'a inculquées, et qui m'ont été précieuses. « La peur n'est pas une solution. » « Ne t'appesantis pas sur les zones d'ombre, mais cherche la lumière et construis autour d'elle. Si une porte se ferme, ouvres-en une autre. » « Ne reproche jamais aux autres ce qui t'arrive, même si c'est affreux. Aie confiance en toi, et en toi seule, pour t'assumer. » Et elle a toujours vécu selon ces préceptes. En dépit de ce qu'elle avait enduré, elle n'a jamais voulu que les autres la voient comme une victime.

Je n'ai pas toujours autant parlé de ma mère. Comme pour tous les enfants, sa personne allait de soi. Ce n'est qu'à sa mort, en 2000, que j'ai vraiment compris quelle immense influence elle avait eue sur moi, et combien je lui devais. Comme bien des enfants, je n'y avais guère prêté attention. « D'accord, d'accord, tu me l'as déjà dit », répondais-je avec ennui, quand je n'allais pas jusqu'à faire semblant de n'avoir rien entendu. Je me rebiffais aussi contre son habitude de vouloir toujours donner des conseils – que personne ne lui avait demandés – à mes amies. À dire vrai, cela m'irritait profondément. Bien entendu, maintenant que j'ai moi-même de l'expérience et que je considère avoir la sagesse nécessaire pour dispenser d'office mes propres conseils, je fais profiter mes enfants, mes petits-enfants et tous ceux auxquels je m'adresse des leçons transmises par ma mère. Je suis devenue elle.

Quand j'étais encore une toute petite fille, à Bruxelles, je ne savais pas pourquoi ma mère avait deux rangées de chiffres tatouées sur le bras gauche. Je ne comprenais pas pourquoi notre gouvernante me disait souvent de ne pas déranger Maman lorsqu'elle se reposait dans sa chambre. Pourtant je comprenais d'instinct qu'elle avait besoin de repos, et je marchais sur la pointe des pieds pour ne pas la déranger.

Parfois, je passais outre les consignes de la gouvernante et, munie de mes petits livres d'images préférés, je me glissais dans la chambre avec l'espoir qu'elle me sourie et me lise un livre. Elle aimait les livres et m'avait appris à les chérir. Elle me lisait mes livres d'images si souvent que je les connaissais par cœur. Une de mes activités favorites était de faire semblant de savoir lire, en tournant les pages au bon moment.

Ma mère était très stricte. Je n'ai jamais douté de son amour pour moi, mais si je disais quelque chose qui lui déplaisait, ou si je ne répondais pas à ses attentes, elle me regardait avec sévérité ou me pinçait. J'étais envoyée au coin. Parfois j'y allais même de ma propre initiative, lorsque je savais que j'étais en tort. Ma mère passait énormément de temps avec moi, quelquefois à jouer, mais le plus souvent à m'apprendre tout ce qui lui passait par la tête. Elle me lisait des contes de fées, et se moquait de moi lorsque j'avais peur. Je me rappelle qu'elle s'amusait à me raconter que j'étais un bébé abandonné, trouvé dans une poubelle. Je pleurais, jusqu'à ce qu'elle me prenne dans ses bras pour me consoler. Elle voulait que je sois forte et que je n'aie peur de rien. Elle était extrêmement exigeante. Avant même que je sache lire, elle me faisait apprendre et réciter des fables de La Fontaine. Dès que je fus assez grande pour écrire, elle insista pour que je rédige des lettres ou des histoires sans faute d'orthographe ni de grammaire. Je me rappelle à quel point j'étais fière de ses compliments.

Pour m'empêcher d'être timide, elle me forçait à faire un petit discours à chaque réunion de famille, afin de m'apprendre à parler en public avec aisance, quel que soit l'auditoire. Comme bien des enfants, j'avais peur du noir mais, contrairement à la plupart des mères, elle m'enfermait dans le noir dans un cagibi et m'attendait dehors, pour que je comprenne qu'il n'y avait rien à craindre. C'était juste une des occasions où elle me disait : « La peur n'est pas une solution. »

Ma mère ne croyait pas qu'il faille trop choyer les enfants ou les surprotéger. Elle me voulait indépendante et responsable. Mes premiers souvenirs sont d'être restée seule dans ma chambre d'hôtel lorsque je voyageais avec mes parents et qu'ils sortaient dîner. J'étais fière qu'ils aient confiance en moi et me laissent seule ; j'avais plaisir à m'amuser toute seule et à me sentir une grande fille. Aujourd'hui encore, je ressens la même impression de liberté lorsque je suis seule dans une chambre d'hôtel.

Quand mes parents me permettaient de les accompagner au restaurant, ma mère m'encourageait souvent à me lever et à explorer la salle, voire à sortir et à lui raconter ce que j'avais vu, et qui j'avais rencontré. Cela a développé ma curiosité – observer les autres, devenir amie avec des gens que je ne connaissais pas. Lorsque j'avais neuf ans, elle m'a envoyée seule en train de Bruxelles à Paris pour rendre visite à sa sœur Mathilde, ma tante préférée. J'étais tellement fière ! Au fond de moi, j'avais un peu peur toute seule dans ce grand train, mais jamais je ne l'aurais admis, et la fierté l'emportait sur la peur.

J'adore toujours voyager seule, et parfois je préfère cela, même pour les affaires. J'aime l'aventure, la liberté de mouvement et les joies de l'imprévisible, ce sentiment d'excitation et de satisfaction que je ressentais déjà lorsque j'étais petite fille. Seule sur la route ou à l'aéroport, avec mon passeport, mes cartes de crédit, mon téléphone et mon appareil photo, je me sens libre, et heureuse. Je remercie alors ma mère de m'avoir toujours encouragée à « y aller ».

L'indépendance. La liberté. La confiance en soi. Telles étaient les valeurs qu'elle m'a inculquées, avec un tel naturel que je n'ai jamais eu de doute. La seule manière de vivre était d'être responsable de soi-même. Même si j'aimais et respectais ma mère, j'avais sans doute un peu peur d'elle. Aujourd'hui, je comprends qu'elle tentait d'oublier ses frustrations et ses malheurs passés et d'en faire un bloc de force et de positivité. C'était l'héritage qu'elle me destinait. Il a parfois pu m'apparaître comme un lourd fardeau, mais je ne l'ai jamais mis en doute, même s'il m'est arrivé de souhaiter appartenir à une autre famille.

Heureusement, sa sévérité à mon égard se relâcha quelque peu lorsque j'avais six ans, à la naissance de mon petit frère Philippe. Je l'adorais. À ma grande surprise, bien que n'ayant jamais joué à la poupée, je me sentais très maternelle. À ce jour, je considère Philippe comme mon premier enfant. En tant que grande sœur, je jouais avec lui et le torturais parfois un peu mais, comme ma mère avec moi, je lui apprenais tout ce que je savais et me montrais très protectrice. Lorsque nous jouions au docteur, je lui demandais d'uriner dans une petite fiole, et riais de lui lorsqu'il s'exécutait. Nous jouions également à l'agence de voyages avec les brochures touristiques de mes parents, concoctant et réservant des voyages imaginaires dans le monde entier.

Philippe m'a confié qu'il avait compris combien je l'aimais le jour où je lui ai envoyé d'Angleterre, où j'étais pensionnaire, les paroles d'un disque entier des Beatles, spécialement retranscrites pour lui. À l'époque, il n'y avait ni ordinateurs, ni Internet, ni iTunes, juste une grande sœur folle de son petit frère, avec du papier et un stylo, qui écoutait les paroles et les retranscrivait mot à mot. Nous sommes encore très proches, et il est toujours mon petit frère, que j'essaie constamment d'impressionner et de taquiner. Homme d'affaires avisé, installé à Bruxelles, Philippe a deux filles merveilleuses, Sarah et Kelly. Sa femme Greta a lancé et dirige DVF en Belgique. Philippe et moi nous téléphonons tous les week-ends, et lorsque mes parents me manquent, je l'appelle.

Je ne crois pas que ma mère se soit jamais montrée aussi sévère avec lui qu'avec moi, tant s'en faut. Après tout, c'était un garçon, et dans la famille nous sommes beaucoup plus indulgents et moins exigeants avec les garçons. C'était en moi qu'elle se voyait, la fille qu'elle voulait voir survivre quel que soit ce que la vie lui réservait. En grandissant, j'ai compris. L'indépendance et la liberté étaient cruciales pour elle, parce qu'elle les avait perdues. Sa force de caractère avait assuré sa survie.

Maman avait vingt ans, servait de courrier dans la Résistance et était fiancée avec mon père lorsque les SS l'arrêtèrent, le 17 mai 1944, lors d'une perquisition dans la cache où elle vivait. Son rôle dans le réseau était de faire des kilomètres à bicyclette dans Bruxelles pour porter des documents et de faux papiers à ceux qui en avaient besoin. Immédiatement après son arrestation, elle fut jetée dans un camion bondé et conduite, en compagnie d'autres suspects de sabotage, à la prison de Malines, en Flandres, à une vingtaine de kilomètres de Bruxelles. Pour éviter la torture et le risque de donner des informations sur son réseau, elle dit ne rien savoir et prétendit qu'elle se cachait uniquement parce qu'elle était juive. La femme qui l'interrogeait le lui avait pourtant formellement déconseillé. Ma mère passa outre et fut déportée dans le convoi numéro vingt-cinq, qui quitta Malines le 19 mai 1944. Elle fut envoyée à Auschwitz, où elle reçut le numéro 5199.

Maman m'a souvent raconté comment elle avait griffonné un mot destiné à ses parents sur un bout de papier, et l'avait volontairement laissé tomber du camion. Elle espérait que quelqu'un le ramasserait dans la rue et le porterait à ses parents, mais elle ne sut jamais ce qui était advenu de ce papier. Ce n'est qu'après sa mort que je découvrirais que le message avait bien été reçu, après avoir prêté à mon cousin germain Salvator la maison de ma mère aux Bahamas. Il m'avait laissé une grosse enveloppe pleine de photographies de famille, contenant aussi une fine enveloppe cachetée, marquée « Lily, 1944 ». Elle renfermait un bout de papier déchiré portant une écriture à peine lisible, qu'il me fallut fixer longtemps avant de la déchiffrer.

Jeudi 18 mai 1944

Mamica, et toi mon petit papa, je viens vous dire que votre petite Lily va partir, où, elle ne le sait pas, mais Dieu est partout n'est-ce pas, alors elle ne sera jamais ni seule ni malheureuse. Je veux que vous soyez tous les deux courageux, car n'oubliez pas que bientôt vous devez être bien portants pour mon mariage. Je compte plus que jamais avoir une très belle noce. Je pars avec le sourire, je vous le jure. Je vous aime beaucoup beaucoup et bientôt je vous embrasserai encore mieux que jamais.

Votre petite fille à tous, Lilica

Baisers pour tous

Je pouvais à peine respirer en déchiffrant ce mot. Était-il possible que j'aie en main le mot que Maman m'avait toujours dit avoir griffonné pour ses parents, à bord du camion qui l'emmenait à Malines ? Au verso du papier figurait un mot implorant la personne qui le trouverait de bien vouloir le porter à l'adresse de ses parents. Quelqu'un avait donc trouvé ce message, l'avait remis à mes grands-parents et à ma tante Juliette, la mère de Salvator, qui l'avait conservé secrètement toutes ces années !

Je n'en revenais pas ; jusque-là je n'avais cru qu'à moitié à son histoire de mot. Tous ces récits sur son arrestation et sa déportation m'avaient toujours paru surréalistes, plutôt dignes d'un scénario de film. Et pourtant, c'était vrai... Elle m'avait toujours dit s'être inquiétée de ses parents plus que d'elle-même. J'en tenais la preuve dans mes mains tremblantes.

Hébétée, je sortis et allai jusqu'au bord de l'eau en parlant toute seule : « Voilà qui explique qui je suis ! Je suis la fille d'une femme qui est partie en camp de concentration avec le sourire. »

Les maximes dont elle m'avait abreuvée enfant et qui m'avaient parfois ennuyée prenaient soudain une signification entièrement nouvelle. Maman avait souvent illustré une de ses préférées – « on ne peut jamais savoir ce qui est une bonne chose ; ce qui peut sembler la pire chose possible peut s'avérer, en fait, être pour le mieux » – par son récit sur le trajet inhumain jusqu'à Auschwitz et son arrivée là-bas.

Pas de nourriture. Pas d'eau. Pas d'air. Pas de sanitaires. Quatre jours enfermée dans un wagon à bestiaux bondé. Une femme « plus âgée », d'une quarantaine d'années, et parlant un peu allemand, a rassuré ma mère et lui a donné l'impression d'être protégée. Maman fait en sorte de rester à ses côtés, surtout lorsqu'elles arrivent à Auschwitz et qu'elles sont débarquées sur une rampe. Les femmes accompagnées d'enfants sont immédiatement séparées des autres, et envoyées en direction de longs bâtiments peu élevés, tandis que les autres sont forcées de s'aligner en une longue file. À la tête de cette colonne, un soldat sépare les prisonnières en deux groupes, sous le regard d'un officier vêtu de blanc, debout sur la rampe.

Quand vient son tour, la compagne de ma mère est envoyée dans la file de gauche, et Maman s'empresse de la suivre. Le soldat ne l'arrête pas, mais l'officier en uniforme blanc intervient, ce qu'il n'a pas fait jusqu'alors. Descendant la rampe à grands pas, il se dirige vers elle, la tire par le bras et la jette violemment dans le groupe de droite. Ma mère dira toujours qu'elle n'a jamais autant haï personne.

L'homme, elle l'apprendra plus tard, était le Dr Josef Mengele, le fameux Ange de la mort, qui tua et mutila tant et tant de prisonniers lors de ses expériences médicales, particulièrement des enfants et des jumeaux. Pourquoi prit-il la peine de la sauver ? Lui rappelait-elle une femme à laquelle il tenait ? Voulait-il en faire un cobaye pour ses recherches ? Quelles qu'aient été ses intentions, mauvaises ou pas, il lui sauva la vie. Le groupe de femmes plus âgées fut directement envoyé dans les chambres à gaz. Le groupe dans lequel ma mère avait été jetée ne le fut pas.

Je raconte souvent cette histoire lorsque je cherche à consoler quelqu'un, comme ma mère l'a si souvent fait avec moi : on ne sait jamais, quand ce qui semble la pire chose vous arrive, si ce ne sera pas pour le mieux.

Après cela, elle fut déterminée à survivre, quelle que soit l'horreur. Même lorsque l'odeur bien reconnaissable de la fumée qui s'échappait du crématorium devenait insupportable, et que ses compagnes répétaient : « Nous allons toutes mourir », Maman insistait : « Non, nous ne mourrons pas. Nous allons vivre. » La peur n'est pas la solution.

Près d'un million de juifs furent assassinés à Auschwitz, dont beaucoup dans les chambres à gaz. D'autres furent exécutés, ou tués dans les expériences médicales du Dr Mengele, ou moururent de faim et d'épuisement à force de travailler comme des esclaves. Maman eut de la chance, si tant est que quiconque puisse avoir de la chance dans un environnement aussi cruel. Elle fut affectée à l'équipe de nuit à l'usine d'armement voisine qui fabriquait des munitions ; aussi longtemps qu'elle était capable de travailler douze heures par jour, elle était considérée comme utile et donc laissée en vie. Elle était de petite taille, à peine 1,60 mètre, et naturellement mince. Elle n'avait jamais eu un gros appétit et réussit à subsister, malgré les maigres portions de pain et de soupe liquide qu'on lui distribuait, ainsi qu'aux autres prisonniers. Au contraire, m'expliqua Maman, les prisonnières bien en chair, privées de manière radicale par rapport à leur quantité de nourriture habituelle, étaient les premières à succomber à la faim.

Si jamais j'ai la paresse d'accomplir une corvée nécessaire, si j'hésite à sortir à cause du froid ou si je me plains de devoir faire la queue, je pense à Maman. Je l'imagine, forcée de se mettre en marche durant l'hiver 1945, avec soixante mille autres prisonniers, neuf jours seulement avant que les troupes soviétiques n'atteignent le camp. Les SS exécutèrent sommairement des milliers de prisonniers et emmenèrent les autres dans une marche de cinquante kilomètres dans la neige, jusqu'à une gare où ils furent embarqués à bord de wagons de marchandise bondés et envoyés vers le nord, à Ravensbrück, avant de devoir reprendre leur marche forcée vers de nouveaux camps. Dans le cas de ma mère, ce fut Neustadt-Glewe, en Allemagne. Quelque quinze mille prisonniers périrent lors de cette marche de la mort, de froid, d'épuisement, de maladie. Certains furent abattus par les SS parce qu'ils avaient abandonné ou étaient trop lents.

Par un véritable miracle, ma mère, pourtant si frêle, allait survivre à tout cela. Elle est l'une des 1 244 rescapés parmi les 25 631 juifs belges qui furent déportés. Sa volonté de vivre était à la fois un défi, face à tout le mal qu'elle avait enduré, et l'affirmation de son avenir. Lorsque Neustadt-Glewe fut libéré quelques mois plus tard par les Russes, bientôt suivis des Américains, Maman pesait à peine le poids de ses os.

Hospitalisée sur une base américaine, elle n'était pas censée vivre. Une fois encore, elle devait déjouer le destin. Lorsque son état fut suffisamment stable pour lui permettre de rentrer chez elle en Belgique, elle dut remplir un formulaire, comme tous les autres rescapés qui rentraient dans leur pays. J'ai retrouvé ce formulaire. Il comporte son nom et sa date de naissance, ainsi qu'une question : « dans quelle condition » rentrait-elle de ses treize mois de captivité ? Sa réponse, stupéfiante, d'une écriture parfaite : « en très bonne santé. »

*

Mon père, Léon Halfin, était très différent. Alors que ma mère était stricte et quelque peu distante, lui était indulgent et affectueux. À ses yeux, j'avais toujours raison, et il me portait un amour inconditionnel. Enfant, je l'aimais beaucoup plus que ma mère si exigeante, même si j'éprouvais peut-être plus de respect pour elle. La nuit, si j'avais besoin de me lever pour aller aux toilettes, c'était lui que j'appelais, et cela le faisait rire. « Pourquoi m'appelles-tu moi, et pas ta mère ? » demandait-il. Et je répondais : « Parce que je ne veux pas la déranger. »

Mon père ne me grondait jamais. Il m'adorait, tout simplement, et je le lui rendais bien. J'étais aussi affectueuse envers lui que lui envers moi. J'aimais beaucoup m'asseoir sur ses genoux, le couvrir de baisers et lui boire tout son thé au citron après le repas. Aux yeux de mon père, j'étais la chose la plus belle au monde, et j'étais persuadée de mériter son amour et sa dévotion.

Mon père et moi nous ressemblions et nous avions la même énergie inépuisable. Fou de voitures américaines, il m'emmenait souvent en promenade dans sa belle Chevrolet Impala à la carrosserie bleu ciel et marine, une harmonie de couleurs qui avait beaucoup de succès à la fin des années 1950.

À cette époque, bien avant les ceintures de sécurité, je me tenais à genoux sur le siège avant, plutôt que de m'asseoir, pensant faire croire aux passants que j'étais une grande personne. J'ai toujours, toujours voulu être plus âgée que je ne l'étais. Jamais je n'ai voulu être une petite fille. Je voulais être une femme, une femme sophistiquée et glamour. Et quelqu'un d'important !

Mon père, sans le savoir, encourageait ce désir. Lorsqu'il venait me souhaiter bonne nuit et m'embrasser dans mon lit, Maman le mettait souvent en garde. « Attention de ne pas éveiller ses sens », disait-elle. Papa trouvait ces propos hilarants. Comment aurait-il pu, lui, un homme adulte, éveiller les sens d'une petite fille ? Pourtant, avec le recul, et bien qu'il ait pu trouver cela hilarant, c'était bel et bien le cas. Mon père me faisait me sentir femme, et les propos de ma mère témoignaient donc de sa finesse et de son intelligence.

Mes sentiments n'étaient pas de nature sexuelle. Mais j'avais conscience que c'était un homme et que ma relation avec lui était donc différente de celle que j'aurais eue avec une femme. Quelle chance j'ai eue que ce premier homme dans ma vie m'ait aimée sans réserve, sans critique, sans jugement ! Je n'avais pas d'efforts à faire pour qu'il m'aime, je n'avais pas besoin de le contenter ; son approbation ne me demandait aucun labeur. Cela a eu un impact important sur ma vie. Bien que je n'en aie pas été consciente à cette époque, je sais maintenant que mes rapports avec mon père ont énormément facilité mes relations avec les hommes. Ce que je dois à mon père, et dont je lui suis infiniment reconnaissante, c'est de me sentir toujours si à l'aise avec les hommes. Il m'a donné confiance en moi.

Ce premier sentiment d'amour et d'affection a façonné la manière dont j'interprète les sentiments des hommes à mon égard. Je considère tout simplement leur affection comme allant de soi, sans la rechercher ni l'attendre. Le cadeau le plus précieux que mon père m'ait fait, c'est de ne pas avoir été dépendante en matière d'amour. J'ai reçu tant d'amour de lui que je n'avais vraiment pas besoin de plus. Au contraire, il m'arrivait parfois de le repousser tant ses démonstrations d'affection publiques me gênaient.

Homme d'affaires avisé, mon père était distributeur de tubes électroniques et de semi-conducteurs pour

General Electric. Il avait bien réussi, et nous vivions plus que confortablement.

Mes parents formaient un beau couple. Les pommettes hautes, le sourire malicieux, mon père était très bel homme. Maman avait une silhouette agile et de jolies jambes. Elle était très élégante et avait beaucoup d'allure. À la maison, c'était incontestablement elle le patron, et je l'ai toujours considérée comme la plus intelligente de la famille. Même si j'adorais mon père, c'est toujours vers elle que je me tournais lorsque j'avais besoin de conseils.

Elle n'était pas une mère au foyer traditionnelle ; c'était seulement le dimanche, jour de repos de la gouvernante, que je l'apercevais à l'occasion en cuisine. Elle préparait un poulet rôti délicieux avec des pommes de terre croustillantes, et mon père apportait des pâtisseries pour le dessert. Mon gâteau préféré était le « merveilleux » : chocolat, meringue et crème chantilly. Après tout, nous étions en Belgique, pays du chocolat ! En fait, le rôle principal de Maman à la maison était de donner des ordres à tout le monde, mais elle le faisait très bien. Notre appartement était décoré avec goût, regorgeant d'antiquités qu'elle avait chinées. Je me souviens très bien qu'elle avait longtemps cherché un lustre Empire avant de trouver enfin ce qu'elle désirait tant. Il illumine maintenant ma boutique de Mayfair, à Londres.

Depuis la mort de ma mère, six ans après celle de mon père, je cherche des indices dans leur vie sur ce qui les a formés et pourquoi je suis ce que je suis. Cette quête m'a entraînée en Europe de l'Est, à Chisinau, autrefois capitale de Bessarabie et maintenant capitale de la Moldavie, où mon père naquit en 1912, ainsi qu'à Salonique, en Grèce, où ma mère vit le jour en 1922.

Leurs familles à tous deux étaient dans le textile. Propriétaire de plusieurs magasins de tissus à Chisinau, mon grand-père paternel appartenait à une famille qui comptait de nombreux intellectuels et des artistes – l'un d'eux, Lewis Milestone, réaliserait le film *À l'Ouest rien de nouveau*, Oscar du meilleur film et du meilleur réalisateur en 1930. Quant à mon grand-père maternel, Moshe Nahmias, juif séfarade d'origine espagnole, il devait quitter Salonique avec toute sa famille pour s'installer à Bruxelles lorsque ma mère avait sept ans. Il dirigeait La Maison Dorée, le grand magasin dont son riche beau-frère, Simon Haim, était propriétaire. La sœur de ma grand-mère maternelle avait épousé Simon et avait encouragé sa sœur à venir la rejoindre à Bruxelles avec sa famille. Ainsi, bien que je n'aie pas fait le lien plus tôt, j'ai hérité des deux côtés de ma famille d'un passé dans le monde de la mode et du commerce de détail.

Je n'ai rien pu trouver dans l'enfance de ma mère qui puisse expliquer la force inimaginable qui lui fut nécessaire pour survivre aux camps de la mort. Autant que je puisse en juger, elle mena, jeune, une vie agréable et sans histoire à Bruxelles, plutôt gâtée en tant que benjamine d'une famille de trois filles. La seule difficulté, pour elle et ses deux sœurs qui avaient fréquenté une école italienne en Grèce, serait d'améliorer leur pratique du français après le déménagement à

Bruxelles, afin de bien travailler à l'école. Mes grands-parents maternels, qui parlaient le ladino – la langue des juifs séfarades – à la maison, avaient modifié la date de naissance des filles à leur arrivée à Bruxelles, les faisant passer pour plus jeunes de deux ans afin qu'elles aient plus de temps pour s'adapter, apprendre le français et avoir de bons résultats à l'école. Maman allait au lycée Dachsbeck, comme moi des années plus tard. Nous aurions la même institutrice de classe maternelle, ainsi que la même directrice, Mlle Gilette. J'ai appris récemment que cette dernière avait désobéi aux lois raciales en vigueur durant l'occupation nazie en laissant Maman terminer ses études secondaires. C'est probablement la raison pour laquelle je fus choisie, en 1952, pour souffler les bougies du soixante-quinzième anniversaire de l'école ; j'étais la fille d'une ancienne élève qui avait été envoyée dans les camps et avait survécu.

Mon père arriva à Bruxelles deux ans après ma mère et sa famille. Il avait dix-sept ans en 1929 et projetait, comme son frère avant lui, de faire des études d'ingénieur textile, lorsqu'un désastre eut lieu à Chisinau. Mon grand-père fit faillite, ce qui le tua, littéralement. Ma grand-mère ne pouvant plus envoyer d'argent à mon père, il arrêta ses études et commença à travailler, prenant le premier emploi venu. N'ayant aucune intention de rentrer dans son pays natal, il profita de sa liberté de jeune et très bel homme, même si la vie en tant que réfugié n'était pas toujours facile.

Ce fut la guerre qui rapprocha mes parents. Lorsque l'Allemagne envahit et occupa la Belgique en 1940, ce fut l'Exode. Des centaines de voitures se jetèrent sur les routes encombrées, pour échapper à l'occupation. Mon père et son meilleur ami, Fima, se dirigèrent vers le sud de la France et s'installèrent temporairement dans un petit hôtel à Toulouse. Ils étaient jeunes et beaux ; bien que ce fût la guerre et que la situation fût sérieuse, ils s'amusèrent beaucoup et firent de nombreuses conquêtes en chemin. Maman arriva également à Toulouse, avec sa tante Line et son oncle Simon. Ils avaient voyagé avec une certaine pompe, en Cadillac, avec chauffeur.

Fima avait de l'argent, mais pas mon père. Comme il détestait dépendre de son ami, il sortait tous les matins à bicyclette pour répondre aux petites annonces proposant du travail mais, à chaque fois, la place était déjà prise. « Essaie donc la gare », suggéra un de ses « presque-employeurs » avec gentillesse. Là, mon père rencontra un dénommé Jean, enclenchant la série d'événements qui devait unir mes parents.

« Je connais quelqu'un qui a besoin de rentrer en Belgique, et qui doit vendre une grosse somme de dollars, parce que la Belgique n'autorise plus les devises étrangères, lui confia Jean. Tu connais quelqu'un qui veut acheter des dollars ? Il les a achetés à 44 francs, mais il est disposé à vendre à 33. » Mon père ne connaissait certainement personne qui veuille acheter des dollars, alors il n'y prêta guère attention. Quelques jours plus tard, par accident, il rencontrait un autre homme, dénommé Maurice : lui avait un ami qui cherchait des dollars, et était disposé à les payer 76 francs.

Mon père n'en croyait pas ses oreilles. Avait-il bien compris ? Jean avait un vendeur à 33 francs, et Maurice un acheteur à 76. Quel profit on pouvait faire, avec une différence pareille ! Le problème, c'est que mon père ne savait pas où trouver Jean. Ne connaissant ni son nom de famille, ni son adresse, il parcourut Toulouse à bicyclette pendant trois jours et trois nuits à sa recherche. Le quatrième jour, il alla au cinéma. Après le film, s'apercevant qu'il avait oublié son journal dans la salle, il retourna le chercher – et tomba sur Jean !

Il fallut plusieurs jours pour finaliser la transaction. Il s'agissait d'une grosse somme et mon père devait faire la preuve qu'il pouvait fournir les devises. Il dut emprunter de l'argent à son ami Fima et commencer par une plus petite transaction, pour montrer qu'il était une personne de confiance, avant de boucler l'opération quelques jours plus tard. Du jour au lendemain, de sans-le-sou, il devint riche. Dans son « Journal de ma vie », des souvenirs écrits à la fin de sa vie, mon père a noté qu'il avait tellement honte du costume élimé qu'il avait porté durant les transactions que, le jour où tout fut terminé, il s'acheta trois costumes, six chemises et deux paires de chaussures. Mais sa chance ne s'arrêta pas là. Le destin voulut que l'acheteur des devises fût l'oncle de ma mère, Simon. Et c'est ainsi que mes parents firent connaissance.

Leur romance ne fut pas immédiate. Léon Halfin avait vingt-neuf ans, dix de plus que ma mère. C'était un homme à femmes. Lily était une jeune fille juive ; en ce qui le concernait, on ne touchait pas une jeune fille juive – il fallait l'épouser.

D'après les nouvelles de Belgique, les choses n'étaient pas si épouvantables sous l'occupation allemande. En octobre 1941, mes parents retournèrent séparément en Belgique. Comme Maman ne pouvait pas fréquenter l'université à cause des lois raciales, elle s'inscrivit dans une école de mode, étudia la chapellerie pour devenir modiste. Mon père, qui avait maintenant beaucoup d'argent, ne retourna pas chez Tungsram, l'entreprise d'électronique dans laquelle il avait travaillé, mais se lança comme homme d'affaires indépendant dans le domaine des tubes électroniques à Bruxelles. Ils se voyaient à des réunions de famille ou d'amis de la famille avec des gens plus âgés, mais mon père traitait ma mère comme une petite fille, la taquinant et lui pinçant les joues. Ce n'était pas encore une romance, même s'il était clair qu'ils s'appréciaient. Léon n'avait pas deviné que ma mère était secrètement amoureuse de lui.

Ce n'est qu'à partir de l'été 1942, lorsque les nazis commencèrent à rafler les juifs en Belgique et à les déporter, que la situation devint réellement dangereuse. Lucie, une amie proche de mon père, qui avait travaillé avec lui chez Tungsram, lui conseilla de quitter la Belgique et de fuir en Suisse. Il acheta de faux papiers à un réseau clandestin, et commença de planifier son départ sous le nom typiquement belge de Léon Desmedt. Il ne partit pas seul. Lucie prit des dispositions pour qu'un garçon chrétien de dix-neuf ans, Gaston Buyne, le chaperonne à travers la France, jusqu'à la frontière suisse. Par un étrange concours de circonstances, une jeune fille de dix-neuf ans, nommée Renée, que mon père venait juste de rencontrer, se joignit à eux. Belge et catholique, Renée était tombée amoureuse de mon père et voulait s'enfuir avec lui. Sa mère était morte peu de temps avant et elle n'aimait pas la femme avec laquelle son père s'était mis en ménage. Tel était le trio improbable qui partit ensemble le 6 août 1942.

Le voyage en train jusqu'à Nancy, où ils devaient prendre un second train pour Belfort, était très dangereux. Gaston, parce qu'il était belge et avait de vrais papiers, transportait une bonne partie de l'argent de Léon : des billets de banque cousus dans ses épaulettes, des pièces d'or dans ses chaussettes et ses chaussures, et des billets de banque suisses supplémentaires dans sa trousse de toilette. Comme Gaston avait l'air juif, beaucoup plus que Léon, il s'avéra être un parfait faire-valoir. Il y eut de nombreux contrôles, les SS demandant à certains passagers de baisser leurs pantalons pour vérifier s'ils étaient circoncis, donc juifs. Gaston reçut l'ordre d'enlever son pantalon. « Pardon », s'excusa le SS, et il ne s'occupa même pas de mon père, assis à côté de Gaston.

Il faisait nuit lorsqu'ils arrivèrent à Nancy et allèrent à l'hôtel. Le train pour Belfort partait à 5 h15, et ils eurent une autre frayeur à bord, lorsqu'un jeune soldat SS demanda à Gaston et à Léon de baisser leur pantalon. Cette fois, ce fut Renée qui sauva Léon en souriant coquettement au jeune soldat jusqu'à ce qu'il passe à d'autres passagers.

Belfort était encore plus dangereux. De nombreux réfugiés juifs avaient choisi le même hôtel, mais les faux papiers de mon père le sauvèrent. Les SS perquisitionnèrent l'hôtel cette nuit-là et arrêtèrent tous les juifs, mais pas Léon Desmedt. Mon père et Renée apprirent plus tard que tous ceux qui avaient été arrêtés furent tués. (Dans son « Journal de ma vie », mon père précise que, cette nuit-là, il fit deux fois l'amour à Renée.)

Léon et Renée dirent au revoir à Gaston le lendemain matin, à l'approche de la frontière suisse. Ils prirent le bus pour Hérimoncourt, où Léon engagea un guide local pour les conduire à travers montagnes et pâturages jusqu'en Suisse, à six kilomètres de là. Cette dernière étape du voyage coûtait 1 500 francs, sans garantie de succès. Quelques autres réfugiés, dont une femme et son bébé, les rejoignirent à leur point de rendez-vous avec le guide, à cinq heures du matin. La jeune femme donna un somnifère à son enfant pour qu'il ne pleure pas, et le groupe partit à pied dans la montagne, en direction de la frontière. « Courez, courez dans cette direction », leur enjoignit le guide en les laissant se débrouiller par leurs propres moyens. Je me rappelle mon père me racontant que c'était grâce aux vaches et à leurs cloches sonores que leur fuite avait réussi. En suivant cloches et grelots, Léon et Renée parvinrent dans la petite ville de Damvant, du côté suisse de la frontière, le 8 août 1942.

« Pourquoi transportez-vous autant d'argent ? » questionna un douanier. Mon père répondit qu'il était un industriel belge, mais la police ne le crut pas. « Vos papiers sont des faux », accusèrent-ils. Ils confisquèrent son argent mais le laissèrent entrer en Suisse. « Vous pourrez récupérer l'argent quand vous quitterez le pays », l'assurèrent-ils.

Mon père eut beaucoup de chance. Même s'il restait sous la surveillance des autorités suisses, et ne pouvait ni voyager librement ni avoir accès à son argent sans de longues formalités administratives, il devait passer là-bas plusieurs années relativement agréables. Il se sépara vite de Renée, qui s'enfuit avec un policier peu après leur arrivée. Lily, la « petite » fille pleine de vivacité qu'il avait laissée en Belgique, commença de lui manquer. À Bruxelles, l'occupation était devenue très dure, et il s'inquiétait pour elle. Lily et ses parents avaient dû abandonner leur appartement et vivre séparément. Lily vivait dans une cache appartenant au réseau de résistants dont elle faisait partie. Sa sœur, ma tante Juliette, avait envoyé son fils, mon cousin Salvator, vivre dans la famille chrétienne de sa nounou belge.

Lily, toujours curieuse, se rendit un jour dans l'appartement familial. La vision de l'appartement saccagé par les SS fut un véritable choc, mais elle découvrit également quelque chose qui devait changer sa vie : dans la boîte à lettres, se trouvait une lettre en provenance de Suisse. C'était une lettre de Léon, l'homme qu'elle avait rencontré à Toulouse et qu'elle n'avait jamais oublié. Après l'avoir lue et relue plusieurs fois, elle y répondit. Ainsi commença une correspondance quotidienne, rédigée avec soin car lue par la censure, comme en témoignait la large bande bleue apposée sur le papier. J'ai la chance de posséder toutes ces lettres qui, avec le temps, devinrent de plus en plus intimes et passionnées. Elles parlent de leur amour, du moment où ils se retrouveraient après-guerre, où ils se marieraient, auraient des enfants et seraient heureux pour toujours. Elles sont emplies d'amour et d'espoir.

Puis, soudain, les lettres de Lily cessèrent. C'est à ce moment-là, me disait mon père, que le miroir de sa chambre, sur laquelle il avait collé une photo de ma mère, était tombé et s'était brisé.

Il lui écrivit encore et encore, en la suppliant en vain de répondre. Le 15 juillet, deux mois après l'arrestation de ma mère, il recevait une lettre de Juliette, la sœur aînée de Maman, codée de façon à échapper à la censure.

« Cher Léon, écrivait-elle. J'ai de très mauvaises nouvelles. Lily a été hospitalisée. »

Quand ma mère rentra d'Allemagne en juin 1945, mon père était encore en Suisse. Le temps qu'il soit de retour à Bruxelles, quatre mois plus tard, elle avait repris une bonne partie du poids qu'elle avait perdu. Mais elle n'était plus la jeune fille naïve, malicieuse, amusante et passionnée avec laquelle il avait correspondu et qu'il avait projeté d'épouser. Cette jeune fille-là avait disparu pour toujours. La nouvelle jeune femme avait subi des horreurs indicibles et en porterait à jamais les blessures.

Dans son « Journal de ma vie », mon père se confie avec une grande honnêteté sur leurs retrouvailles. Il admet qu'il reconnaissait à peine la jeune fille dont il avait été séparé pendant plus de deux ans. Elle était différente, une étrangère. Lily perçut son malaise et lui dit qu'il n'avait aucune obligation de l'épouser. L'amour était toujours là, la rassura-t-il, tout en dissimulant ses doutes. Ils se marièrent le 29 novembre 1945.

Le médecin les avait mis en garde : « Dans tous les cas, il vous faudra attendre plusieurs années avant d'avoir un enfant. Lily n'est pas assez vaillante pour un accouchement, et le bébé risquerait de ne pas être en bonne santé. » Six mois plus tard, je fus conçue par accident. À la pensée de l'avertissement du médecin, mes parents étaient tous deux inquiets. Ils crurent qu'ils pourraient se débarrasser de cette grossesse grâce à de longues chevauchées à moto sur les rues pavées de Bruxelles, mais ce fut en vain. Finalement, un matin, mon père apporta à la maison des cachets destinés à provoquer un avortement. Ma mère les jeta par la fenêtre.

Je suis née à Bruxelles, robuste et en bonne santé, le 31 décembre 1946 – jour de la Saint-Sylvestre : un miracle. À cause du prix payé par ma mère pour ce miracle, je n'ai jamais estimé avoir le droit de la mettre en doute, de me plaindre ou de rendre sa vie plus difficile. J'ai toujours été une très, très gentille petite grande personne. Pour quelque raison, j'ai toujours pensé que mon rôle était de protéger ma mère. Dans son « Journal de ma vie », mon père se dit d'abord déçu que je ne sois pas un garçon. Mais il changea vite d'avis et s'avoua vite séduit par sa petite fille avant de retomber amoureux de sa femme.

J'ai toujours pensé que, si je n'étais pas née, ma mère se serait tuée. Ma naissance lui a donné une raison d'être. Malgré sa force de caractère et sa détermination, elle était extrêmement fragile, mais elle le cachait bien. Quand il y avait des gens autour d'elle, elle était toujours légère et amusante. Mais lorsqu'elle était seule, elle était souvent submergée par une tristesse incontrôlable. Quand je rentrais de l'école l'après-midi, je la trouvais parfois assise dans la semi-obscurité de sa chambre, en larmes. D'autres fois, quand elle venait me chercher à l'école, elle m'emmenait à la pâtisserie, ou bien chiner chez les antiquaires. Nous nous amusions alors beaucoup.

Les rescapés des camps ne voulaient pas en parler, et ceux qui n'y avaient pas été ne voulaient surtout rien savoir. Je crois que ma mère se sentait souvent comme une étrangère, ou une extraterrestre. Lorsqu'elle abordait le sujet avec moi, elle insistait sur les bons côtés : l'amitié, les rires, la volonté de rentrer chez soi, le rêve d'une assiette de spaghettis. Si je lui demandais comment elle avait pu supporter les camps, elle répondait par une plaisanterie : « Imagine qu'il pleut et que tu cours entre les gouttes ! » Elle me disait toujours de faire confiance aux gens, en leur bonne nature. Elle voulait me protéger, mais je réalise qu'elle se protégeait elle aussi, en niant le mal, en le niant toujours et en exigeant que les forces du bien aient le dessus. Surtout, ne jamais apparaître comme une victime.

Elle faisait de son mieux pour mettre la guerre et ses souvenirs douloureux derrière elle. Elle fit enlever ses deux rangées de tatouages. Dans un magnifique geste de défi, et pour oublier le froid glacial qu'elle avait enduré, elle s'acheta un manteau en zibeline, bien chaud et très cher, avec le dédommagement qu'elle reçut du gouvernement allemand.

Enfant, j'ai passé beaucoup de temps seule, à lire et à imaginer la grande vie dont je rêvais. J'ai eu une enfance sans histoire, mais la vie à Bruxelles était très grise et monotone. J'aimais mon école, j'aimais mes livres et j'étais très bonne élève. J'aimais mon frère et mes amies, Mireille Dutry et Myriam Wittamer, dont les parents étaient propriétaires de la meilleure pâtisserie de la capitale. Le dimanche, ma famille passait la journée à la campagne, dans la villa de mon grand-oncle et de ma grand-tante. Ils avaient une maison magnifique, en lisière d'une grande forêt, la forêt de Soignes. J'adorais marcher dans les bois, ramasser des marrons l'hiver et des fruits rouges l'été. Mon père jouait aux cartes avec les hommes, et Maman bavardait avec les femmes. Les repas étaient délicieux. Par les longues journées grisâtres, je me perdais dans les livres : *Le Petit Prince*, *Le Grand Meaulnes*, Stendhal, Maupassant et, en plus léger, mes albums préférés, *Les Aventures de Tintin.* Je vivais ses aventures et ses exploits par procuration. Aurais-je un jour l'occasion de découvrir tous ces lieux exotiques par-delà le monde ? Il me semblait que rien ne m'arriverait jamais.

Lorsque j'avais quelques jours de vacances et que mes parents ne pouvaient pas voyager, ils m'envoyaient souvent rendre visite à ma tante Mathilde, à Paris. Elle possédait une boutique très élégante tout près du faubourg Saint-Honoré, avec une fidèle clientèle internationale. Elle vendait des chandails en cachemire et des robes et tailleurs en jersey. Je passais des journées entières à la boutique. J'étais chargée de replier les vêtements et de les remettre en ordre. Ce serait ma première rencontre avec la mode, la vente au détail et les vertus secrètes du jersey.

À Paris, je rendais également visite à mes cousines, Éliane et Nadia Neiman, les deux filles d'un riche cousin de mon père, Abraham, inventeur de la première alarme antivol pour voitures. Très sophistiquées, les deux sœurs parlaient russe à la perfection et donnaient des récitals de piano. Lorsque j'allais leur rendre visite pour le thé ou le déjeuner dans leur villa de Neuilly, je me sentais terriblement maladroite et provinciale. L'été, mon frère et moi partions en colonie de vacances en Suisse, près de Montreux, ou à Le-Coq-sur-Mer en Belgique. Nous nous rendions également dans le Sud de la France et dans les Alpes suisses en compagnie de mes parents et de mes oncles et tantes.

Mes parents formaient un beau couple et ils s'aimaient tendrement, mais vis-à-vis de ma mère mon père ne faisait pas preuve d'autant de sensibilité qu'il aurait dû. Comme il ne voulait pas reconnaître ses blessures, il préférait les ignorer. C'était un homme travailleur et généreux, mais il pouvait se montrer indifférent, et parfois brusque dans ses propos. Je ne crois pas qu'il ait eu de liaison sérieuse après avoir épousé Maman. Il voyageait beaucoup pour ses affaires, et je suis sûre qu'il ne passait pas toujours la nuit seul, mais ce n'était pas le vrai problème entre mes parents. C'était le manque de sensibilité de mon père envers ma mère qui causait chez elle un sentiment de vulnérabilité. La scène était plantée pour ce qui allait suivre : un homme nommé Hans Muller.

Adressée à ma mère, la lettre se trouvait sur une table, lorsque je rentrai de l'école ce jour-là. Pour une raison que je ne m'explique toujours pas, j'ouvris l'enveloppe bleue à la calligraphie si nette. Elle venait de quelqu'un nommé Hans Muller, dont je compris, à la lecture, qu'il était un ami de Maman. J'ignorais qui était Hans, et je ne me souviens pas de ce que disait la lettre, mais je me rappelle que mon cœur se mit à battre très vite. Je sentis que quelque chose de grave venait de se produire, quelque chose qui allait bouleverser nos vies : ce quelque chose était Hans. Sachant que j'étais en faute, je remis soigneusement la lettre dans son enveloppe et la laissai sur la table, mais le mal était fait. Ma mère rentra, vit l'enveloppe, et je lui avouai l'avoir ouverte. Je ne l'avais jamais vue aussi bouleversée, aussi en colère. Malgré mes douze ans, elle réagit avec violence et me gifla de toutes ses forces. J'étais désespérée. J'avais mal. J'avais honte. Qu'est-ce qui m'avait pris d'ouvrir cette lettre ?

Le lendemain lorsque j'allai à l'école, mon visage était juste un peu tuméfié, mais en mon for intérieur j'étais brisée. J'avais déçu ma mère. Trahi sa confiance. Nous n'en avons jamais reparlé et je ne sais pas ce qu'elle dit à mon père ce soir-là quand il rentra. Était-il à la maison ou bien voyageait-il ? Je ne m'en souviens pas. Je m'en voulais énormément : à ce jour, je n'ai jamais ouvert une autre lettre ou regardé un document ou un mail qui ne m'était pas adressé.

L'année suivante, en dépit des objections de mon père, et à ma grande excitation, ma mère m'envoya au pensionnat Cuche, une pension privée proche du lac Sauvabelin, à Lausanne. J'étais enfin libre. Le fait que Lausanne soit située tout près de Genève, où vivait M. Muller, ne m'avait pas échappé.

Au cours des deux merveilleuses années que je passerais dans cette école, à vivre ma vie, à me faire des amies et à profiter pour la première fois de mon indépendance, je pus reconstituer l'histoire de ma mère et de Hans Muller. Mon père voyageait beaucoup pour ses affaires, souvent avec Maman. Lorsque c'était par avion, ils prenaient des vols différents par précaution pour mon frère et moi, au cas où il arriverait quelque chose.

Hans Muller était assis à côté de ma mère lors d'un de ces voyages, un long vol entre Bruxelles et New York. C'était un homme d'affaires suisse-allemand, jeune, très bel homme, qui travaillait dans le commerce du fruit. Séparé de sa femme, il vivait avec son jeune fils, Martin, qui avait le même âge que mon frère Philippe. M. Muller était courtois et prévenant, contrairement à mon père dont les manières pouvaient être brusques, et qui rabaissait parfois ma mère en public. Nettement plus jeune que ma mère, Hans était très épris. Il me dirait souvent, au cours des ans, qu'il n'avait jamais rencontré de femme aussi belle, intéressante et intelligente. Ils tissèrent d'abord des liens d'amitié, avant de devenir secrètement amants puis d'entretenir une longue relation.

Lorsque mon père insista pour que je rentre à Bruxelles, à la fin de mes deux années de pensionnat en Suisse, je ne fus pas enchantée. Voilà que j'étais à nouveau coincée à la maison, et dans quelle ambiance… Mes parents se disputaient constamment, et l'atmosphère était très tendue. Lorsqu'ils décidèrent de se séparer officiellement, ce fut un soulagement pour moi. Tous deux, je crois, s'attendaient à ce que je sois bouleversée par la séparation. Je ne le fus pas, mais j'étais triste pour mon petit frère. Il n'avait que neuf ans, et mes parents continueraient à se disputer sa garde pendant des années après leur séparation et leur divorce.

Quant à moi, en 1962, j'avais quinze ans. Je me sentais déjà adulte et confiante, avide des changements, quels qu'ils soient, qui allaient se présenter. Jamais, pas une fois, je ne culpabiliserais ma mère au sujet de sa décision de quitter mon père ; au contraire, je l'encouragerais et la soutiendrais entièrement. Ce qu'elle désirait, j'en suis convaincue, c'était la liberté et l'indépendance après seize ans de mariage. À mon sens, elle les avait méritées. Hans était-il la raison du divorce ou une excuse ? Je ne l'ai jamais su de façon certaine. « Vas-y », lui ai-je dit. En retour, elle non plus ne me culpabiliserait jamais, sur quoi que ce soit. Quand je lui annoncerais, des années plus tard, que je quittais mon mari, Egon, sa réponse serait : « d'accord » ; et nous n'en parlerions plus.

Mon père fut anéanti quand Maman partit. Sa vie tout entière tournait autour de son travail et de sa famille. Quant à moi, je ne fis pas preuve de beaucoup d'empathie. Même si je ressemblais à mon père comme deux gouttes d'eau, et même si je l'aimais énormément, c'était à ma mère que je m'identifiais. Elle voulait aller de l'avant, profiter de la vie, voyager, apprendre, grandir, élargir son horizon, rencontrer des gens, vivre sa vie. Je la comprenais.

Ainsi mes parents se séparèrent, et ce fut la fin de mon enfance. Une porte se refermait, beaucoup d'autres s'ouvraient. Je partis dans un autre pensionnat, cette fois en Angleterre, pendant deux ans, puis à l'université, à Madrid. Ma mère vécut avec Hans pendant vingt ans, avant de se séparer de lui aussi. Et moi, avec ma mère pour modèle, je commençai à devenir la femme que je voulais être.

Si quelqu'un avait le droit d'être amère, c'était bien Maman, mais je ne l'ai jamais, jamais entendu exprimer la moindre amertume. Elle cherchait le bien en toute chose et en toute personne.

On me demande souvent quelle est la pire chose qui me soit arrivée, les pires obstacles que j'aie rencontrés. J'ai toujours du mal à répondre car j'ai hérité de ma mère l'habitude de transformer d'une manière ou d'une autre le mal en bien, le négatif en positif : le résultat, c'est que je ne me souviens jamais du mal. Lorsque j'ai un obstacle en face de moi, surtout s'il est causé par une autre personne, je me dis : « Bon, ça ne me plaît pas, mais je ne peux rien y changer, alors trouvons un autre moyen. » Et je trouve une autre voie vers une solution qui me satisfait tellement que j'en oublie quel était le problème d'origine. De toutes les leçons que ma mère m'a inculquées, c'est peut-être la plus importante. Comment peut-on s'améliorer si on ne fait pas d'emblée face aux défis à relever, si on se décharge de ses problèmes sur quelqu'un ou quelque chose d'autre, ou si on ne tire pas les leçons des difficultés qu'on rencontre ? C'est un précepte que je partage souvent quand je m'adresse aux jeunes femmes. « Ne dites pas que c'est la faute de vos parents, la faute de votre petit ami, la faute du mauvais temps. Acceptez la réalité, acceptez le défi à relever et faites-y face. Prenez votre vie entre vos mains. Faites du positif avec le négatif et soyez fière d'être la femme que vous êtes. »

Cela n'arrive pas du jour au lendemain, évidemment. Grâce à ma mère, je n'ai jamais cessé d'apprendre. Elle a inlassablement renforcé les leçons qu'elle m'avait apprises enfant.

Alors que j'avais une trentaine d'années, j'ai soudain été prise de la peur de l'avion. Lorsque je lui en parlai, elle me regarda en souriant et me demanda : « Dis-moi, quel effet cela fait-il d'avoir peur ? » Une fois, alors que j'hésitais à monter une nouvelle affaire, elle me rabroua : « Ne sois pas ridicule. Tu sais très bien comment faire. » Lorsque j'eus un cancer, à quarante-sept ans, elle m'intima, fidèle à elle-même, de ne pas m'inquiéter, en m'expliquant que je n'avais rien à craindre. J'avais envie de la croire, mais j'avais des doutes… Comme elle ne montrait aucun signe d'inquiétude, je n'en eus pas non plus. Lorsque le traitement fut terminé, huit semaines plus tard, elle s'effondra et je compris qu'en réalité elle avait eu peur pour moi mais que, n'en laissant rien voir, elle m'avait rendue forte et confiante.

Après mon mariage avec Egon, en 1969, ma mère passa chaque année plusieurs mois avec nous à New York, et tissa des relations très étroites et aimantes avec mes enfants, Alexandre et Tatiana. Ses rapports avec eux étaient très différents de ceux que nous avions eus elle et moi. Elle ne s'était jamais montrée très affectueuse avec moi et il y avait toujours eu une certaine pudeur entre nous. Le résultat, c'est que j'étais réservée en sa présence et ne lui confiais jamais rien, sauf dans mes lettres. Je trouvais beaucoup plus facile de me livrer par écrit, et elle aussi je pense. Dans les lettres qu'elle m'envoyait en pension, en Suisse puis en Angleterre, elle m'appelait sa « fierté », mais elle ne me le dirait de vive voix que beaucoup plus tard, alors qu'elle était mourante.

Elle était beaucoup plus ouverte avec ma fille, de même que ma fille était plus ouverte avec elle qu'avec moi. Elles étaient merveilleusement complices et passaient des heures sur le lit de Maman, à se raconter des histoires. Tatiana est devenue une narratrice et une réalisatrice de cinéma hors pair.

Ma mère gérait l'argent de manière magistrale. Elle reçut la moitié des actifs de mon père lorsqu'elle le quitta, et investit si judicieusement qu'à la fin de sa vie elle se sentait à l'aise et put s'acheter une très belle maison de plage, à Harbour Island dans les Bahamas. Si elle avait vécu à une époque et dans des circonstances différentes, elle aurait fait un excellent banquier d'affaires.

Mon fils, Alexandre, a énormément profité de son savoir-faire en matière d'argent. C'est elle qui lui a appris en quoi consistent les actions et les obligations, les rendements et les dividendes, et quel type de sociétés sont de bons investissements. Tous les après-midi, quand il rentrait de l'école, ils étudiaient ensemble les pages de la bourse dans l'édition du soir du *New York Post,* afin de voir quelles actions montaient et lesquelles baissaient. Quand il avait six ou sept ans, mon nouveau boyfriend, Barry Diller, voulut offrir à Alexandre une action pour son anniversaire et le laissa la choisir. « Prends la plus chère », conseilla ma mère. Alexandre choisit IBM !

Sans aucun doute, la formation financière que ma mère lui a donnée a contribué à faire d'Alexandre le gestionnaire financier avisé qu'il est devenu. Il gère les affaires de la famille, siège dans des conseils d'administration prestigieux et s'est révélé un excellent homme d'affaires.

Ma mère était un roc pour moi. Bien que j'aie cru avoir dominé ma peur de l'avion, je me rappelle un vol mouvementé, très effrayant, à destination de Harbour Island avec elle et Alexandre. Elle venait juste de sortir de l'hôpital. Lorsque l'avion a perdu de l'altitude et s'est mis à faire des bruits de craquement métallique, j'ai fermé les yeux et me suis demandé : « Bon, j'ai peur. Où vais-je chercher de la force ? Est-ce que je prends la main de mon fils, qui est grand et fort, ou celle de ma mère, qui est faible et mourante ? » Il n'y avait aucun doute : ce serait vers ma mère que je me tournerais pour trouver de la force. En posant ma main sur la sienne, je fus rassurée.

À peu près à la même époque, je me rappelle mon anxiété à l'approche de l'accouchement de Tatiana. Quand un fils a un enfant, c'est une chose. Mais une mère, quand sa fille est sur le point d'accoucher, le sent presque dans sa propre chair : c'est une souffrance physique. J'avais peur pour ma fille, à la pensée de tout ce qui pouvait mal tourner. Inquiète, en larmes, j'appelai ma mère sur le chemin de l'hôpital. Comme d'habitude, elle parvint à me rassurer. Antonia naquit sans aucune complication ni pour elle ni pour Tatiana. En un dernier témoignage de force intérieure, Maman s'accrocha encore un peu à la vie pour voir le bébé de Tatiana. Son corps était presque parti, mais sa volonté et son esprit étaient plus forts que jamais.

Nous avions déjà accueilli sa première arrière-petite-fille, Talita, la fille d'Alexandre. Je garde un souvenir intense du jour extraordinaire où Alexandre amena dans son landau Talita, alors âgée d'un an, pour nous voir à l'hôtel Carlyle de New York, Maman et moi. C'était la fête des mères : galamment, Alexandre nous avait apporté un bouquet de fleurs à chacune. Nos yeux étaient fixés sur l'adorable petite fille qui s'était mise debout, en s'accrochant à une chaise, lorsque tout à coup elle se lança et fit ses premiers pas ! Tout le monde applaudit et la félicita, mais il arriva ensuite une chose incroyable. Je fixais ma vieille Maman, toute courbaturée, malade et ridée, assise sur sa chaise, regardant la petite fille assise sur le parquet, et elle lui rendant son regard. Soudain, je vis une sorte d'éclair blanc jaillir de ma mère et pénétrer Talita. Je l'ai vu de mes yeux, cet éclair blanc qui a jailli de l'une vers l'autre ! Je l'ai bel et bien vu ! Ce jour-là, l'énergie et la vitalité de ma mère ont été transmises à ma petite-fille.

Ma mère n'a pas eu une mort paisible. Elle revivait la lutte contre les horreurs des camps et contre la mort qu'elle avait menée à Auschwitz. Ce n'était pas la première fois. Malgré tous ses efforts pour enterrer le passé et se concentrer sur l'avenir, elle avait craqué vingt ans auparavant, en 1980, lors d'un séjour en Allemagne avec son compagnon Hans. Je me souviens que ce jour-là, lorsque Hans m'appela à New York pour me dire que le matin au réveil ma mère avait disparu, je crus que mon cœur allait s'arrêter. Il avait fini par la trouver cachée dans le hall d'entrée de l'hôtel, dissimulée sous le bureau du concierge, désorientée, parlant trop fort et de manière incohérente. « Pourquoi ? Que s'est-il passé ? » demandai-je, moi-même paniquée. Hans pensait que c'était peut-être à cause du dîner qu'ils avaient fait la veille au restaurant avec ses clients allemands. Il faisait très chaud et les gens attablés autour d'eux parlaient trop fort. Je me dis en mon for intérieur qu'en plus Hans et elle s'étaient probablement disputés. Quelle que soit la raison, elle s'était effondrée.

Hans espérait que ma mère se sentirait mieux si je lui parlais. J'essayai de lui parler calmement au téléphone, mais elle continua ses bredouillis incohérents.

Hans décida alors de la ramener en Suisse, où Maman fut admise dans le service psychiatrique de l'hôpital de Genève. Toute la famille accourut – mon frère et moi, et même mon père – mais elle resta très agitée, riant puis pleurant, divaguant et tenant des propos incohérents. Elle refusait de s'alimenter ou de boire et ne voulait pas lâcher le manteau de fourrure qu'elle avait insisté pour porter dans son lit. Nous crûmes la perdre. Mais c'était une survivante dans l'âme : trois semaines plus tard, elle se portait suffisamment bien pour aller en convalescence dans une clinique. Une fois encore, elle était une miraculée, revenue à la vie.

Lors de sa dernière maladie, en 2000, bien que soignée avec amour par son infirmière, Lorna, elle n'avait plus la force de se battre contre la mort, ni contre les démons qui l'avaient toujours hantée.

Mon frère Philippe et moi avons enterré notre mère à Bruxelles, auprès de mon père. Elle savait qu'il y avait une place pour elle à côté de lui, et cela lui plaisait. Chacun avait été le grand amour de l'autre ; bien qu'ils se soient séparés, il était bien qu'ils finissent ensemble. Deux épitaphes sont gravées sur leurs tombes : « Merci pour ton amour » sur celle de mon père ; et sur celle de ma mère : « Merci pour ta force. »

Les Muller n'étaient pas à l'enterrement. Hans s'était remarié après la séparation avec ma mère. Dans notre agitation après la mort de Maman, nous n'avons pas réussi à joindre son fils, Martin, à temps pour l'enterrement. Cela me désole, car Martin était resté très proche d'elle ; j'ai envers lui une grande affection et Lily était une mère pour lui.

À ceux des amis de Maman, et des miens, qui ne pouvaient être présents, j'ai envoyé une lettre signée de nous tous – Diane, Philippe, Alexandre, Sarah, Kelly, Talita et Antonia (mes petits-fils Tassilo et Léon n'étaient pas encore nés).

> Aujourd'hui, nous emmenons Lily, ma mère, vers le repos éternel. Nos cœurs sont lourds mais ils devraient aussi être légers, car elle a été libérée de toute souffrance et est partie dans l'aventure de l'éternité entourée d'un immense amour.
>
> Voilà cinquante-cinq ans, presque jour pour jour, Lily était libérée des camps de la mort. Vingt-deux ans et moins de vingt-neuf kilos. Mais dans ce petit squelette, il y avait une flamme, une flamme qui était la vie. Les médecins lui avaient interdit d'avoir des enfants. Elle en a eu deux. Elle leur a tout appris : comment voir, questionner, apprendre, comprendre et, surtout, à ne jamais avoir peur.
>
> Elle touchait tous ceux qu'elle croisait, écoutait leurs problèmes, trouvait des solutions et les poussait à retrouver la joie de vivre. Frêle et fragile en apparence, elle était courageuse et forte, et toujours curieuse de découvrir de nouveaux horizons. Elle a vécu pleinement et continuera de vivre à travers ses enfants, ses petits-enfants, ses arrière-petits-enfants et ses amis qui l'aimaient tant.

J'y ai joint un billet charmant, que j'avais trouvé parmi d'autres que Maman avait écrits à sa propre intention. Je l'ai fait imprimer avec un muguet en relief : c'était sa fleur préférée.

Dieu m'a donné la vie, et la chance avec la vie. Durant ma vie, j'ai gardé ma chance. Tout le long, je l'ai sentie. Comme une ombre, elle m'a suivie et, parlant avec les autres, je l'emmène à tout venant en disant « Merci ma chance ». Merci la vie. Merci. Merci.

2

L'amour

« La vie est l'amour ; l'amour est la vie. » La première fois que j'ai inscrit ces mots, dans un cœur rouge vif, c'était pour un logo que j'ai réalisé au début des années 1990 à la demande d'une œuvre de bienfaisance. Je ne me rappelle pas quel était le commanditaire, mais je me souviens d'avoir pris une photo du t-shirt, porté par Roffredo, un de mes ex-boyfriends, un bel aristocrate italien. En recadrant le cliché pour enlever son visage, j'en ai fait une carte postale. J'ai encore quelques-unes de ces cartes, et le dessin défile toujours sur mon fond d'écran. Il apparaît aussi sur des étuis DVF pour iPhone, des cabas en toile, des robes portefeuille à imprimé graffiti, et même des grenouillères babyGap. Ces mots jaillis de mon cœur sont devenus à la fois mon mantra personnel et la devise de mon entreprise.

« La vie est l'amour ; l'amour est la vie. » Impossible d'envisager la vie sans amour. À ce stade de ma vie, je ne crois pas qu'il y ait quoi que ce soit de plus important – amour de la famille, de la nature, du voyage, de l'étude, de la vie sous toutes ses formes. L'amour, c'est éprouver de la gratitude, c'est être prévenant et attentionné, c'est être ouvert et bienveillant. L'amour, c'est recourir à tous les privilèges que l'on possède pour aider ceux qui sont dans le besoin. L'amour, c'est donner une voix à ceux qui n'en ont pas. L'amour, c'est une façon de se sentir vivant et de respecter la vie.

J'ai souvent été amoureuse, mais je sais maintenant qu'être amoureuse ne signifie pas toujours qu'on sache comment aimer. Être amoureuse peut être un besoin, une chimère, une obsession, tandis qu'aimer véritablement est un état plus calme et heureux. « Il n'y a qu'un bonheur dans la vie, c'est d'aimer et d'être aimé », a écrit George Sand. J'ai maintes fois connu ce bonheur, mais ce que j'ai découvert avec l'âge, c'est que le véritable amour est inconditionnel, et ça, c'est le nirvana.

L'amour est une relation, mais la relation la plus importante, c'est celle que nous avons avec nous-même. Qui d'autre est toujours avec nous ? Qui d'autre éprouve de la douleur quand nous sommes blessés ? De la honte quand nous sommes humiliés ? Qui peut sourire de nos petits plaisirs et rire de nos victoires, sinon nous-même ? Qui comprend mieux nos moments de peur ou de solitude ? Qui peut mieux nous consoler ? Nous sommes celui ou celle qui détient les clefs de notre être. Nous sommes porteurs du passeport pour notre propre bonheur.

Impossible d'avoir une bonne relation avec quiconque avant d'avoir une bonne relation avec soi-même. Une fois cela acquis, toute autre relation est un plus, non un besoin. Très souvent invitée à m'adresser à des jeunes lors de cérémonies de fin de scolarité, je leur conseille avant tout d'apprendre à se connaître : « Devenez votre propre meilleure amie ; cela en vaut vraiment la peine. Bien sûr, cela demande beaucoup de travail et peut même être douloureux, car il faut de l'honnêteté et de la discipline. Vous devez d'abord accepter qui vous êtes, voir toutes vos fautes et vos faiblesses. Ensuite, vous pouvez corriger, améliorer, et découvrir petit à petit les choses que vous aimez en vous et commencer à construire votre vie. Il n'y a pas d'amour sans vérité et il n'y a rien de plus vrai que de découvrir et d'accepter qui vous êtes vraiment. En faisant preuve d'esprit critique, vous trouverez des choses qui vous déplairont ainsi que d'autres qui vous plairont, et l'ensemble forme ce que vous êtes. Ce "tout" est ce que vous devez accepter et prendre en mains. C'est vous-même ! Tout ce que vous pensez, ce que vous faites, ce que vous aimez, devient la personne que vous êtes et tous ces fils tissent une vie, la vôtre. »

Parfois, je clos mes propos par une citation tirée du Talmud :

Prends garde à tes pensées ; elles deviennent tes paroles ;
Prends garde à tes paroles ; elles deviennent tes actions ;
Prends garde à tes actions ; elles deviennent tes habitudes ;
Prends garde à tes habitudes ; elles deviennent ta destinée.

J'ai eu la chance de devenir ma propre « meilleure amie » très tôt dans la vie. J'ignore pour quelle raison ; peut-être parce que j'étais fille unique jusqu'à l'âge de six ans, ou peut-être parce que mes parents m'ont appris très jeune à être responsable de moi-même et de mes actes.

Je me souviens avec clarté d'avoir découvert cette petite personne, « moi », dans le miroir de la coiffeuse de ma mère, et d'en avoir été intriguée. Non pas parce que je me trouvais jolie, bien au contraire, mais plutôt parce qu'en faisant des mines et des grimaces je découvrais le plaisir de contrôler mon visage, de me faire faire tout ce que je voulais. J'étais absorbée par cette petite personne, ce « moi » que je pouvais totalement contrôler, et voulais en savoir plus sur elle. Plus tard, lorsque j'ai su écrire, j'ai écrit des histoires sur ce personnage devenu adulte et sur ses aventures imaginaires. Les histoires fictives sont devenues plus rares lorsque j'ai commencé à vivre ma vie et à tenir un journal retraçant expériences, frustrations ou désirs de conquête. Mon journal est devenu mon confident, mon refuge et ma psychanalyse.

Ce journal d'adolescence a été perdu. Mais, bien que je regrette de ne plus avoir ces carnets, je relis rarement ceux qui me restent encore. C'est sur le moment qu'ils étaient importants, en tant qu'amis à qui me confier. À ce stade de ma vie, j'écris rarement dans mon journal, car j'ai remplacé l'écriture par un journal visuel. J'ai toujours un appareil photo sur moi et je prends des photos de tout ce que je veux inscrire dans ma mémoire – les gens, la nature, les objets, l'architecture. Ces photos me servent souvent d'inspiration.

J'ai également appris à quel point il est important d'avoir du temps à soi pour recharger et renforcer sa relation interne. Il est facile de se perdre quand on est trop entouré. Rien de mieux que le silence et la solitude pour amortir l'avalanche quotidienne d'informations et de problèmes à régler. Parfois, que ce soit dans la foule ou même à une fête que j'organise, il m'arrive de disparaître quelques minutes pour être seule. Autrefois, je me sentais triste et déplacée dans ces moments-là, seule et isolée. Ce n'est plus le cas. Ces instants de solitude me servent à me reconnecter avec moi-même et à accroître ma force intérieure.

Mon amour de la nature est tout aussi nécessaire et apaisant. Rien n'est plus nourrissant que de voir le jour naître de la nuit, la puissance des vagues, la majesté des arbres. En promenade dans les bois, perdue dans la nature, je me rappelle combien nous sommes petits dans l'univers : curieusement, cela me rassure. Je me souviens d'une promenade dans la campagne avec Alexandre, quand il était tout petit. J'étais perdue dans mes songes et lorsqu'il m'a demandé à quoi je pensais, j'ai répondu : « Je me demande ce qui nous arrivera. » Avec beaucoup de sagesse, le petit Alexandre m'a rassurée : « Moi je sais, Maman. Le printemps viendra et les arbres seront à nouveau couverts de feuilles. Après ce sera l'été, puis l'automne, et les feuilles changeront de couleur puis tomberont de nouveau, pour laisser place à la neige. » J'ai souri et je lui ai pris la main :

« Bien sûr, c'est ce qui arrivera. » Je n'ai jamais oublié cet instant et la grande sagesse de mon petit garçon.

« La vie est l'amour ; l'amour est la vie. » Comme presque toutes les mères, mon amour le plus vif a toujours été celui que je porte à mes enfants. Je n'oublierai jamais le sentiment intense que j'ai éprouvé la première fois que j'ai vu Alexandre. Non seulement c'était mon premier-né, mais j'avais le sentiment de le connaître déjà. J'avais eu de longues conversations avec lui avant sa naissance et j'ai toujours eu l'impression qu'il était mon compagnon autant que mon fils.

Alexandre était également la réponse à un rêve de jeunesse – avoir un fils américain quand je serais grande. En tant que jeune fille européenne, j'ai toujours trouvé que les garçons américains étaient plus cool, plus décontractés et plus « garçons ». Les garçons européens me paraissaient trop sages et parfois même réprimés. J'aimais le fait que les jeunes Américains, qui regardaient des matchs de football et faisaient éternellement du sport, ne paraissaient pas étouffés. En tout cas, j'ai eu exactement ce que je désirais : un vrai petit Américain, même s'il porte le titre de prince d'Egon. Toutefois, en voyant Alexandre élever ses propres fils, j'ai réalisé que j'avais manqué à mes devoirs de mère dans un domaine au moins : je n'ai pas prêté suffisamment attention à sa vie sportive et je suis rarement allée regarder ses matchs quand il était jeune. Je n'ai jamais été la *Soccer Mom* dont il rêvait en secret.

Par bien des aspects, j'étais très ignorante quand il était bébé : comme toute jeune mère, je n'avais aucune expérience. Un peu intimidée, je me reposais beaucoup sur notre nounou italienne jusqu'à ce que je la découvre en train de maltraiter quelque peu Alexandre dans son bain. Je la mis à la porte et, à partir de ce moment, je me suis fiée à mon bon sens.

La belle, la malicieuse, la merveilleuse princesse Tatiana Désirée von and zu Furstenberg arriva treize mois après son frère. Elle était incroyable. Dès le début, je me dis qu'elle était la goutte d'huile que l'on ajoute aux jaunes d'œuf et à la moutarde pour faire prendre la mayonnaise. Elle était l'ingrédient magique qui nous a transformés en une famille. Lorsque Tatiana est née, ce n'est pas Egon et moi qui avons eu une fille, mais Egon, Alexandre et moi qui sommes devenus une vraie famille. Et bien que le mariage n'ait pas duré, nous resterons une famille pour toujours.

Je connais les conflits que ressentent les mères qui travaillent et à quel point elles peuvent être tiraillées entre leurs enfants et leur carrière. Je n'ai jamais envisagé de laisser tomber mon travail, parce que je tenais à être financièrement indépendante. Une fois séparée, je n'ai pas demandé d'argent à Egon. C'était pourtant toujours difficile de quitter la maison. Une fois dehors, cependant, je me sentais libre, pleine d'énergie et déterminée à bien gagner ma vie pour nous gâter tous. Ce qui deviendrait vite le cas, grâce à la petite robe portefeuille.

Avec mon premier argent, pour mon vingt-septième anniversaire, j'achetai Cloudwalk, une jolie maison de campagne dans le Connecticut. Ainsi, mes enfants et moi pouvions être ensemble et libres. J'y ai passé beaucoup de temps avec les enfants et leurs amis. Je leur faisais la cuisine et il m'a souvent fallu emmener l'un ou l'autre aux urgences, pour faire faire quelques points de suture, ou vérifier si un bras n'était pas cassé. En semaine à New York, j'étais une autre femme, un *tycoon* au féminin, avec mes talons aiguilles et mes bas résille. Me faisant un clin d'œil dans le miroir, souriant à mon ombre, j'y allais, pour gagner ma vie et devenir la femme que je voulais être.

Très tôt, j'ai traité Alexandre et Tatiana comme des grandes personnes plutôt que comme des enfants. Je ne leur ai jamais parlé comme à des bébés, et je les ai toujours encouragés à exprimer leurs opinions et à être autonomes. Ma mère m'avait rendue indépendante, et je comptais bien faire de même avec mes enfants. Tout comme j'avais commencé à tenir un journal dans mon enfance, je les ai encouragés à commencer de noter leurs vies et leurs pensées. Ils s'y sont mis avant même de savoir lire et écrire, en dessinant les événements de la journée. Le soir, dans leur lit, nous terminions la journée par une « séance discussion » sur ce qu'ils avaient fait à l'école et ce que j'avais fait au bureau. Je les impliquais dans toutes les facettes de ma vie, y compris mes affaires. « J'ai mon travail et vous, votre travail, c'est l'école, leur disais-je. Nous allons tous au travail, nous avons tous notre vie, nous avons nos responsabilités. Vous remplissez les vôtres, et je remplirai les miennes. » Cela s'avérerait être une très bonne approche. Tatiana était une excellente élève, Alex avait de très bons résultats, et moi je me suis plutôt bien débrouillée.

Je les ai emmenés en voyage aussi souvent que possible, parfois malgré eux. Souvent, ils se plaignaient ou étaient contrariés si les conditions de voyage leur paraissaient dangereuses ou ennuyeuses sur le moment, mais ce sont justement ces moments qui se sont révélés être des souvenirs merveilleux et la source d'anecdotes savoureuses. Je me souviens d'un voyage à destination de l'île de Nias, une île préhistorique et isolée au large de Sumatra, dans l'archipel indonésien. Le minuscule bateau que nous avions pris était fragile, et c'est un euphémisme. Le voyage de retour, par une nuit étouffante et grouillant d'insectes, fut agité. Nous sommes restés silencieux, tandis que je priais que nous arrivions sains et saufs. Un voyage exotique, peut-être même un peu trop exotique, risqué et dangereux… En tout cas, nous sommes arrivés à bon port. Ce voyage figurerait dans les essais que mes deux enfants eurent à rédiger pour leur dossier d'admission à l'université, en réponse à la question : « Quelle a été l'une des choses les plus excitantes et les plus aventureuses que vous ayez jamais faite dans votre vie ? »

Que ce soit dans ces circonstances extrêmes, ou dans d'autres circonstances plus calmes, j'ai adoré voyager avec mes enfants. Voyager avec ses enfants est une expérience unique, car vous faites des découvertes ensemble. Face à des choses et des expériences nouvelles, vous êtes sur un pied d'égalité. Ce sont des moments de grande intimité, que je recommande aux parents. Vous perdez un peu de votre autorité et vous devenez des compagnons. Vous n'avez pas à dire « regarde ci et regarde ça » parce que vous découvrez les choses en même temps – que ce soit les paysages, les gens, la file d'attente pour les billets, la pause pour le déjeuner et surtout l'inattendu.

Aurais-je pu devenir la femme que je voulais être sans avoir d'enfants ? Je n'aurais certainement pas été la même personne. En fait, il m'est très difficile, voire impossible, d'imaginer ma vie sans eux. Nous avons grandi ensemble. J'avais vingt-quatre ans quand je les ai eus : j'étais moi-même à peine adulte. Je n'étais pas suffisamment âgée pour avoir désiré ardemment des enfants, mais soudain ils étaient là et étaient devenus ma responsabilité. Je les ai aimés avec une intensité que je n'avais jamais ressentie auparavant. Ils sont devenus une partie de moi-même, à jamais.

J'ai eu la chance d'être aidée par leurs merveilleuses grands-mères, toutes deux très présentes dans la vie de mes enfants. Ma mère passait des mois avec nous à New York pendant l'année scolaire et noua ainsi des liens aimants avec les enfants. La mère d'Egon, Clara Agnelli Nuvoletti, était tout aussi attentionnée. Les enfants passaient presque toutes leurs vacances avec elle sur l'île de Capri, dans sa maison près de Venise ou au chalet de Cortina. Ma mère, devenue très amie avec Clara, accompagnait souvent les enfants qui avaient ainsi leurs deux grands-mères auprès d'eux.

Cela a été formidable, surtout pour Tatiana. Quand Alexandre a commencé à partir à l'aventure, voile et ski sur glacier, Tatiana a préféré rester avec ses grands-mères. Elle a appris le français avec ma mère, l'italien et la cuisine avec Clara. Le second mari de celle-ci, Giovanni Nuvoletti, était président de l'académie culinaire d'Italie. Quant à Clara, elle était l'auteur de plusieurs livres de cuisine. Tatiana est devenue une excellente cuisinière, et elle nous fait souvent partager les joies de la cuisine. Elle a également profité de longues conversations philosophiques avec ses grands-mères sur l'amour et le sens de la vie. Clara la faisait rire avec des anecdotes sur sa vie très privilégiée, tandis que ma mère lui rappelait les défis de l'adversité.

Contrairement à moi, les grands-mères avaient du temps à revendre, ce qui était formidable pour les enfants comme pour moi. Elles ont eu une grande et importante influence sur eux : elles ont été des professeurs, des modèles, des membres actifs et surtout aimants de la famille. Toutes deux avaient bien des souvenirs à partager, un grand sens de l'humour et de vrais talents de raconteuse.

Dans une maison qui comptait trois femmes – ma mère, Tatiana et moi –, Alexandre a toujours été considéré comme l'homme de la famille. Nous l'avons formé à être celui sur qui nous pouvions compter. Maintenant qu'il est adulte, il est devenu tout ce que j'avais espéré. Il surveille nos actifs et s'est révélé un précieux atout pour la croissance de DVF. Tatiana aussi est devenue une protectrice irremplaçable pour la famille, particulièrement quand il s'agit de diagnostiquer les maladies. Elle est aussi notre meilleure conseillère. À présent, ils prennent soin de mon mari, Barry, et moi. Nous siégeons tous au conseil d'administration de DVF et nous partageons la Fondation familiale Diller-von Furstenberg. Mes enfants sont les piliers qui me soutiennent. Nous nous téléphonons tous les jours, quelquefois plusieurs fois par jour. « Je t'aime », « Moi aussi » : c'est ainsi que nous concluons chaque conversation.

Si j'ai un regret dans la vie, c'est de ne pas avoir prêté plus d'attention à Tatiana, alors qu'en fait c'est elle qui en avait le plus besoin. Contrairement à Alexandre, qui a fait les 400 coups et qui, adolescent, m'a réduite à le supplier en larmes de ne pas conduire aussi vite, Tatiana était si sage et si facile que je m'en suis moins occupée. C'était une erreur. Beaucoup plus tard, j'ai compris que, faisant rarement quoi que ce soit pour attirer l'attention sur elle, elle croyait que je l'aimais moins que son frère. Cela m'a fait mal au cœur car je les aime l'un et l'autre avec la même intensité, mais je comprends qu'elle ait pu avoir cette impression. Alexandre a reçu plus d'attention, parce que Tatiana ne paraissait pas en avoir besoin. Je me trompais complètement.

Dès qu'elle sut marcher, Tatiana sembla avoir une raideur dans les jambes. Elle marchait, certes, mais elle n'arrivait pas à courir. Son état devint plus évident lorsqu'elle commença l'école et qu'elle eut des difficultés en sport. Je l'emmenai voir plusieurs orthopédistes, qui l'examinèrent pour voir si elle avait une scoliose, mais ils conclurent qu'elle n'avait rien, que ses muscles étaient simplement moins souples que d'autres, que cela s'arrangerait probablement avec le temps. Ce qui ne fut pas le cas. Tatiana nous cacha ses souffrances pendant des années jusqu'à ce jour où, en essayant de traverser Park Avenue en courant, elle fit une chute sur le trottoir. Quel spectacle pitoyable, avec deux yeux au beurre noir et la bouche tuméfiée, parce qu'elle n'avait pas pu soulever les bras à temps pour amortir sa chute ! Tatiana venait juste de terminer son master en psychologie, et se rappela avoir entendu parler de maladies neurodégénératives. Un neurologue de l'hôpital Columbia Presbyterian diagnostiqua finalement une myotonie, une maladie musculaire congénitale se traduisant par un défaut de relâchement musculaire, particulièrement en période de froid.

« Comment se fait-il que votre mère ne l'ait pas su plus tôt ? » demanda le médecin, étonné : une question qui m'a percé le cœur. Nous avions consulté des orthopédistes, qui ne s'étaient intéressés qu'aux os.

J'étais dévastée pour Tatiana, et furieuse contre moi-même. Lorsque nous avions commencé à consulter, elle était à l'école primaire à Spence, à New York, où il lui fallait monter et descendre neuf étages plusieurs fois par jour. Quelle souffrance pour elle ! Mais je n'en avais jamais rien su, parce qu'elle ne se plaignait pas. La douleur n'avait fait que s'aggraver après notre installation à Cloudwalk, notre maison du Connecticut, alors que Tatiana était en CM2, car l'école accordait beaucoup d'importance au sport. Tatiana se battait, pensant que son handicap était seulement dans sa tête – un des médecins lui avait dit de but en blanc qu'elle n'avait rien –, mais ne se plaignait pas. Comme ma mère, elle refusait de se considérer comme une victime.

Je ne me pardonnerai jamais de n'avoir pas mesuré la gravité de son état, qui lui a donné l'impression d'être différente des autres enfants et lui a causé de grandes souffrances physiques et émotionnelles. Depuis, nous avons eu de longues conversations à ce sujet et j'ai découvert que, comme moi avec ma propre mère, elle ne voulait surtout pas m'inquiéter. Elle voyait la pression et le stress que me causait mon entreprise (mon « troisième enfant », comme Alexandre et elle appelaient DVF), et ne voulait pas ajouter à la pression.

En 2014, Tatiana a appris qu'elle souffre non d'une myotonie mais de la maladie de Brody, une maladie génétique qui affecte les muscles, y compris le cœur, ce qui explique sa difficulté à courir. De nouveau, cela m'a fait prendre conscience des difficultés qu'elle a subies toute sa vie. Comment ai-je pu être si aveugle devant sa douleur ? Pourquoi ne pas me l'avoir expliquée ? Peut-être a-t-elle essayé de le faire, et ne l'ai-je simplement pas entendue. J'ai toujours conservé un de ses petits mots, écrit quand elle était toute petite. Il est punaisé sur le tableau d'affichage de mon bureau, à Cloudwalk. J'ai toujours chéri ce petit billet, que je trouvais tellement mignon : « Maman, en réalité tu ne sais rien sur moi. » Comme je suis triste maintenant, quand je regarde ce mot que je trouvais simplement touchant. Je n'avais pas compris qu'il s'agissait d'un appel au secours.

Tatiana ne peut pas se mouvoir aussi vite que les autres, mais son intelligence, son imagination, son cœur et ses talents sont si grands qu'elle parvient à réaliser tous ses rêves.

Tatiana avait toujours les meilleures notes en classe – tableau d'honneur et mention très bien à l'école, dans le Connecticut – et travaillait tellement bien qu'elle sauta la classe de cinquième. Elle faisait les devoirs de son frère en plus des siens, et le lui rappellerait pendant des années : « C'est moi qui faisais tes devoirs, qui ai préparé tes dossiers d'admission pour l'université et qui ai rédigé ton mémoire. » Elle reconnaît que maintenant c'est elle qui profite en retour des talents de financier d'Alexandre.

Tatiana n'a jamais beaucoup aimé les écoles où elle est allée, ce qui fait qu'elle en a souvent changé – passant de son école du Connecticut à une année de pensionnat en Suisse, puis une autre pension en Angleterre, et enfin l'université de Brown à seize ans seulement. Elle devait terminer ses quatre années d'études à Brown en un peu plus de trois ans. J'étais tellement fière d'elle ! Je me rendis à sa cérémonie de fin d'études, la *graduation*, avec ma mère et Mila, mon employée de maison française, qui était très proche de Tatiana. Son diplôme à la main, elle me toucha profondément en me remettant un bouquet de fleurs et en s'exclamant : « Merci pour tout ce que tu as fait pour moi ! » Mais plus encore que les fleurs, c'est son immense sourire et sa beauté incroyable qui resteront gravés dans ma mémoire de ce jour victorieux. Alexandre aussi est allé à Brown, et a terminé ses études un an après Tatiana, bien qu'il ait un an de plus qu'elle. Mes deux enfants sont plus diplômés que moi !

Avec le temps, je me sens de plus en plus proche de mes enfants. Si quelque chose ne va pas et qu'ils ont besoin de moi, je le sens. Pour moi, c'est toujours « nous », pas « je ». Et cela ne changera jamais. Je les regarde maintenant, et je les aime, les respecte et les admire. Alex, père exceptionnel, amoureux de la vie, brillant homme d'affaires et gestionnaire. Tatiana, merveilleuse mère de famille, enseignante et thérapeute, réalisatrice et metteur en scène à succès. Son premier film, *Tanner Hall*, qu'elle a coécrit, réalisé et produit avec son amie Francesca Gregorini, a reçu le prix 2011 du public du festival du film Gen Art, et lancé l'actrice Rooney Mara dans son premier rôle principal, avant sa nomination aux Oscars pour *La Fille au tatouage de dragon*, ainsi que Brie Larson, récemment récompensée par un Oscar pour *Room*.

Je dis souvent en plaisantant – mais c'est une réalité – que mes enfants sont ma plus belle réalisation. Mais ces produits-là ne sont pas à vendre ! Lorsque je les regarde, arrivés à l'âge adulte et approchant de la maturité, je peux me targuer à la fois de succès et d'échecs. Cela n'était pas le cas lorsqu'ils étaient plus jeunes, et encore moins lorsqu'ils étaient adolescents, lorsque je priais constamment pour qu'ils s'en sortent en vie. Maintenant je peux profiter des plantes dont j'ai planté les graines il y a si longtemps et me détendre un peu – mais pas trop.

La meilleure chose, quand on est grand-mère, c'est de voir ses enfants devenir parents. Pour la première fois, on réalise qu'ils ont bel et bien entendu ce qu'on leur a dit toute leur enfance. Je le vois à leur manière d'encourager leurs propres enfants à l'indépendance, de leur donner de la liberté, de les pousser à prendre leurs propres décisions ; à la façon dont ils les aiment et les soutiennent.

Comme ma mère, qui m'avait ennuyée à toujours me prodiguer des conseils, j'ai certainement agacé moi aussi mes enfants en leur transmettant ces mêmes maximes, et pas mal d'autres de mon cru, mais cela a réussi à mes petits-enfants. L'aînée de tous, la fille d'Alexandre, Talita, maintenant adolescente, ressemble énormément à son père, et j'ai donc tendance à être très exigeante envers elle et en même temps à trouver que ses qualités vont de soi. Belle et brillante, elle excelle aux débats, est douée pour la peinture et possède une « vieille âme ». Nous aimons parler de tout – la marche de DVF, la vie de ma mère pendant la guerre, la politique –, absolument tout. Quand elle avait neuf ans, je l'ai emmenée à Florence, où je préparais un défilé dans le jardin privé d'un palais. « Veux-tu venir avec moi et être mon assistante ? » lui ai-je demandé. « J'aurai du travail, alors il faudra que tu travailles toi aussi. » « Oui, oui ! » a-t-elle répondu, et elle a participé à la magie des préparatifs d'un défilé de mode – la réalisation des décors, le casting des mannequins, les essayages, le choix final des tenues. Nous avons passé une semaine délicieuse, inoubliable, à voler un peu de temps chaque jour pour aller dans les musées et, le soir venu, à regarder ensemble des comédies romantiques tournées en Europe, comme *Drôle de frimousse* et *Sabrina*, extraits du coffret Audrey Hepburn que j'avais apporté.

Quand Tassilo, le petit frère de Talita, avait dix ans, Barry et moi l'avons emmené aux Jeux olympiques de Londres, en 2012. Au début, je me demandais ce que nous allions faire seuls avec un petit garçon, mais en fin de compte nous nous sommes beaucoup amusés à assister ensemble à des matchs de volley et de basket, en riant du début à la fin. Tassilo porte le prénom de son grand-père paternel, le père d'Egon, le prince Tassilo Egon Maximilian – et c'est un vrai petit prince, un petit prince américain. Je ne sais pas vraiment ce que j'entends par là, mais c'est ainsi que nous le voyons tous. Il est *cool*, très mignon et attentionné, excellent sportif et bon élève. « J'aime être relax » : c'est ainsi qu'il se décrit.

Antonia, la fille de Tatiana, est une star. Je la vois comme la militante de la famille, la plus artiste, la bonne élève, douée pour les arts plastiques, actrice naturelle et formidable musicienne. Elle a une oreille parfaite : il lui suffit d'entendre une chanson pour pouvoir la reproduire au piano. Lors d'un spectacle de Noël chez DVF, alors qu'elle avait à peine onze ans, elle a impressionné tout le monde en chantant un tube de la chanteuse Adele, non pas comme une petite fille mais en véritable artiste. Elle a une personnalité extraordinairement forte et équilibrée. J'ai reçu une réponse indignée de sa part après lui avoir envoyé un mail intitulé « Heureuse journée internationale de la femme ». « Est-ce que cela ne devrait pas être la journée de la femme et de la fille ? demandait-elle. Ne sommes-nous pas des femmes, nous aussi ? »

Antonia, qui est allée en pension en Angleterre comme sa mère et moi, est une compagne formidable. Nous avons passé de très bonnes journées en tête à tête à New York, Londres et Paris, ainsi qu'à Shanghai, où nous avons volé une journée pour visiter les splendides jardins situés dans de petites villes voisines.

Chaque année, Barry et moi passons les fêtes de Noël et du Nouvel An avec les petits-enfants, quelquefois sur le bateau, et d'autres fois dans des aventures sur la terre ferme. Comme mon anniversaire est le 31 décembre, ils me font toujours une surprise : un collage, une chanson qu'ils écrivent spécialement, ou encore un gâteau d'anniversaire servi au lit, comme lors d'un voyage formidable au Chili, en Patagonie. Et des lettres. Nous échangeons toujours des lettres pleines d'amour et de bons vœux pour le Nouvel An.

Tous les grands-parents trouvent que leurs petits-enfants sont formidables. Je ne suis pas objective, c'est bien certain ! À l'époque où j'écris ces lignes, j'ai le bonheur d'accueillir un quatrième petit-enfant, Léon (en l'honneur de mon père). C'est le troisième enfant d'Alexandre, son premier enfant avec AK, comme nous surnommons sa belle amoureuse et compagne, Alison Kay. Je me réjouis déjà de développer une relation toute spéciale avec le petit Léon, comme avec mes autres petits-enfants.

*

J'ai beaucoup aimé, et je suis souvent tombée amoureuse. Peut-être l'ai-je été aussi souvent parce que je demandais peu en retour, ou peut-être étais-je simplement amoureuse de l'amour. Pour moi, tomber amoureuse n'a jamais été un besoin, mais une aventure. Mon père m'a donné tant d'amour que je n'ai jamais eu l'impression d'en avoir besoin, ou d'en vouloir beaucoup en retour. Cette indépendance émotionnelle a souvent causé de la frustration et de l'insécurité chez certains hommes ; d'autres au contraire en étaient soulagés. Non que je ne me sois jamais montrée dépendante ou jalouse dans certaines occasions, comme toutes les filles, à attendre « le » coup de téléphone comme une idiote. Bien sûr, cela m'est arrivé, et même souvent.

La première fois que j'ai été amoureuse, c'était à Bruxelles, d'un garçon qui ne s'intéressait absolument pas à moi. Il s'appelait Charlie Bouchonville. Je le voyais dans le tramway NR4, sur le trajet de l'école à la maison. Il avait les yeux verts et un grain de beauté sur le bord de l'œil gauche, portait une veste en daim et était très élégant. J'étais encore une petite fille, sans poitrine ni rien. Je ne crois pas qu'il ait seulement su que j'existais, mais j'ai fantasmé sur lui pendant longtemps. Quand je suis allée en pension, je me souviens de m'être vantée d'avoir eu une histoire avec lui, complètement inventée.

Le premier garçon que j'ai embrassé était italien. Il s'appelait Vanni, le diminutif de Giovanni, et nous nous embrassions au salon de thé de l'Hôtel Rouge à Milano Marittima, où ma mère, mon frère et moi passions les vacances sur les rives de l'Adriatique. C'était après la séparation de mes parents : j'avais quatorze ans. Vanni était très sexy. Lui devait avoir plus de dix-huit ans puisqu'il conduisait fièrement une petite Alfa Romeo. Nous nous retrouvions dans le salon de thé après le déjeuner et nous nous embrassions. Ma mère envoyait mon petit frère Philippe nous espionner : il restait juste assis à nous regarder. Philippe et moi partagions une chambre, où Vanni s'introduisit une nuit alors que Philippe dormait. Je me sentis très adulte, à chuchoter et marcher sur la pointe des pieds dans la chambre, mais Vanni fut très déçu. Il voulait aller plus loin que moi, et notre délicieux flirt resta donc au stade des baisers. Nous continuerions à nous écrire pendant quelque temps, ce qui était excellent pour mon italien. J'ai appris la langue en écrivant des lettres d'amour !

Mon premier boyfriend sérieux se nommait Sohrab. Né en Iran, il étudiait l'architecture à Oxford. Il avait un beau sourire, conduisait une Volkswagen turquoise et était très gentil avec moi. C'était à Stroud Court, un pensionnat pour jeunes filles situé à Eynsham, tout près d'Oxford. Les cours n'avaient pas encore commencé mais j'étais arrivée plus tôt, ainsi que Danaë, une Grecque d'Athènes qui deviendrait ma meilleure amie cette année-là. Danaë et moi étions allées voir une exposition de sculptures d'Henry Moore au musée Ashmolean, avant de prendre le thé en face à l'Hôtel Randolph. Là, nous fîmes la connaissance de deux Perses charmants, Sohrab et Shidan, et devînmes tout de suite très amis.

Notre école nous autorisait à sortir le mercredi après-midi, le samedi toute la journée et le dimanche après-midi. Le mercredi suivant, Sohrab m'emmena au cinéma voir *Dr No*, le premier James Bond. J'avais du mal à suivre les dialogues parce que mon anglais n'était pas encore très bon, mais ce fut un excellent après-midi. Sohrab était gentil et attentionné. Mes parents étaient embarqués dans un divorce acrimonieux, et les lettres que je recevais de la maison provoquaient en moi des sentiments de tristesse et d'impuissance. Sohrab me consolait et m'emmenait déjeuner dans un restaurant indien. Je n'avais jamais été au restaurant avec un garçon et c'était donc très nouveau pour moi.

Ensuite nous allions dans sa chambre, sur Banbury Road. Il y avait juste un bureau près de la fenêtre et un grand lit. Il faisait très froid et humide et pour avoir du chauffage il fallait remettre une pièce de 6 pence toutes les heures dans le radiateur électrique. J'étais bien dans son lit, contre lui. Nous nous embrassions beaucoup. J'étais vierge et je portais une culotte en coton de petite fille dont j'avais honte. Je voulais faire semblant d'être plus âgée et sophistiquée, mais je ne voulais pas vraiment faire l'amour. Nous devions rompre quelques semaines avant de recommencer à nous voir. Cette fois, j'avais acheté des sous-vêtements en soie et j'avais seize ans. Calme et attentionné, Sohrab fut mon premier amant. Il me rendit heureuse. Bien des années plus tard, je découvrirais que pour lui aussi c'était la première fois. Il avait vingt et un ans.

L'été d'après, je partis en vacances à Riccione, en Italie, avec mon père et mon frère. Sohrab et Shidan vinrent d'Angleterre au volant de la Volkswagen turquoise. Ils étaient en route vers l'Iran, où ils comptaient faire une plus-value en revendant la voiture. Ils ne restèrent pas longtemps, juste un après-midi. Mon frère, qui était encore enfant, s'en souvient encore et n'a jamais compris ce qui s'est passé ensuite. Un jour j'étais amoureuse de Sohrab, et j'avais sa photo encadrée sur ma table de chevet dans la chambre d'hôtel. Le lendemain, je rencontrais un autre garçon à la plage, Lucio. Il deviendrait mon second boyfriend.

Lucio avait vingt-deux ans. Très beau, il ressemblait à Marcello Mastroianni. Ce fut un coup de foudre. Il était passionné et avait beaucoup d'expérience. Il me prenait fermement par le bras et m'emmenait dans la pinède derrière la plage. Il me faisait l'amour pendant des heures, et me faisait me sentir une vraie femme. Dans la journée, j'étais une jeune fille de dix-sept ans comme les autres, qui passait des vacances agréables avec son père et son frère. Mais la nuit j'avais une vie secrète, une vie de femme adulte séduisante qui vivait une aventure torride. Nous étions très amoureux.

Nous allions entretenir une correspondance passionnée pendant longtemps et parvenir à nous voir ici et là. Une fois, à Milan où j'avais accompagné mon père en voyage d'affaires, nous nous enfermerions dans une chambre d'hôtel près de la gare pendant une journée entière. Une autre fois, j'irais à Crevalcore, près de Bologne, où il vivait. Profitant du fait que ma mère était en voyage avec Hans, j'avais quitté la pension anglaise plus tôt et fait un détour par l'Italie avant de rentrer à Genève. Je rencontrai alors sa famille, qui avait une petite usine de cuir où ils fabriquaient des sacs à main. Ils organisèrent un repas en mon honneur au restaurant, et je passai la nuit dans un hôtel minuscule près de chez eux. Plus tard, Lucio vint me voir deux fois durant mes études en Espagne.

Nos rencontres passionnées resteront toujours gravées dans ma mémoire.

Il y a deux ans, j'ai reçu une lettre bien triste de la femme de Lucio. Il était mort. Elle disait avoir trouvé des lettres de moi, ainsi que des photos. Aimerais-je les récupérer ? « Bien sûr », ai-je répondu, et à mon grand plaisir j'ai reçu une énorme boîte contenant des centaines de lettres d'amour que je lui avais envoyées, ainsi que des photos, des menus et des billets de train. Il avait tout gardé.

En Angleterre, je m'entichai d'une Française, élève dans la même école que moi. Elle s'appelait Deanna. Très timide et masculine, elle m'intriguait. Nous devînmes très proches. L'année scolaire terminée, nous partîmes toutes deux poursuivre nos études à l'université de Madrid, où il y avait tellement de manifestations anti-franquistes et de grèves que nous n'allions pratiquement jamais en cours, l'université étant souvent fermée. Nous partagions une petite chambre assez sinistre dans une pension pour jeunes filles sur la Calle de la Libertad, en plein centre de Madrid. La nuit, pour rentrer, il fallait taper dans ses mains, et le *serrano*, qui avait les clefs de toute la rue, ouvrait la porte et nous faisait entrer. Nous nous fîmes des amis à la faculté de philosophie et de lettres où nous suivions des cours d'études espagnoles. Le soir nous allions à des flamencos et le dimanche à la corrida. À l'époque, Madrid était une ville corsetée qui portait encore les blessures de la guerre civile. L'ambiance était sombre et je m'ennuyais.

Ma vie devait prendre un tour différent aux vacances de Noël de cette année-là. Maman, Hans, son fils Martin, mon frère et moi passions les fêtes à Gstaad, dans les Alpes suisses. Nous étions à l'Hôtel du Parc où le séjour était assez monotone lorsqu'un après-midi dans le village je tombai sur ma meilleure amie du pensionnat Cuche, ma pension à Lausanne. Vénézuélienne, belle et sophistiquée, Isabel était un peu plus âgée que moi. C'était elle qui m'avait montré comment embrasser, en nous exerçant sur des miroirs. Elle vivait avec sa mère et sa sœur à Paris. Son père, Juan Liscano, était un écrivain et un intellectuel connu à Caracas.

La rencontre avec Isabel devait changer le cours de ma vie : cette nuit-là, elle m'emmena à une fête où je fis mon entrée officielle dans le monde de la jet-set. C'était au chalet de la famille Shorto, une femme anglo-brésilienne et ses cinq enfants, tous magnifiques. La musique était forte, les gens dansaient la samba, fumaient, buvaient, riaient et parlaient plusieurs langues à la fois. Tout le monde paraissait connaître tout le monde. Je n'avais jamais vu une telle atmosphère. Ils m'adoptèrent immédiatement. J'intégrai leur groupe et je restai avec Isabel quand ma famille rentra à Genève.

À Gstaad je fis la connaissance d'un homme « plus âgé », d'une trentaine d'années, à qui je plus et qui ne me quitta pas de la semaine. Il s'appelait Vlady Blatnick. Il vivait au Venezuela où il avait une affaire de chaussures florissante. Vlady m'emmenait dans des dîners et nous skiions ensemble tous les jours. Pour le 31 décembre, mon anniversaire, il m'offrit une blouse Pucci en soie imprimée, des pantalons en soie noire et des bottines en soie noire assorties. C'était ma première tenue de couturier. Ce soir-là, j'avais dix-neuf ans. Bien que je ne me sente pas aussi belle ou glamour que les autres femmes autour de moi, je savais que la vie avait enfin commencé !

Le retour à Madrid fut un peu déprimant, mais pour les vacances de printemps, Deanna et moi avions prévu un voyage en Andalousie. Nous allions découvrir la beauté de l'Alhambra à Grenade et la magie de Séville. Ce voyage marquerait la fin de mon séjour en Espagne. J'avais décidé de continuer mes études à Genève où ma mère vivait avec Hans. Deanna, elle, s'installerait en Andalousie. Nous allions rester amies quelque temps, puis nous éloigner.

J'ai appelé Deanna il y a quelques années pour l'inviter à l'ouverture de ma nouvelle boutique à Honolulu, où elle habite maintenant. Nous nous sommes instantanément retrouvées, comme si nous ne nous étions pas quittées, comme souvent les amies d'enfance. « Tu réalises que nous avons soixante ans ? », lui ai-je demandé. Nous avons ri de cette absurdité. J'avais l'impression d'avoir le même âge que la dernière fois que nous nous étions vues.

J'ai toujours essayé de rester en contact avec les gens qui ont eu de l'importance dans ma vie et les gens que j'ai aimés. Une fois que j'aime, c'est pour toujours. Il n'y a rien de plus douillet et de plus vrai que les vieux amis et les ex-amoureux. J'ai une chance immense d'avoir eu et d'avoir encore tant d'amour dans ma vie. Sans cet amour, je ne serais pas qui je suis.

Mes relations avec mes amis de longue date sont source d'un immense bonheur ; ces amitiés, comme des miroirs vivants, reflètent toutes une histoire, avec son cortège de rires et de chagrins, de triomphes et d'échecs, de naissances et de morts, de part et d'autre.

Mon plus vieil et plus proche ami est Olivier Gelbsmann, qui me connaît depuis que j'ai dix-huit ans. Il a suivi toutes les étapes de mon existence. Quand nous sommes ensemble, nous n'avons pas besoin de parler pour savoir ce que l'autre pense. Olivier a travaillé avec moi au tout début, puis avec Egon, avant de devenir décorateur. Nous collaborons à présent sur les produits de décoration DVF et les accessoires pour la maison. Olivier était présent quand mes enfants sont nés, et à chaque moment important de ma vie. Il a consolé chacun de mes boyfriends quand je les ai quittés. Il a été l'ami de ma mère et de ma fille, et maintenant celui de mes petites-filles. C'est également le cas de mon ami Konstantin Kakanias, l'artiste grec avec qui j'ai collaboré pour la bande dessinée *Be the Wonder Woman You Can Be* : lui aussi est l'ami de quatre générations de femmes de la famille.

Je chéris les souvenirs que je partage avec des amis comme Olivier et Konstantin. Les paysages changent, les gens vont et viennent, mais tous ces paysages, ces expériences, ces gens tissent le fil de la vie. L'amour, cela ne se limite pas aux gens avec qui vous avez eu des aventures. L'amour, c'est des moments d'intimité, l'attention portée aux autres, les connexions. Quand vous comprenez que l'amour est partout, vous le trouvez partout.

De même que je collectionne livres et textiles, je collectionne amis et souvenirs. J'aime me souvenir. Non que je me complaise dans la nostalgie, mais j'adore l'intimité. C'est l'opposé de la superficialité. C'est ce qu'il y a de plus vrai. « *Beauty is truth, true beauty* » (« La beauté est vérité, la vérité beauté »), comme je l'ai appris à Oxford en étudiant les poèmes de Keats.

Je me suis toujours efforcée, toute ma vie, de ne pas mentir. Le mensonge est destructeur. Le mensonge est le commencement du malentendu, des complications, du malheur. Pratiquer la vérité n'est pas toujours facile, mais comme toutes les pratiques cela devient une habitude. La vérité est cathartique, telle la taille des arbres. Plus vous pouvez être vraie, mieux c'est, car cela simplifie l'amour et la vie.

*

Bien sûr, il existe des degrés divers dans l'amour. Je sais maintenant que, parmi les nombreuses fois où j'ai été amoureuse, deux hommes seulement ont véritablement été de grands amours. Je les ai épousés tous les deux, l'un vers le début de ma vie, l'autre beaucoup plus tard.

Egon. Les mots me manquent pour exprimer tout ce que je dois à mon premier mari, le prince Eduard Egon von und zu Furstenberg. Je lui serai éternellement reconnaissante de tout ce qu'il m'a prodigué. Il m'a donné mes enfants ; il m'a donné son nom ; il m'a offert sa confiance et ses encouragements parce qu'il croyait en moi ; il a tout partagé, son savoir et ses relations, en m'offrant son amour.

C'est à Lausanne, à une fête d'anniversaire, que j'ai rencontré Egon. Je me rappelle son grand sourire, son visage d'enfant, ses dents écartées – les dents de la chance. Il venait de s'inscrire à l'université de Genève où j'étais moi aussi étudiante. Et il rentrait tout juste d'un séjour de plusieurs mois au Burundi, où il avait soigné des lépreux et enseigné dans une école. Cela m'impressionna. Je me souviens de ce que je portais ce soir-là, car il me complimenta sur ma tenue – des pantalons palazzo en soie rose et une tunique brodée que j'avais empruntée à ma mère. Nous avions tous les deux dix-neuf ans.

Egon était le parfait « célibataire convoité », prince austro-allemand par son père et riche héritier par sa mère, Clara Agnelli, l'aînée de la famille propriétaire de Fiat. Egon semblait s'intéresser à moi, peut-être parce que je m'étais déjà fait beaucoup d'amis à Genève, tandis que lui venait d'arriver. Nous sortions beaucoup. Un jour où nous étions allés en voiture à Megève pour profiter de la neige, la voiture tomba en panne et Egon partit chercher de l'aide. Je me souviens d'avoir ouvert la boîte à gants pour vérifier son passeport : je n'avais jamais rencontré de prince et je voulais voir comment le titre apparaissait dessus (il n'était même pas mentionné). Quand Egon rejoignit la voiture, avec un mécanicien, le moteur démarra immédiatement. Elle n'était pas en panne ! Je me souviens encore de l'expression d'embarras peinte sur le visage d'Egon. C'est sa vulnérabilité qui m'a séduite.

Egon habitait un appartement de location, petit mais luxueux, près du lac Léman, tandis que je vivais chez ma mère et Hans, mais nous étions inséparables. Ma mère, qui auparavant n'avait jamais prêté attention à aucun de mes boyfriends, l'adopta immédiatement. Ils deviendraient très proches. Egon avait beaucoup d'énergie et un vrai sens de l'aventure. Il était toujours en train de planifier des voyages et des endroits à découvrir. Il suggéra qu'un groupe d'entre nous se joigne à un voyage organisé en Asie. Je réussis à convaincre ma mère de me laisser partir avec eux, mais lorsqu'elle me conduisit à l'aéroport elle découvrit que les seuls voyageurs étaient Egon et moi. Je paniquai, de peur qu'elle ne me laissât pas partir seule avec lui, mais ce ne fut pas le cas.

Ce fut un voyage formidable : l'Inde, avec Agra et le magnifique Taj Mahal ; la Thaïlande et ses marchés flottants ; la Birmanie et ses centaines de pagodes ; le Cambodge et les ruines d'Angkor Vat ; Hong Kong et les vêtements sur mesure réalisés pour le lendemain. Nous explorions le pays du matin au soir, comme de parfaits touristes, et en soirée nous étions invités à dîner chez des locaux, grâce aux relations qu'avait Egon par le biais de Fiat. Egon était le jeune homme le plus charmant du monde. Son charisme et son enthousiasme étaient contagieux : avec lui, voyager était synonyme de surprises et de sérendipité.

Un soir à Bangkok, je me rappelle avoir dîné avec Jim Thomson, un Américain célèbre qui s'était installé en Thaïlande après la Seconde Guerre mondiale. Il avait organisé tous les tisserands de soie indépendants en une énorme entreprise dont il était propriétaire, la

Thai Silk Company. Vêtu d'une chemise et de pantalons en soie, avec des pantoufles en velours brodé, il habitait une magnifique demeure ancienne de style thaï qui regorgeait d'antiquités. De la maison, on voyait les tisserands travailler à la lueur de lanternes, tout le long du marché flottant. Notre hôte nous confia s'apprêter à partir en vacances le lendemain dans la jungle malaisienne. On ne le reverrait jamais. Des rumeurs circuleraient, selon lesquelles il aurait été un agent double, ou triple, et aurait été assassiné.

Un autre soir, en Thaïlande, j'étais si en colère contre Egon – je l'avais trouvé en train de se faire masser par une belle Thaïlandaise dans notre chambre d'hôtel – que j'étais descendue au bar. Un Américain plutôt glauque m'offrit une bière thaïlandaise très forte. Il m'expliqua qu'il travaillait pour une entreprise d'armements américaine et je me souviens encore de ses propos : « Oh, la guerre du Vietnam sera bientôt terminée, mais ce n'est pas grave : il y a un nouveau marché pour les armements au Moyen-Orient. » Effectivement, deux mois plus tard, la guerre des Six Jours éclatait en Israël, Syrie et Jordanie. Cela me choqua. Je n'avais jamais réalisé que la guerre, pour certaines personnes, est une source de revenus et que les entreprises d'armements ont des services de recherches, de marketing ou de vente – tout ce qui existe dans les sociétés normales, mais pour la guerre. Ce fut un choc de réaliser que lorsque ces entreprises apprennent qu'il y a un nouveau conflit quelque part, elles n'ont aucun scrupule à envoyer des vendeurs et ouvrir un nouveau marché.

De retour en Europe, je me rappelle la première fois où Egon m'amena à Villa Bella, le chalet de sa mère à Cortina d'Ampezzo dans les Alpes italiennes. Je n'avais jamais vu de maison aussi élégante, accueillante et originale. Tout en bois, le chalet ressemblait à une superbe maison en pain d'épices, meublée d'antiquités, avec un mélange inattendu d'étoffes colorées et de verre de Murano. Les femmes de chambre étaient en costume tyrolien et les valets en uniforme complet, mais pour autant ce personnel, par ailleurs très nombreux, n'était pas rigide. Nous, les jeunes, skiions toute la journée et dînions le soir avec les autres. Les repas étaient délicieux, et la conversation toute d'humour et de légèreté.

Clara, la mère d'Egon, était là avec son compagnon le comte Giovanni Nuvoletti, qui deviendrait son second mari quelques années plus tard. Giovanni était écrivain, et homme de salon. Éloquent, il trônait parmi les invités, tandis que Clara était légère et pleine d'esprit. Nous étions un groupe d'amis de l'université venus à la Villa Bella pour les vacances de Noël, et je partageais une chambre avec une belle jeune fille rousse nommée Sandy. C'est là que je fêtai mes vingt ans, en ayant toujours un peu l'impression de ne pas être complètement à ma place. Lorsque je fêterais mon vingt et unième anniversaire l'année suivante dans le même chalet, je serais devenue plus à l'aise avec la famille, le milieu et le style de vie en général.

Egon m'emmena également dans le sud de la France pour faire la connaissance de son oncle, Gianni Agnelli, sur son yacht *L'Agneta*, et assister au Grand Prix de Monaco. Quelque temps plus tard, je l'accompagnai aussi au Festival du film, au Lido de Venise, ainsi qu'au bal Volpi sur le Grand Canal. Je rencontrai alors tous ceux qui « étaient quelqu'un » : aristocrates, courtisanes, hommes et femmes d'affaires, acteurs, peintres, et toute cette *café society*. Je me rappelle m'être demandé comment j'allais pouvoir me souvenir de tous ces noms, tous ces lieux, toutes ces informations… Tout cela m'apparaissait, ainsi qu'Hemingway l'a si bien décrit, comme « *a moveable feast* », une fête ambulante.

Mais notre vie n'était pas que glamour et fortune. Egon était un vrai voyageur, curieux, plein d'énergie, prêt à rencontrer toutes sortes de gens dans le pays, quel qu'il soit, où nous nous trouvions, et prêt à croquer l'aventure – parfois littéralement. Je me souviens d'un homme avec qui Egon avait sympathisé dans les vieux souks de Djerba, en Tunisie, et qui nous avait invités à déjeuner. Nous le suivons dans les allées étroites des souks, tournant d'abord à gauche, puis à droite, puis encore à gauche, sans aucune idée de l'endroit où nous allons. Nous arrivons finalement dans un immeuble qui paraît abandonné, gravissons l'escalier et entrons dans l'appartement de cet homme, rempli d'enfants dont certains sont visiblement malades. Le repas est servi mais, dégoûtée, je suis incapable d'y toucher. Egon, lui, l'avale avec grâce, comme s'il s'agissait du plus élégant des dîners parisiens. Je me souviendrai toujours de cette journée, et de la leçon que j'y ai apprise. Egon avait une aisance incroyable, qui mettait tous les gens à l'aise avec eux-mêmes. C'était un vrai prince.

Enfant, j'avais beaucoup voyagé avec ma famille, mais Egon mettait le voyage à un niveau différent. Il devait me communiquer sa curiosité et son sens de l'aventure, que j'ai toujours conservés. Je suis toujours prête à prendre la route. Je voyage léger, avec peu de bagages et en laissant place à l'inconnu. Même enfant, j'aimais déjà voyager, avec les albums de Tintin. C'est avec ses aventures que j'ai appris la géographie et que j'ai commencé à découvrir le monde – l'Amérique, l'Égypte, le Pérou, la Chine, le Congo. Lorsque j'arrive pour la première fois dans un endroit, je ne peux pas m'empêcher de penser à Tintin !

Mais le plus beau cadeau qu'Egon m'ait fait, ce sont les enfants, d'autant que j'étais hésitante, surtout pour Alexandre. Ma grossesse fut le résultat inattendu d'un week-end à Rome en mai 1969. Je vivais alors en Italie, où je travaillais comme stagiaire pour un industriel de la mode, Angelo Ferretti. Egon ne travaillait pas cet été-là : il avait terminé son programme de formation à la Chase Manhattan Bank à New York et s'apprêtait à rentrer à l'automne dans la banque d'affaires Lazard Frères, toujours à Manhattan ; en attendant, il devait partir en Inde et en Asie du Sud-Est avec un ami, Marc Landeau. J'étais heureuse de le voir et, visiblement, lui aussi. Il avait organisé un grand repas avec des amis chez Tula, un restaurant à la mode Via Condotti. Je portais, je m'en souviens encore, une combinaison-pantalon de soirée avec un décolleté plongeant que je venais d'acheter en solde sur la Via Gregoriana.

Je me rappelle qu'il y avait des paparazzi dehors, dans la rue, mais ce qui se passait à l'intérieur brillait encore plus que les flashs de leurs appareils. Egon m'offrit une bague magnifique qu'il avait dessinée lui-même, un saphir de couleur claire sur une grosse monture en or. À ma complète surprise, le dîner se transforma en une fête de fiançailles. J'étais heureuse, même si je n'y croyais pas vraiment. Malgré tout, cette nuit-là, dans l'intimité de notre chambre, je me souviens d'avoir murmuré à Egon : « Je vais te donner un fils. » Est-ce que j'étais sérieuse ? Ou était-ce de la séduction ? Après le week-end, Egon partit pour l'Inde, et je repris mon travail à l'usine Ferretti.

Quelques week-ends plus tard, j'étais de retour à Monaco avec des amis. Ferretti y était lui aussi, et proposa de me ramener à Milan à la fin du week-end. Il conduisait sa Maserati à toute vitesse et je crus que c'était les virages qui me donnaient la nausée. Le lendemain, je me sentais encore plus mal. Je me dis qu'un sauna me ferait du bien, mais ce ne fut pas le cas ! Au lieu de me sentir mieux, je perdis connaissance au milieu de la Piazza San Babila. Je me souviens d'avoir entendu les gens dire : « Elle est morte, elle est morte ! » – je pouvais à peine bouger le doigt pour leur montrer : « Non, je ne suis pas morte. » Morte, non. Mais enceinte. Je n'en croyais pas mes oreilles lorsque le médecin me l'annonça.

Que faire ? J'avais à peine vingt-deux ans, et ce que je désirais le plus était mon indépendance. De plus, Egon était un des meilleurs partis d'Europe. Qui voudrait bien croire que je ne l'avais pas fait exprès ? Je rentrai chez ma mère à Genève, pour consulter un autre médecin. Il m'offrit la possibilité d'interrompre la grossesse. J'étais déchirée.

Je demandai conseil à ma mère. Elle avait pris la bague d'Egon plus au sérieux que moi et fut horrifiée à la pensée que je puisse prendre une telle décision seule. « Tu es fiancée, me rappela-t-elle, le moins que tu puisses faire est d'en parler avec ton fiancé. » À contrecœur, j'envoyai un télégramme à Egon, qui se trouvait à Hong Kong, pour lui expliquer la situation. J'ai conservé le merveilleux télégramme qu'il m'envoya en réponse. Egon était clair et sans hésitation. « Une seule solution. Organise mariage à Paris 15 juillet. Je me réjouis. Pense à toi. T'aime et t'embrasse, Eduard Egon. »

Soudain, ma vie me donna le vertige : un vrai tourbillon de bonheur. Pas de temps à perdre. Tous les préparatifs de mariage : les invitations à faire graver ; la robe de mariage à confectionner ; la cérémonie et la fête à organiser ; le trousseau à acheter. Comme toujours, ma mère fut d'une grande aide. Nous allâmes voir Clara, la mère d'Egon, à Venise et planifiâmes tout ensemble.

Clara se montra d'un grand soutien mais, du côté paternel d'Egon, le patriarche de la famille Furstenberg n'approuvait visiblement pas le mariage. (Il n'y avait jamais eu de sang juif dans la famille, et il y eut des oppositions à notre union.) J'essuyai également une réflexion désagréable du côté des Agnelli – des propos que j'interprétai comme « une petite-bourgeoise intelligente, une arriviste venue de Belgique, parvenue à ses fins ». Profondément blessée, rabaissée, je me souviens d'être sortie marcher d'un pas décidé dans le jardin de Clara, tout en caressant mon ventre rond. Ce fut là que j'eus ma première conversation avec Alexandre. « Ils vont voir ce qu'ils vont voir, dis-je tout haut à mon enfant : Ils seront fous de toi ! »

Le mariage eut lieu le 16 juillet 1969 – le jour où partirent les astronautes qui marchèrent pour la première fois sur la Lune – à la campagne, à Montfort-l'Amaury, près de Paris. Ma grossesse de trois mois ne se voyait pas encore dans la robe de mariée Christian Dior que Marc Bohan avait créée pour moi. La cérémonie eut lieu à la mairie et fut suivie d'un lunch à l'Auberge de la Moutière, une auberge charmante gérée par Maxim's.

Les invités étaient jeunes, beaux et très glamour ; le déjeuner délicieux et l'ambiance enthousiaste. Mon père avait engagé l'intégralité de la compagnie d'une vingtaine de musiciens et danseurs du night-club le Raspoutine. À mon grand embarras, il s'empara du micro pour chanter en russe avec les musiciens et casser des verres. La fête fut un grand succès. Le seul absent fut le père d'Egon, Tassilo, qui avait subi une telle pression de la part du patriarche de la famille qu'il assista à la cérémonie mais boycotta la réception. Cela affecta à peine la célébration et notre joie. Plus tard, Egon et moi laissâmes nos invités chanter et danser, pour retourner à Paris, rue du Faubourg-Saint-Honoré, nous promener et faire les boutiques.

Comme cadeau de mariage, la mère d'Egon nous avait offert une maison de vacances sur la Costa

Esmeralda, en Sardaigne. Nous allions y passer tout le mois d'août avec une bande de seize amis, entassés dans trois petites chambres.

Notre merveilleux fils, Alexandre Egon, vint au monde six mois plus tard, le 25 janvier 1970 à New York. Tout aussi merveilleuse, sa sœur Tatiana Désirée naquit seulement treize mois plus tard. Tout comme Egon avait insisté pour nous marier et avoir Alexandre, il insista pour que j'aie Tatiana. J'étais à nouveau tombée enceinte à peine trois mois après la naissance d'Alexandre – une naissance difficile, avec une césarienne pratiquée en urgence après seize heures de travail. L'idée de devoir recommencer demandait quelque encouragement… Ma belle Tatiana naquit le 16 février 1971. Cette fois, la césarienne était programmée. Les mots me manquent pour exprimer ma gratitude envers Egon, pour son enthousiasme et son soutien. Il a joué un plus grand rôle que moi dans la naissance de mes enfants, même si je me suis rattrapée plus tard en tenant le premier rôle dans leur éducation.

*

Dans les années 1970, la vie à New York était très gaie. L'immobilier était bon marché, ce qui permettait à des gens très divers et créatifs d'y vivre. Le pop art qu'on voyait dans les galeries et la nudité dans les spectacles à Broadway nous donnaient l'impression que tout était neuf, et permis. Il nous semblait que la liberté que nous ressentions venait juste d'être inventée. Le prince et la princesse von Furstenberg (sans le « und zu », que nous avions abandonné) étaient le « it » couple du moment. Grâce à notre jeunesse, notre allure et nos moyens, nous étions sur toutes les listes d'invitations et dans toutes les colonnes de potins. Chaque soir, nous avions au moins un cocktail, un dîner, parfois un bal, sans oublier l'arrêt obligatoire dans un bar « gay » en fin de soirée. Nous habitions Park Avenue mais restions toujours très européens et continuions à passer beaucoup de temps en Europe.

Nous organisions des fêtes pour les Européens de passage à New York. Je me souviens d'une grande fête que nous avions donnée pour Yves Saint Laurent, et d'un dîner organisé à la dernière minute pour Bernardo Bertolucci, dont *Le Dernier Tango à Paris* venait juste de sortir. Le film était érotique et choquant ; son réalisateur était la coqueluche de la ville. Tout le monde venait à nos fêtes – Andy Warhol et son entourage, des acteurs, des grands couturiers, des journalistes et, bien entendu, de nombreux Européens. La vie était effrénée, à tout le moins, et finalement trop effrénée pour moi.

Le mariage lui-même subissait quelques tensions. Egon était mon mari, et mon premier grand amour, mais notre relation allait se compliquer. Toujours à la recherche d'expériences nouvelles, Egon aimait s'amuser et avoir de nombreuses aventures. Je me forçais à accepter son comportement et à avoir un mariage « ouvert » ; je ne souhaitais absolument pas le juger. Faisant mine d'être cool et dissimulant ma souffrance, je ne voulais en aucun cas passer pour une victime. Mais avec deux jeunes enfants, et venant de lancer une affaire tout aussi prenante, tout cela devenait trop lourd à gérer.

Étrangement, ce fut la fin de notre mariage, en 1973, qui sauva notre relation et préserva notre amour. Le point de non-retour fut un article en couverture du magazine *New York* : « Le couple qui a tout – Tout est-il assez ? » Le titre apparaissait en bandeau sur une ravissante photo de nous deux posant dans notre salle de séjour, sous le drapé d'une tente indienne.

L'idée de cet article revenait au rédacteur en chef, Clay Felker. Au retour d'un voyage en Europe, il avait vu dans *Newsweek* une petite photographie d'Egon et moi prise lors d'un bal de charité au Texas. Cecil Beaton en était le décorateur, et des personnalités du monde entier avaient été invitées. Le prince et la princesse de Furstenberg étaient particulièrement glamour. Je portais une superbe robe de bal Roberto Capucci, particulièrement décolletée, et Egon, véritable prince charmant, était beau à tomber dans un smoking parfaitement coupé.

Clay, qui était aussi le fondateur de la revue, décida de consacrer un article de couverture à ce jeune couple fascinant. Une excellente journaliste féministe, Linda Bird Francke, et une photographe de talent, Jill Krementz, furent chargées de la rédaction et de la photographie. Elles nous suivirent partout. Il y avait des photos d'Egon dans le métro, de moi chez le coiffeur, des enfants dans leur nursery, de nous deux dans la rue et dans une galerie d'art avec les parents d'Egon. Les photos étaient très belles et les propos directs, inhabituellement crus. Provocateur espiègle, Egon se vantait d'avoir un mariage ouvert et des relations bisexuelles ; quant à moi, je comparais la sexualité d'un couple marié à une main gauche et une main droite qui se touchent. Nos propos paraissaient blasés et cyniques alors qu'en réalité nous étions simplement très jeunes, voulions à tout prix avoir l'air moderne et étions surtout d'une profonde naïveté avec la presse.

Le résultat fut choquant et détruisit notre mariage. À la lecture du magazine, et à la vue de notre relation examinée à la loupe, je compris que ce couple-là ne me correspondait pas. Cette femme n'était absolument pas la femme que je voulais être. Je ne souhaitais pas être une princesse de Park Avenue, ni faire semblant d'avoir une vie décadente. Il me fallait quitter ce couple pour devenir moi-même. Nous nous séparâmes donc : Egon quitta l'appartement peu de temps après la parution de l'article.

Après son départ, Egon et moi aurions une relation plus profonde, sincère et respectueuse. Bien sûr, Egon eut d'abord du mal à accepter la séparation, mais c'était la meilleure chose à faire, et il finit par l'accepter. Se séparer ne signifie pas effacer complètement l'autre de sa vie. Je tenais à ce que notre relation continue à évoluer et à être nourrie, mais de façon différente. Ce ne fut pas une tâche facile, mais elle en valait la peine.

Je n'ai jamais eu d'efforts à faire pour continuer à bien m'entendre avec Egon. Il était mon premier grand amour, l'homme que j'avais épousé, celui qui m'avait donné mes enfants. Je ne l'ai jamais jugé, et je l'ai toujours gardé dans mon cœur ; simplement, il m'était impossible de nous accepter en tant que couple. Egon n'a jamais cessé de faire partie de la famille. Même lorsque Barry est entré dans ma vie, nous avons continué à voyager tous ensemble avec les enfants, et nous avons toujours passé Noël ensemble.

J'étais à Rome avec Egon lorsqu'il est mort d'une cirrhose en juin 2004, quinze jours avant son cinquante-huitième anniversaire. Il avait une hépatite C depuis quelque temps déjà. Il avait accumulé les excès, jusqu'à ce que sa santé finisse par l'abandonner. Le Noël précédent, il était déjà trop malade pour venir à Cloudwalk, dans le froid du Connecticut ; c'est donc nous qui étions allés le voir en Floride, et nous avions passé les fêtes tous ensemble, avec nos enfants et petits-enfants, dans une suite d'hôtel à Miami. Comme toujours, Barry était avec nous, ainsi que la deuxième femme d'Egon, Lynn Marshall. Ma mère n'était déjà plus de ce monde ; entre sa disparition et l'état si faible d'Egon, la réunion de famille fut un peu triste cette année-là. Mais nous étions tous réunis, une famille recomposée et aimante.

Après les fêtes et son retour chez lui à Rome, Egon fut bientôt hospitalisé. Il n'avait jamais été du genre à se plaindre, mais il commença à appeler de plus en plus souvent pour exprimer ses craintes. Fallait-il envisager une greffe du foie ? L'opération était-elle seulement possible ? Les enfants allèrent le voir à tour de rôle. Alex l'accompagna dans un centre thermal à Abano, où il retrouva sa mère Clara, qui s'y trouvait avec son mari. Puis Tatiana alla passer plusieurs semaines chez son père, à Rome. Egon accompagna son frère Sebastian à l'enterrement de leur oncle Umberto Agnelli. Ce fut sa dernière sortie – il fallut le réhospitaliser en urgence.

Tatiana arriva la première à Rome. Puis Alex et moi, dans la matinée du 10 juin 2004. Il faisait très chaud. Nous apportâmes à Egon des fruits achetés dans la rue. En privé, Egon me demanda d'interroger les médecins : il craignait qu'ils ne lui disent pas la vérité. Je promis de leur parler. Ce jour-là, nous restâmes dans sa chambre jusqu'à la tombée du jour, à parler de tout et de rien, et à rire. Sa vue était brouillée, mais, avec sa façon bien à lui de tout embellir, Egon nous décrivait les taches qu'il voyait sur les murs comme des broderies indiennes. Il insista pour nous conseiller un restaurant où dîner, mais nous n'avions aucune envie d'aller dans un restaurant animé et bruyant. Nous rentrâmes à l'hôtel et prîmes le dîner dans nos chambres communicantes. Nous avions besoin de rester ensemble. Nous étions inquiets.

Comme Egon m'en avait priée, je parlai au médecin. Les nouvelles n'étaient pas bonnes. Les poumons étaient remplis de liquide, le cœur était faible, les reins aussi. Je n'en dis rien aux enfants. Il n'y avait rien à dire. Nous savions tous la vérité.

Egon nous téléphona le lendemain, au petit déjeuner. Sa voix était affaiblie, son souffle court. « Viens vite », me demanda-t-il, en ajoutant : « J'espère que tu pourras rester encore quelques jours. Tu vas avoir beaucoup à faire. »

Nous nous précipitâmes à l'hôpital. Dans la chambre pleine d'urgentistes et de machines, Egon était agité et souffrait visiblement. On nous demanda de quitter sa chambre. Impuissante, je faisais les cent pas dans le couloir, en regardant au ciel et en suppliant : « Il faut mettre fin à cette souffrance ! » On nous laissa retourner auprès de lui assez rapidement. Un masque à oxygène sur la bouche et le nez, Egon respirait bruyamment. Alex, en larmes, s'effondra sur une chaise. Tatiana caressait le visage de son père et je lui tenais la main quand sa respiration s'arrêta. Il s'éteignit, silencieux et paisible. Je lui fermai les yeux, tout doucement. Cela me parut naturel, un acte d'amour, de confiance, en mémoire de tout ce que nous avions été l'un pour l'autre. C'était un grand privilège, et une fierté, d'être là.

Telle une lionne avec ses lionceaux, mon premier instinct fut de protéger les enfants. Je les fis sortir de la chambre lorsque les infirmières entrèrent puis, après avoir confirmé le décès, recouvrirent le corps et l'évacuèrent à toute allure sur un brancard. Je le suivis le long de couloirs interminables et me retrouvai en un rien de temps dans une pièce avec un homme qui me tendait quelque chose ressemblant à un menu. Il y avait des photos et des prix. « J'ai besoin de votre aide », m'entendis-je demander aux enfants qui m'avaient suivie dans cette pièce, que je réalisai finalement être la morgue : « Il faut choisir le cercueil. »

Puis ce fut une succession de formalités. Maria Sole, tante et marraine d'Egon, nous avait rejoints. Avec son aide, nous décidâmes que la messe d'enterrement aurait lieu le lendemain même dans l'église préférée d'Egon, l'église des artistes, sur la Piazza del Popolo. Je demandai à un ami de la famille, le père Pierre Riches, de dire la messe. La fille de Maria Sole, Tiziana, s'occupa de la publication du faire-part dans les journaux. Egon voulait être enterré à Srobl, en Autriche, auprès de son père et de ses ancêtres. Il fallut demander des papiers à l'ambassade. Susanna Agnelli, une autre tante d'Egon, avait été ministre des Affaires étrangères. C'est son bureau qui contacta l'ambassade, tandis que Sebastian, le frère d'Egon, s'occupait de l'enterrement en Autriche. On était vendredi. Tout alla très vite. Egon avait raison. Il y avait beaucoup à faire.

La famille entière et des centaines d'amis accourent à Rome pour la messe funéraire. Tatiana et moi avions choisi les fleurs, des lys blancs, ses préférés, et la cérémonie fut très belle – si ce n'est l'absence de musique. J'avais tout simplement oublié la musique. En revanche, j'avais organisé un verre pour les amis d'Egon, à son appartement, et fait ramener son corps à son domicile. Au crépuscule, une flotte de trois voitures, conduites par des chauffeurs élégants, conduisit Egon en Autriche.

L'enterrement d'Egon devait avoir lieu le lundi. Nous partîmes pour Salzbourg dans l'avion de Barry. Ira, la sœur d'Egon, et son fils Hubertus nous accompagnaient. Lorsque nous arrivâmes à Strobl, le cercueil d'Egon nous attendait dans la bibliothèque d'Hubertushof, la maison de famille à Wolfgangsee près de Salzbourg. C'est un immense château de chasse, transmis dans la lignée mâle des Furstenberg, qui appartient maintenant à Alexandre. Il y avait des fleurs partout.

Là, j'eus enfin le temps de m'asseoir au côté d'Egon et de lui dire adieu calmement.

Nous nous connaissions depuis nos dix-huit ans. Nous avions grandi ensemble, joué ensemble, fait semblant d'être adultes ensemble et étions devenus parents ensemble. Depuis notre première rencontre, notre relation avait évolué et s'était transformée mais nous n'avions jamais cessé de nous aimer. Maintenant il était parti.

Je sortis marcher seule dans le jardin, avant de rentrer, de m'asseoir à un bureau et de lui écrire une lettre. J'avais choisi un papier « avion » très fin que je pourrais plier tout petit et mettre sur mon cœur, sous mon body. Puis ce fut l'arrivée de la famille et des amis. Des rafraîchissements et une collation furent servis. À midi, le cercueil d'Egon fut placé sur un corbillard tiré par des chevaux. Un orchestre accompagnait notre lente procession jusqu'à la petite église dans le centre du village. Le lac brillait au soleil.

Le service fut très émouvant. Il y avait de la musique cette fois, à l'orgue. Tatiana lut les mots qu'elle avait préparés, un discours si beau que je le fis imprimer en souvenir. Puis nous suivîmes tous le cercueil jusqu'au petit cimetière de l'église, où Egon alla rejoindre ses ancêtres dans le caveau familial. Son enterrement marqua la fin d'une longue tradition. Il est le dernier Furstenberg à être enterré dans ce caveau, où il n'y a maintenant plus de place. Lorsque mon tour fut venu de lancer une pelletée de terre, je pris la lettre qui était toujours sur mon cœur et la jetai sur le cercueil. Egon avait toujours aimé mes lettres et les avait toujours conservées. Celle-ci restera toujours près de lui.

*

Âgé d'une trentaine d'années, Jas Gawronski était un journaliste italien d'origine polonaise. Correspondant à New York de la chaîne nationale de télévision italienne, il apparaissait tous les soirs aux nouvelles, en Italie. Très beau, il était le meilleur ami de Gianni Agnelli, l'oncle d'Egon. J'avais vingt-six ans. Après la séparation d'avec Egon, mon amitié et ma liaison avec Jas allaient me donner l'assurance dont j'avais besoin. Au début, notre aventure était secrète. Un été, alors que les enfants étaient avec leurs deux grands-mères, il m'emmena dans la petite île de Ponza, dans la Mer tyrrhénienne, où il avait une maison. Chaque soir au coucher du soleil, nous grimpions au sommet de la montagne et allions jusqu'au phare, à l'autre extrémité de l'île. C'est là que j'ai découvert les joies de la marche à pied. Aujourd'hui encore, lorsque je vais à Ponza en bateau, j'emmène Barry et les enfants faire cette merveilleuse promenade.

C'est Jas qui était à mes côtés la première fois que j'ai dormi à Cloudwalk, le 31 décembre 1973. Nous avions fait cuire des côtelettes d'agneau et bu du champagne, pour fêter le Nouvel An, ma nouvelle maison et ma nouvelle vie. C'est Jas qui a commencé d'élaguer les pins autour de ma maison, et c'est avec lui que j'ai fait ma première grande promenade là-bas. Jas était cultivé et très bon. Il était marié mais séparé de sa femme. Il ne voulait pas s'engager, et moi non plus, pas vraiment.

Ce fut une période de guérison, légère et plaisante. Mes enfants (à la maison) et mes robes (au bureau) prenaient presque tout mon temps. Jas était mon jardin secret, même si les enfants l'acceptèrent facilement.

Au travail, le parfum du succès se faisait sentir. La robe portefeuille était née et était devenue la coqueluche des Américaines. Je parcourais toutes les villes des États-Unis, soudainement connue et appréciée. À la maison à New York, je vivais avec ma mère et mes enfants. Je dînais avec eux, et sortais ensuite. Je me sentais libre et forte. Ce n'était pas toujours facile de tout gérer, et j'étais souvent en proie à une pression énorme, mais c'était par choix, et cela en valait la peine. Je me sentais légère, juchée sur mes talons hauts, un sac de voyage rempli de robes en jersey à la main. À mon tour maintenant de me sentir émancipée et d'avoir des aventures ! En voyage d'affaires à Los Angeles, je flirtai avec Warren Beatty et Ryan O'Neal le même week-end, et m'en vantai avec fierté. Je vivais mon rêve : une vie d'homme dans un corps de femme. Dans les années 1970, si vous étiez jeune, jolie, et aviez du succès, la vie était une fête.

Et puis j'ai rencontré Barry Diller.

J'avais vingt-huit ans quand Barry a fait irruption dans ma vie et dans notre famille. Je n'imaginais pas que cet homme mystérieux, âgé de trente-trois ans et patron d'un des grands studios de Hollywood, deviendrait aussi important pour mes enfants et moi. Nous étions tous deux de jeunes *tycoons* : lui, le jeune président de Paramount Pictures ; moi, la jeune créatrice à succès. J'avais lu des articles sur Barry, mais je n'avais aucune idée de la passion qui allait nous submerger après notre rencontre. Cela se passait chez moi : je donnais une fête pour Sue Mengers, un des agents les plus formidables d'Hollywood. Je vois encore Barry arriver dans mon appartement plein de monde, et Sue faire les présentations. Je me souviens de la voix de Barry, basse, autoritaire, et je me rappelle avoir pensé que ce serait intéressant de l'avoir pour ami. Ce soir-là, il ne resta pas longtemps, mais il m'appela le lendemain matin, pour m'inviter à dîner. Lorsqu'il vint me chercher, j'avais préparé un dîner surprise à la maison. Nous avons dîné, puis avons bavardé brièvement. Nous étions tous les deux nerveux. Il partit en coup de vent.

Je m'envolais pour Paris le lendemain. Il m'appela tous les jours, de sa voix séduisante et, au bout de quelques jours, me proposa brusquement : « Pourquoi ne viens-tu pas à Los Angeles pour le week-end ? » Pourquoi pas ? J'étais intriguée et séduite par sa voix autoritaire. L'aventure m'appelait. Le vol de Paris à Los Angeles faisait escale à Montréal. Je me souviens d'avoir cherché une cabine téléphonique pour appeler Jas. Je lui dis que j'allais à L.A. voir un homme que je venais de rencontrer. Avec le recul, je réalise à quel point c'était cruel, mais mon besoin absolu d'honnêteté et ma liberté si chère en étaient la cause.

J'étais si excitée d'aller à Los Angeles que je n'aurais même pas eu besoin d'un avion pour voler ! Au-dessus de l'Arizona, je disparus aux toilettes pour n'en ressortir que juste avant l'atterrissage. Je me changeai, me coiffai et me maquillai, et arrivai fraîche, vêtue d'un costume pantalon à rayures, très slim, et perchée sur des *boots* à semelles compensées. Barry m'attendait à la porte d'embarquement. Il avait fait venir une voiture pour mes bagages et me fit monter dans sa petite Jaguar type E jaune, qu'il conduisait lui-même. C'était un accueil de star ; j'étais à Hollywood, et j'avais l'impression d'être dans un film. Il me proposa d'aller prendre un verre chez un ami, Ray Stark, producteur légendaire, ou d'aller directement chez lui. Je choisis d'aller chez lui.

Sa maison était magnifique, une belle maison de style typiquement californien cachée au bout d'une longue allée dans le canyon de Coldwater. Un valet vêtu à l'anglaise me montra la chambre d'amis, où m'attendait un bouquet de fleurs multicolore. Je n'avais aucun besoin de me rafraîchir ; j'étais ultra-fraîche ! Je suppose que nous avons dû dîner. Je ne m'en souviens pas. Ce dont je me souviens, c'est de m'être blottie contre Barry sur le sofa. Tout aussi brusquement que lorsqu'il m'avait ordonné de venir à L.A., il me dit : « Allons nous coucher. » Nous étions tous les deux affreusement nerveux, comme glacés sous la couverture, et tremblant l'un et l'autre. Nous avons tous les deux pris un valium et… nous nous sommes endormis !

Le lendemain Barry alla au bureau, et j'explorai la maison. Quel homme mystérieux ! Je ne savais rien de sa vie et j'étais curieuse. Les tiroirs étaient vides, et les livres sur les étagères ne révélaient pas grand-chose non plus. Ce que j'ignorais, et que je découvris bientôt, c'est qu'il venait juste d'emménager : tout le mobilier appartenait au service des accessoires de la Paramount. Barry rentra vers midi. Après le déjeuner, et la piscine, la tension sexuelle était à son comble. Lorsque nous succombâmes enfin, ce fut avec une grande passion, et dès le premier instant où nos corps se rencontrèrent le sien s'abandonna au mien. Jamais il ne s'était livré ainsi, m'avoua Barry par la suite. Quelque chose d'extraordinaire s'était passé, et nous nous aimons passionnément depuis ce moment.

Ses amis étaient incrédules. Aucun ne l'avait jamais connu avec une femme. J'eus le sentiment d'être la femme la plus extraordinaire du monde.

Après cela, Barry entra dans ma vie pour toujours. Il allait m'aimer sans condition, devinant mes désirs et mes besoins et m'impressionnant toujours par sa confiance absolue. Lorsque je retournai à New York après cet incroyable week-end, nos vies avaient changé du tout au tout. Barry se mit à partager son temps entre L.A. et New York, où il avait un appartement. Tantôt j'allais chez lui, sur Central Park South, tantôt lui venait chez moi, sur Park Avenue. Je me souviens de la première fois où il vint à Cloudwalk. Les enfants étaient arrivés la veille avec la baby-sitter, et je devais les rejoindre le samedi avec Barry. Il était terriblement anxieux à l'idée de rencontrer les enfants. Il retarda plusieurs fois notre départ, en insistant notamment pour aller chez son tailleur, où il commanda plusieurs costumes. Il n'arrêtait pas de me répéter qu'il ne connaissait aucun enfant et que cela lui faisait peur pour les miens. Enfin, nous arrivâmes à la maison en début d'après-midi.

Dès l'instant où il arriva, Barry se sentit complètement à l'aise. Il s'installa dans le fauteuil le plus confortable du salon, à proximité du téléphone, qui est encore « son » fauteuil. Alexandre et Tatiana furent aussi décontractés que d'habitude lorsqu'ils faisaient la connaissance de mes amis, et la nervosité de Barry s'envola aussitôt. Il me raconta que, restée seule avec lui, Tatiana, quatre ans, lui sourit et, intriguée, lui demanda qui étaient ses amis. Je ne me rappelle pas qu'elle fut la réponse, et lui non plus, mais nous n'oublierons jamais la question de Tatiana.

Depuis ce jour, Barry chérit nos week-ends dans le Connecticut, comme nous tous les chérissons depuis tant d'années. Un après-midi, en rentrant en voiture à New York, je me souviens que nous avons vu ensemble un couple âgé qui tentait de traverser Lexington Avenue, en s'appuyant l'un sur l'autre. Comme Barry freinait pour leur permettre de traverser, nous avons eu tous les deux la même pensée : un jour nous serions ce couple de personnes âgées qui s'aidaient l'une l'autre à traverser la rue. Nous avons tous deux gardé un souvenir vif de cette image, même si Barry pense que c'était sur Madison Avenue, et que je suis certaine qu'il s'agissait de Lexington !

Barry a atterri dans notre famille avec une attitude formidable : avec lui, « tout est possible ».

En 1976, pour la fête des mères, Barry m'acheta un petit « bateau cigarette », un bateau à moteur particulièrement rapide, pour que les enfants apprennent à faire du ski nautique sur le lac Candlewood, près de Cloudwalk. Cette année-là, nous fîmes une grande fête pour le 4 juillet. Mike Nichols était là, avec Candice Bergen. Louis Malle était seul (il épouserait Candice Bergen quelques années plus tard). Le réalisateur Milos Forman et l'écrivain Jerzy Kosinsky étaient présents, ainsi que mon voisin, Slim Keith, qui amena son invitée, l'actrice Claudette Colbert, une vedette des années 1930 et 1940. « Oh, comme j'aimerais aller sur votre yacht ! » s'exclama-t-elle lorsque Barry lui dit que nous avions passé la journée à faire du bateau. Cela nous fit beaucoup rire qu'elle ait imaginé un yacht, plutôt qu'un petit bateau à moteur. Mais Claudette devait être voyante, car le goût de Barry pour les bateaux ne s'est jamais démenti. Les bateaux ont simplement grandi avec le temps !

Barry nous gâtait tous énormément. Il offrit aux enfants tout l'attirail de son émission *Happy Days*, et nous emmena en République dominicaine et à Disneyland. Sa maison à L.A. avait un succès fou auprès des enfants avec sa piscine, et surtout avec les chiens, Arrow et Ranger. Il invita également les enfants sur le plateau de *Bad News Bear* au studio de la Paramount. Pour mon vingt-neuvième anniversaire, un 31 décembre, il m'emmena à une fête chez Woody Allen, où il me donna vingt-neuf diamants en vrac… dans une boîte à pansements.

En mars 1976, je fis la couverture de *Newsweek.* Linda Bird Francke, l'auteur de l'article du magazine *New York* qui avait mis fin à mon mariage avec Egon, publiait cette fois un article de sept pages sur mon succès professionnel. Barry en fut très fier. Ce lundi-là, il envoya un photographe prendre des photos du magazine dans les kiosques de différents quartiers de New York, et en fit un album à mon intention. Je le taquinai : il n'avait pas pris de photo du magazine à l'étranger, alors que j'en avais fait la couverture sur tous les continents ! Nous étions deux jeunes *tycoons*, de vingt-neuf et trente-quatre ans, et menions la grande vie *on top of the world* (au sommet du monde)…

Sur la route entre New York et Cloudwalk, nous nous arrêtions souvent dans les salles de cinéma pour étudier les réactions du public lors des avant-premières des films de Barry. Le premier de ses films que je vis ainsi s'intitulait *Won Ton Ton : Le chien qui sauva Hollywood.* Pas un grand succès… Heureusement, après cela, Barry produirait nombre de *blockbusters* : *Marathon Man, Saturday Night Fever, Grease* et *Urban Cowboy.* Je me souviens aussi de sa nervosité, tous les dimanches matins, quand il additionnait les chiffres d'audience de ses films que lui rapportaient ses vice-présidents des ventes. Le cendrier posé sur la table de chevet à côté du lit se remplissait à toute allure, au fur et à mesure que les chiffres arrivaient de tout le pays.

L'été suivant, en 1977, il fut décidé de faire un grand voyage en voiture, avec les enfants. Nous avions loué un van à Denver. À peine avions-nous quitté l'aéroport, avec Barry au volant, qu'il devait changer un pneu crevé au bord de la route ! Nous passâmes quatre jours dans ce van, que nous avions surnommé Fantasy 1. Notre itinéraire nous amena du parc montagneux de Pike's Peak à Durango, une ancienne ville minière dans le Colorado, puis de la spectaculaire Monument Valley au lac Powell, dans l'Utah, où nous avions loué un bateau habitable qui fut aussitôt surnommé Fantasy 2. J'étais chargée des repas, Barry et Alex de la navigation, et Tatiana des lits, mais après deux nuits dans le van la famille opta… pour des motels.

Le séjour en bateau ne fut pas de tout repos non plus ! Barry craignait que le bateau ne quitte ses amarres dans la nuit et ne se dirige vers le barrage et la cascade, alors il ne parvenait pas à dormir. Quant à moi, je m'imaginais que le barrage avait quelque chose à voir avec l'énergie nucléaire. Je fis tourner Barry en bourrique avec mes craintes, tandis qu'Alexandre et Tatiana s'amusaient à tuer les mouches, qui envahissaient le bateau par centaines. Mais le lac est très beau, et dans la journée nous nous amusions beaucoup.

La dernière portion du voyage était la descente de la rivière Colorado en rafting. Barry, trop fatigué, déclara forfait et alla se reposer dans un hôtel à Las Vegas tandis que Tatiana, Alex et moi faisions la descente avec nos guides, deux frères, et campions le soir à la belle étoile. Ce fut un voyage formidable pour nous trois, ainsi que pour les deux frères, je pense, car ils avaient apporté une quantité d'alcool considérable. À la fin de la descente en rafting, Barry vint nous chercher en hélicoptère dans le Grand Canyon, et nous prîmes l'avion pour New York, épuisés, sales et heureux.

Fin 1977, pour mon trentième anniversaire, je m'achetai un bel et grand appartement sur la 5e Avenue. Il avait appartenu à Rodman Rockefeller et avait une vue magnifique sur le réservoir de Central Park. Le coucher de soleil, en particulier, était extraordinaire. La première femme de mon grand ami Oscar de la Renta, Françoise, m'aida à le décorer dans un style à la fois luxueux et bohème : d'immenses canapés en velours, les murs tendus de soie fuchsia, une moquette léopard, et un papier imprimé à motif de roses pour la chambre de maître. Barry emménagea avec nous et je lui fis faire sa propre salle de bains et son dressing à côté de la chambre. Il passait la moitié de son temps à L.A., mais nous vivions tous très heureux ensemble lorsqu'il était à New York. Nous donnions des fêtes gigantesques et très gaies pour fêter la sortie de ses films. Les enfants adoraient Barry qui le leur rendait bien, même si, comme toute personne normale, il les traitait de tous les noms quand ils faisaient des bêtises. Egon acceptait et appréciait la présence de Barry, plaisantant même que les enfants avaient « deux pères ».

Barry et moi sortions beaucoup quand il était à New York, et quand il n'était pas là je sortais seule. Parfois je flirtais avec d'autres hommes. C'était dans l'air du temps à New York : nous étions très libérés. Barry ne posait pas de questions, ni moi non plus d'ailleurs. Notre relation était au-dessus de cela. Nous aimions être ensemble, et nous aimions être séparés.

J'eus une petite aventure avec Richard Gere, qui venait de finir *American Gigolo.* Difficile de résister. Son agent, Ed Limato, était furieux contre Richard, et lui dit que ce n'était pas une bonne chose pour sa carrière, car le film était distribué par Paramount. Barry ne prononça jamais un mot à ce sujet, même si je sais que cela lui fit de la peine. Mais Barry était toujours cool, au-dessus de tout et de tous. Il savait que cela passerait.

C'était l'époque du Studio 54. Le soir, quand Barry était à L.A., j'enfilais mes bottes de cowboy, prenais ma voiture et allais au 54 retrouver mes amis, boire un verre et danser. Ce que je préférais, c'était entrer seule et parcourir cette longue entrée avec la musique disco. Je me sentais comme un cowboy qui entre dans un saloon. C'était l'idée d'être capable d'aller seule au 54 qui me grisait le plus : une vie d'homme dans un corps de femme ! C'était la belle vie : j'étais la femme que je voulais être. Nous étions une génération très libre, qui ne connaissait pas encore l'existence du sida. En revanche, je ne restais jamais tard. J'avais ma mère et mes enfants à la maison et je devais me lever tôt pour aller travailler.

Je faisais des allées venues entre New York et les usines en Italie, et je m'arrêtais parfois à Paris, où j'achetais ma lingerie et jouais à la riche touriste américaine. Je me rappelle prenant le thé au Plaza Athénée avec un ami, Andre Leon Talley, grand et flamboyant, qui était alors le correspondant à Paris de *Women's Wear Daily*. Je le forçais à faire semblant d'être un roi d'Afrique !

J'étais devenue la femme que j'avais toujours voulu être, et j'adorais ma vie. J'avais deux beaux enfants, une affaire de mode florissante, une vie très gaie et un homme merveilleux avec qui je partageais énormément de choses. En 1980, Barry loua un yacht appelé *Julie Mother* et lui et moi fîmes une croisière dans les Caraïbes. Je lisais alors un livre fascinant, intitulé *La Troisième Vague*, par le futurologue Alvin Toffler.

Il prédisait que bientôt nous communiquerions par ordinateur, que nous aurions en permanence accès à l'information, et que nous pourrions à notre tour envoyer ces informations dans le monde entier. Cela paraissait fou, de la science-fiction. J'étais stupéfaite : je soulignais des paragraphes, prenais quantité de notes. Je me souviens que l'encre de mon stylo était bleu turquoise, comme la mer sur laquelle nous naviguions. J'avais le sentiment que le monde allait changer. Et c'est exactement ce qui arriva.

Le soir de notre retour, je recevais l'appel de Hans Muller. Maman allait mal. Il fallait que je vienne en Suisse, immédiatement. Je sautai dans un avion. Après plusieurs semaines difficiles passées dans l'aile psychiatrique de l'hôpital à m'occuper de ma mère et à la voir combattre ses démons, je rentrai à New York. Mais les choses avaient changé. Je me sentais étrangère à ma propre vie, trop dorée et trop facile. Barry était toujours aussi aimant, mais moi j'avais perdu mon équilibre. Voir ma mère dans un état pareil, revivre avec elle les horreurs du passé, m'avait porté un coup dur. J'avais besoin d'échapper aux excès de ma vie effrénée. Je pris les enfants et m'échappai aussi loin que je pouvais : à Bali.

*

« Faites votre travail, puis faites un pas en arrière. C'est le seul chemin vers la sérénité », écrivait le philosophe chinois Lao Tseu, au VIe siècle avant Jésus-Christ. Je fis ce grand pas en arrière en été 1980, en marchant huit kilomètres sur une magnifique plage déserte à Bali, et en regardant le soleil se lever dès mon premier jour. New York, Barry, mon flirt avec Richard Gere, le succès : j'avais fui tout cela. Ce matin-là, à cinq heures, je tombai sur Paulo, un beau Brésilien barbu qui vivait dans une maison en bambou sur la plage et n'avait pas porté de chaussures depuis dix ans. Je sentis que, loin de tout, ma vie allait prendre un nouveau cours.

Paulo sentait délicieusement bon, un mélange des fleurs de frangipanier dont il avait décoré sa maison et des clous de girofle qui parfumaient ses cigarettes Gudam Garang. Il collectionnait et vendait des textiles indonésiens, parlait le balinais et nous emmena, les enfants et moi, découvrir tous les temples et les mystères de l'île. Au début, ce fut une aventure de vacances, une manière d'oublier les semaines terribles où ma mère avait été malade… Une évasion. Avec le recul, l'aventure aurait dû s'arrêter là, mais ce ne fut pas le cas.

J'étais tombée complètement amoureuse de Bali et de tout ce qui touchait à Bali, y compris Paulo. Je ne pensais pas que nous ayons un futur ensemble, et ne le désirais pas non plus, mais j'étais captivée par l'inconnu et l'aventure. Lorsque je rentrai à New York, Barry était là, qui me regardait avec amour, et sondait tristement mon regard et mon cœur. Il voyait que quelque chose avait changé. Je me sentais coupable, mais l'émotion eut le dessus sur la raison.

Mes enfants furent mécontents lorsque Barry nous quitta et que Paulo vint nous rejoindre à New York.

Ma mère aussi. Qu'est-ce que j'étais en train de faire ? Est-ce que j'étais vraiment amoureuse de cet « homme sauvage » ? Est-ce que j'allais sacrifier l'amour inconditionnel de Barry ? Tout le monde était incrédule. Mais j'étais prête à défier le monde entier. Plus encore qu'amoureuse de Paulo, j'étais séduite par les désordres que l'amour peut causer.

Paulo fit sa première apparition officielle à New York à l'occasion d'un dîner que je donnai pour Diana Vreeland et la sortie de son livre, *Allure.* Il fit son entrée pieds nus, vêtu d'une chemise en soie et d'un sarong ikat de l'île de Kupang. Cela fit sourciller, mais je m'en moquais. À dire vrai, j'y pris même plaisir. J'étais déterminée à provoquer mon entourage, et je continuais à avoir soif d'aventure.

Paulo me rappelait constamment Bali, cette île magique qui m'avait tellement inspirée, avec sa beauté, ses tissus et ses couleurs. Je créai alors une ligne de maquillage orangée que je baptisai Sunset Goddess. Je vivais dans un rêve, je rêvais que j'étais moi-même « une déesse du crépuscule » et je dédiai un parfum, Volcan d'amour, à mon nouvel homme. Cloudwalk fut bientôt remplie de textiles et d'objets indonésiens et je plantai des drapeaux de cérémonie le long de la rivière, qui y sont encore.

Les changements succédèrent aux changements lorsque je décidai de retirer les enfants de leur école à Manhattan et de les installer à Cloudwalk. J'avais une impression de danger à New York. En décembre 1980, John Lennon avait été assassiné par un fou dans le hall de son immeuble, et je fus traumatisée par l'enlèvement de la fille de Calvin Klein, Marci, onze ans, contre rançon. Par bonheur, elle fut relâchée indemne, mais mon anxiété persista. Alexandre et Tatiana, à onze et dix ans, étaient trop grands pour qu'on les accompagne à l'école, mais suffisamment jeunes pour être déstabilisés par les tentations d'une grande ville et la pseudo-sophistication de leurs camarades. Je voulais qu'ils nouent un lien avec la nature, qu'ils apprennent à se passer de leur tourbillon d'activités new-yorkaises et qu'ils développent leurs propres ressources et leur imagination. Avec un certain étonnement, je réalisais que les périodes d'ennui que j'avais connues enfant en Belgique n'avaient pas été inutiles.

À ce stade, plutôt que d'être femme d'affaires et de vivre à un rythme effréné, je désirais avant tout être une mère plus présente et une compagne dévouée. Ce ne serait qu'une phase, mais elle était bien réelle. Je quittais Cloudwalk pour New York le mardi matin et je rentrais le jeudi soir. Paulo passait ses journées à construire une nouvelle grange, et les enfants allaient à Rumsey Hall, une école privée située à proximité.

Ma transformation s'étendait à ma façon de m'habiller. J'avais cessé de porter mes propres vêtements, qui à ce stade étaient dessinés sous licence par d'autres personnes, et ne portais plus que des sarongs. Des sandales l'été et des bottes en hiver avaient remplacé mes talons hauts. Je portais des bijoux exotiques et je laissais mes cheveux boucler naturellement, souvent avec une fleur. Paulo et moi retournions à Bali et à la maison de bambous sur la plage dès que nous le pouvions. Souvent les enfants nous accompagnaient.

Avec le recul, la façon que j'avais de transformer ma personnalité pour l'adapter à celle des différents hommes de ma vie m'amuse et me fait sourire. Comme le léopard qui décide de changer de peau dans la nouvelle de Kipling, il me semble que la plupart des femmes changent de personnalité ou au moins s'adaptent en fonction de leurs relations amoureuses, surtout pendant la période délicieuse de la séduction. Du jour au lendemain, elles deviennent des fans de football ou de voile, ou se passionnent pour la politique, avant de laisser leur propre personnalité reprendre le dessus une fois que la relation est soit solide, soit terminée. Je ne connais cependant personne qui soit allé aussi loin que moi !

Ma liaison avec Paulo, tout comme ma garde-robe de sarongs, durerait quatre ans. « Mais pourquoi ne portes-tu pas de vrais vêtements ? » demandait constamment ma mère. Même elle n'aurait pas pu envisager la métamorphose qui suivit, lorsque je quittai Paulo pour devenir la muse d'un écrivain à Paris.

L'été 1984, après avoir vendu mon affaire de maquillage à la société pharmaceutique Beecham, je louai un voilier pour naviguer dans les îles grecques. Les enfants étaient adolescents, ils n'avaient pas de bonnes relations avec Paulo, et l'ambiance à bord était lourde et pénible. Mon ami brésilien Hugo Jereissati, qui avait été le premier à me faire découvrir Bali, était avec nous. Je me souviens d'avoir dit à Hugo, alors que nous prenions un bain de soleil : « Ma vie va changer. » Et c'est exactement ce qui arriva.

Des jupes en laine. Des chandails boutonnés jusqu'au cou. Des souliers plats. Ils allaient dominer ma garde-robe pendant les cinq années suivantes. Alain Elkann, le romancier et journaliste italien, n'aimait pas les vêtements sexy que je venais de me mettre à créer, alors, une fois de plus, je dus « changer de peau », tel le léopard, par amour. Ma nouvelle image me faisait sursauter chaque fois que je l'apercevais dans une glace !

J'avais rencontré Alain à New York, lors d'une fête que Bianca Jagger donnait pour le quatorzième anniversaire de sa fille, Jade, ma filleule. Tatiana, alors pensionnaire en Angleterre, et Alex, pensionnaire dans le Massachusetts, étaient tous les deux en vacances à la maison, et nous étions tous à New York ce week-end-là.

Alain était très attirant et nous avions beaucoup d'amis en commun car il avait été marié à Margherita Agnelli, la cousine d'Egon. « Viens avec moi à Paris », me dit Alain peu de temps après notre rencontre. Je n'hésitai pas. Les enfants étaient loin, en pension, et je ne pouvais plus supporter New York. De même que j'avais découvert Paulo durant mon introspection, après l'effondrement de ma mère, je rencontrai Alain en 1984 durant mon désenchantement avec New York. La ville s'était mise à tourner autour de l'argent – les grands succès télévisés d'alors étaient *Dynasty* et *Dallas* – et après ces quatre années cloîtrée à Cloudwalk avec Paulo, j'étais attirée par la vie intellectuelle de Paris. Mon travail ne m'intéressait plus.

Même si j'avais lancé une nouvelle affaire, le cœur n'y était pas.

Ce qui était dans mon cœur, c'était Alain. Et Paris. Paulo, très en colère, retourna dans son Brésil natal. J'emménageai dans un bel appartement que je louais rue de Seine, entre cour et jardin. Mon ami décorateur François Catroux m'aida à installer un intérieur à la fois chic et bohème, avec des meubles Empire et des tableaux préraphaëlites provenant de l'appartement de New York, que je venais de vendre.

Alain et moi recevions beaucoup : des écrivains, des artistes et des couturiers, même si la mode n'était plus ma priorité. Alain travaillait dans une maison d'édition, Mondadori, et écrivait des romans le matin avant d'aller au bureau. Mon écrivain préféré, Alberto Moravia, était très ami avec Alain et passait souvent des semaines d'affilée chez nous. Le matin il écrivait, et l'après-midi nous allions dans les musées, au cinéma ou boire un chocolat chaud au Flore. J'avais peine à croire que nous soyons devenus aussi proches.

Grâce à cette vie parisienne, je redécouvrais mon premier amour, la littérature, et vivais un vieux rêve – avoir un salon littéraire et fonder une petite maison d'édition, Salvy, où nous avons publié en français de grands auteurs tels Vita Sackville West, Gregor von Rezzori ou Bret Easton Ellis, entre autres.

Alain et moi avions également une vie de famille particulièrement aimante et animée durant les vacances. Il avait trois enfants de son mariage avec Margherita Agnelli : John (Jaki), Lapo et Ginevra. Peut-être parce qu'ils étaient cousins avec mes enfants, nous étions immédiatement devenus une famille. C'était seulement en vacances et parfois en week-end que nous avions les cinq enfants, mais nous en profitions au maximum. Nous faisions du ski à Gstaad, nagions à Capri où Alain et moi avions loué un petit appartement, et fîmes une croisière sur le Nil à la découverte de l'Égypte ancienne. Le reste du temps j'étais avec Alain, la muse idéale, celle qui l'écoutait lire ses écrits et suivait ses nombreuses humeurs. Je tenais notre intérieur d'intellectuel à la perfection, avec de la nourriture en abondance et des fleurs fraîches en toutes circonstances. Je savais depuis longtemps que les écrivains, même s'ils vivent une vie de bohème, aiment le luxe. J'avais installé un petit bureau sous les toits et j'appelais quotidiennement mon bureau de New York, maintenant très réduit.

Même si j'adorais ma vie parisienne, vivre avec Alain était parfois difficile. Bien que je partage entièrement sa vie et ses centres d'intérêt, lui ne partageait pas les miens. En 1986, je fus l'une des quatre-vingt-sept immigrés choisis pour recevoir une distinction, la Médaille de la liberté (*Mayor's Liberty Award*) pour ma contribution à la ville de New York et aux États-Unis. Très fière, je voulais aller à New York et recevoir ma décoration des mains du maire, Ed Koch, mais Alain ne souhaitait pas que j'y aille. Ma mère me représenta.

Avec le recul, je mesure tout ce que je sacrifiais pour ma relation avec Alain. Il voulait que je renonce à ma personnalité et à mon succès, et c'est ce que je fis avec enthousiasme. Personne ne me l'avait jamais demandé. J'échangeai ma passion de l'indépendance pour devenir « la femme de ». Mes enfants n'en revenaient pas. « Maman n'a plus de personnalité », disaient-ils alors, et je souriais. Au fond de moi-même, je savais que ce n'était pas vrai, mais j'étais séduite par le rôle de femme d'artiste dévouée que j'avais endossé.

Tout cela aurait pu continuer, si ce n'est que je découvris qu'Alain avait une aventure avec mon amie Loulou de la Falaise, la muse d'Yves Saint Laurent. Loulou était tout ce à quoi j'avais renoncé : glamour, travail, succès. Au début, je fus choquée, très attristée et vexée ; puis je compris que d'une certaine façon c'était, en partie du moins, ma propre faute. En changeant de personnalité, j'avais perdu ce qui avait attiré Alain au départ. J'étais devenue la femme docile et passive qu'il voulait – du moins c'est ce que je croyais. Le seul résultat, c'est qu'il s'était jeté dans les bras du genre de femme que j'avais été. Je ne suis pas de celles qui acceptent l'humiliation. Au lieu de cela, la trahison d'Alain fit grandir en moi une détermination farouche à avoir le dessus. En restant composée lorsque je les mis face à leur liaison, je savais que mon calme diminuerait l'attrait du « fruit défendu » et le gâcherait. Je ne me trompais pas. Leur liaison perdit bientôt de son attrait et prit fin. Alain et moi restâmes encore quelque temps ensemble, mais je savais qu'il serait bientôt temps de passer à autre chose.

Avec le recul, je ne renoncerais pour rien au monde à ces années à Paris avec Alain ou aux années avec Paulo à Bali et ailleurs. Personne ne traverse la vie avec une personnalité unique et rigide. Nous sommes des êtres bien plus complexes, avec des besoins et des désirs qui se manifestent à différentes étapes de la vie. Parce que j'avais travaillé et atteint l'indépendance financière très tôt dans la vie, j'ai eu le luxe inhabituel de vivre entièrement ces rêves, ainsi que la capacité d'y mettre fin le moment venu.

Paulo m'a procuré la sérénité dont j'avais besoin pour guérir de l'effondrement de ma mère, et m'a offert un refuge contre le rythme frénétique de ma vie à New York. Alain m'a apporté un retour en Europe et au monde de la culture et des idées dont j'avais tant besoin après m'être enfermée à Cloudwalk. Il m'a également donné trois merveilleux beaux-enfants que j'aime et dont je suis restée très proche. Jaki est devenu le célèbre John Elkann qui dirige Fiat et ses filiales. Lapo est un designer connu et un génie du marketing. Ginevra est princesse, mère de trois enfants, productrice de films et présidente de la pinacothèque Giovanni et Marella Agnelli. Ce sont des frères et sœurs pour Alex et Tatiana et nous formons une famille.

Je me suis souvent demandé quelle sorte de femme je serais aujourd'hui si je n'avais pas fait l'expérience de modes de vie complètement différents avec Paulo et Alain. Étais-je prête, il y a toutes ces années, à rester auprès de Barry ? Une part de moi-même aimerait l'avoir fait, au lieu d'avoir fait souffrir Barry et d'avoir perdu toutes ces années que nous aurions pu passer ensemble. Mais une autre part de moi-même n'est pas mécontente. Je suis probablement une meilleure compagne pour Barry grâce à ce passé. J'avais besoin d'essayer différentes versions de ma personnalité pour voir laquelle m'allait le mieux. Et après Alain, ce n'était pas fini.

Je n'étais pas certaine de la direction qu'allait prendre ma vie lorsque je quittai Paris en 1989 pour retourner à New York. Comme toujours, Barry était là pour m'écouter et me rassurer, mais d'une certaine façon nous nous étions perdus et je ne voulais pas lui faire à nouveau mal. Je devais d'abord me trouver, et ce n'était pas facile. Je partageais mon temps entre Cloudwalk, l'hôtel Carlyle à New York, où je louais un appartement, et les Bahamas où j'aidais ma mère à s'installer dans sa petite maison blanche aux volets bleus, sur la plage de sable rose de Harbour Island.

Je renouai avec de vieux amis, et eus quelques flirts, mais je n'étais pas contente de moi. Même si j'adorais la compagnie de Barry – nous allions partout ensemble –, je n'étais toujours pas prête à m'engager. L'une des raisons était que j'avais entamé une liaison secrète avec un homme, beau, mystérieux et talentueux, le seul homme, en fin de compte, qui finirait par me quitter.

Je n'avais pas l'intention de tomber amoureuse de Mark Peploe, ni lui de moi, j'en suis sûre. Mark était un ami de longue date, scénariste du *Dernier Empereur* de Bernardo Bertolucci, scénario qu'il avait écrit alors qu'il séjournait chez Alain et moi à Paris, dans notre chambre d'amis. (Le film reçut neuf Oscars en 1988, y compris celui de la meilleure adaptation.) De plus, Mark était « pris » – il vivait à Londres avec une femme que je connaissais et leur fille, âgée de douze ans. Il ne m'était jamais venu à l'idée d'avoir une aventure avec lui, jusqu'à ce qu'il m'appelle un soir à New York, après mon retour de Paris – et que cela fasse des étincelles.

J'eus l'impression de vivre un fantasme. Littéralement. Quand j'étais adolescente, j'écrivais des poèmes et des nouvelles sur l'amour et je trouvais que les moments volés, les non-dits et le secret définissaient les relations les plus excitantes et les plus romantiques. Notre liaison était tout cela. Mark et moi avions une relation merveilleuse : j'avais un grand respect pour son intelligence, il était un des hommes les plus beaux que j'aie jamais rencontrés, et un excellent compagnon de voyage. Peu de temps après le début de notre liaison, il me demanda de le rejoindre au Sri Lanka, où il était en repérage pour *Victory,* un film qu'il allait réaliser. Je savais à peine où était le Sri Lanka, ou que c'était le nouveau nom de l'île de Ceylan. Je réservai mon vol immédiatement.

Je n'oublierai jamais la visite en voiture de Serendib, l'île magique qui nous a donné le mot sérendipité, avec Mark, et notre découverte des plantations de caoutchouc et de thé, du grand Bouddha couché, de la maison de Paul Bowles et des rues de Colombo. Nous étions loin de tout. J'étais en admiration devant cet homme si beau et élégant qui savait tant de choses… Nos conversations étaient sans fin. Elles se poursuivraient dans toutes sortes de paysages différents – les rues et les cafés de Paris, les trattorias de Rome, les rues de Lisbonne, les souks et le harem de Topkapi à Istanbul, les grottes byzantines de Cappadoce, la mosquée soufie de Konya, les falaises vermillon de l'Utah et la découverte du peintre Mantegna à Mantoue. Au milieu de tous ces paysages, nous parlions et parlions encore. En voiture, je lisais à voix haute les récits de voyage du journaliste polonais Ryszard Kapuscinski, ou les passions de Stefan Zweig. C'étaient là nos moments volés, volés à nos vies quotidiennes, dans des hôtels anonymes, des aéroports et des voitures de location.

Barry connaissait l'existence de Mark et Mark celle de Barry, même si j'évitais de leur en parler. Je m'aperçois maintenant que Barry était déjà comme mon mari, et que Mark était mon amant secret. Je ne parvenais à renoncer ni à l'un ni à l'autre. Barry attendait patiemment, certain du dénouement. Ce qui se passait dans la tête de Mark, je ne l'ai jamais su. J'aimais notre relation non dite et aurais voulu qu'elle se poursuive encore et encore, mais ce ne fut pas le cas.

Je souffris beaucoup lorsque Mark me quitta pour une autre femme, qui n'était pas la mère de son enfant. Je croyais qu'il goûtait autant que moi le caractère secret de notre liaison, mais peut-être voulait-il une relation plus permanente et plus visible. Il ne me l'a jamais expliqué, et je n'ai jamais posé la question.

Avec le recul, je sais que l'existence de Barry et mes sentiments à son égard avaient tout à voir avec mon hésitation à m'engager complètement envers Mark, Alain ou Paulo. Après la séparation avec Mark, Barry commencerait de prendre de plus en plus de place dans ma vie, dans mon lit et dans mon cœur, et nous trouverions une sérénité nouvelle.

À naviguer sur les océans, nous allions trouver une façon de construire notre vie commune. Barry était amoureux de bateaux depuis que je l'avais amené avec moi sur l'*Atlantis,* le bateau sublime de Stavros Niarchos, alors que les enfants étaient tout petits et qu'ils passaient l'été avec Egon. Cette fois-là nous avions navigué le long de la côte amalfitaine, jusqu'en Grèce. Ce fut une révélation pour Barry, le commencement de son rêve de construire un jour son propre yacht. Après cela, nous avons fait de nombreux voyages merveilleux sur des bateaux de location, en Méditerranée, dans les Caraïbes ou au large de la côte ionienne. J'avais toujours aimé les destinations aventureuses, Barry aimait le luxe et avait besoin d'être connecté pour son travail. Avec ces croisières en voilier, nous pouvions avoir les deux… Descendre marcher à l'aventure sur des îles, visiter de petits villages, et retrouver notre confort flottant et les communications le soir.

Nous avions souvent parlé de notre avenir au cours des années et nous savions tous deux que nous finirions ensemble. Je savais depuis longtemps que j'aimais Barry et qu'il était le seul homme que je puisse épouser, mais j'ai longtemps combattu le principe du mariage. Les gens en parlent souvent comme de « se ranger » et le terme ne m'inspire guère. « Se ranger » sonne à mes oreilles comme renoncer à la spontanéité et à l'indépendance ; ce n'est pas mon genre, ni celui de Barry.

Mon opposition commença à faiblir quand Barry parla de se marier pour le bien des enfants. Il voulait assurer leur avenir, disait-il, et le mariage faciliterait les choses. Lorsque Alexandre épousa Alexandra Miller en 1995 (faisant d'eux Alex et Alex), Barry leur donna pour cadeau une potiche pleine de terre, représentant la somme d'argent qu'il allait leur offrir pour les aider à s'acheter une maison. Il était si sincère dans son désir de s'occuper de mes enfants que je fus émue.

L'année 1999 fut riche en grands événements familiaux, tous consignés dans mon journal. La naissance de Talita, ma première petite-fille, fut bien entendu un événement majeur. Puis ce fut la grossesse de Tatiana. Elle voulait tellement un bébé ! Lorsque nous étions allées voir la petite Talita ensemble, Tatiana était sortie et avait pleuré dans une cabine téléphonique, de crainte de ne jamais avoir d'enfant. Le lendemain même, elle rencontrait Russell Steinberg, un comédien débordant d'amour et de joie de vivre. Antonia Steinberg naissait un an et vingt-deux jours après la naissance de Talita, exactement la même différence d'âge que celle qui sépare Tatiana et Alexandre. Mon journal mentionne un autre jalon : c'est en 1999 que je finis enfin de payer mon emprunt pour Cloudwalk. Une autre entrée annonce la possibilité d'un nouvel événement : « Parlé mariage avec Barry ».

Le mariage n'eut pas lieu en 1999, ni même en 2000, mais Barry ne perdait pas espoir. « Aujourd'hui, Barry m'a offert une bague qui a appartenu à Marie Bonaparte avec une carte me disant qu'il veut m'épouser », écrivais-je dans mon journal à cette occasion. Une autre entrée est triste : « Lily ne va pas bien ». La santé de ma mère continuait de décliner. Alexandre était en Australie mais cette année-là le reste de la famille, y compris mon frère Philippe, se réunit chez ma mère à Harbour Island pour Pâques. Par extraordinaire, Maman réussit à s'accrocher à la vie et à rassembler le peu de forces qui lui restaient pour prendre l'avion jusqu'à Los Angeles et être auprès de Tatiana à la naissance d'Antonia. Ce fut au cours de ce vol qu'elle me fit cette réponse merveilleuse, alors que je lui confiais que je pensais peut-être épouser Barry : « Il te mérite. »

Comme je l'ai aimée d'avoir dit cela ! Elle n'avait pas dit que je le méritais, mais que lui me méritait. Ces trois mots voulaient tout dire – à quel point elle m'estimait, la personne que j'étais devenue, et à quel point elle l'estimait pour me mériter. Je ne l'oublierai jamais. Non seulement c'était me donner son accord pour épouser Barry, mais elle me disait aussi combien elle était fière de moi. Elle devait mourir quelques semaines plus tard.

J'avais besoin de l'accord d'une autre personne – Egon. Je l'appelai et lui confiai que je songeais à épouser Barry. « Je voudrais ta bénédiction », lui dis-je. « Je te la donne, mais garde mon nom ! » répondit-il en riant.

Une semaine avant le cinquante-neuvième anniversaire de Barry, alors que j'étais à la recherche d'un cadeau, je décidai que je serais son présent. « Et si nous nous mariions pour ton anniversaire ? » lui demandai-je comme si de rien n'était au téléphone. « Laisse-moi voir ce que je peux faire », fut la réponse. Depuis l'instant où nous nous étions rencontrés, j'avais souvent entendu cette phrase, et jamais Barry n'avait été pris en défaut. Il réussit bel et bien à organiser la cérémonie de mariage à City Hall la semaine suivante.

Je téléphonai à mes enfants, à mon frère en Belgique et à mon amie, la grande photographe Annie Leibovitz, mondialement connue, pour lui demander si elle pouvait venir et prendre des photos. Philippe vint de Bruxelles avec sa femme, Greta, et ses filles, Kelly et Sarah. Tatiana arriva en avion de Los Angeles avec Russell et la petite Antonia, huit mois, dans un porte-bébé kangourou. Alexandre, la petite Talita, vingt mois, et Alexandra, enceinte, étaient déjà à New York. Le matin, nous avions tous rendez-vous à mon atelier, situé dans une ancienne écurie de la 12e rue, dans le West Village, avant de nous rendre à City Hall. J'avais presque oublié les fleurs, mais par chance j'avais rencontré un fleuriste quelques jours plus tôt qui avait proposé de me faire mon bouquet de mariée. J'avais choisi du muguet, en l'honneur de ma mère dont c'était la fleur préférée. Je m'étais confectionné une robe en jersey couleur crème. Je ne me sentais pas particulièrement en beauté ce jour-là, mais j'étais tellement heureuse !

Comme nous quittions l'atelier, les jeunes employées de DVF nous crièrent leurs vœux de bonheur. À City Hall, Annie Leibovitz nous rejoignit : avec beaucoup de générosité, elle avait répondu à mon appel et accepté de jouer les paparazzi. Il y avait également de vrais paparazzi, mais ils ne furent pas admis à l'intérieur. Nous étions tous heureux, ma petite famille et moi. Tout était parfaitement naturel. Barry avait organisé un déjeuner dans un restaurant peu connu à City Hall. Comme l'endroit était un peu triste et guindé, nous n'y sommes pas restés longtemps, mais nous avons beaucoup ri, même si ma mère nous manquait à tous.

Bien avant d'avoir fixé la date du mariage, j'avais organisé pour le soir même une grande fête sur le thème astrologique du Verseau, dans les locaux de l'atelier de la 12e rue : les trois personnes que j'aime tant, Barry, Tatiana et Alex sont nés sous ce même signe. Les centaines d'amis qui arrivèrent ce soir-là pour une fête du Verseau furent surpris et enchantés de découvrir que c'était devenu une fête de mariage ! En cadeau, Barry m'offrit vingt-six alliances en diamant… À la question « Pourquoi vingt-six ? », Barry me répondit : « Pour les vingt-six années où nous n'avons pas été mariés. »

Je mis quelque temps à accepter le fait que nous étions mariés. Le lendemain, comme je prenais ma voiture pour aller à la campagne, je vis que quelqu'un avait mis une pancarte sur ma voiture qui disait : « *Just married* ». Je m'arrêtai au milieu de la route pour la retourner ! Il y avait encore un fond de rébellion en moi. Pourtant, lorsque j'arrivai à Cloudwalk, je fus si heureuse de voir que Barry était déjà là, à m'attendre. Ce n'est que depuis peu que je me réfère à Barry comme à « mon mari », mais c'est avec fierté et avec beaucoup d'amour. Nous aimons tant être ensemble. Ce que nous préférons, c'est être en tête à tête, dans le calme. Nous sommes des âmes sœurs, et je suis éternellement reconnaissante à Sue Mengers qui m'a présenté à ce jeune *tycoon* il y a si longtemps. Et reconnaissante aussi de l'avoir séduit pour toujours.

Comment expliquer ma relation avec Barry ? Sa richesse ? C'est tout simplement l'amour vrai. Son ouverture, sa capacité à m'accepter sans condition, son désir profond de faire mon bonheur et celui de mes enfants me font venir les larmes aux yeux rien que d'y penser. Barry a la réputation d'être dur, et pourtant il est la personne la plus aimante et la plus tendre que j'aie jamais rencontrée. Nous sommes dans la vie l'un de l'autre depuis des décennies, en tant qu'amants, amis, et maintenant mari et femme. Il est vrai que, comme avec mon père, j'ai parfois repoussé Barry. Mais il est tout aussi vrai que, comme avec mon père, je l'aime de tout mon cœur et que je suis là, pour lui, sans condition. L'amour, c'est la vie, c'est l'amour, c'est Barry.

Nous passons trois mois par an sur *Eos*, le bateau de rêve que Barry s'est finalement fait construire. Nommé en l'honneur de la déesse grecque de l'aube, *Eos* a mis plus de trois ans à être construire, trois années durant lesquelles Barry a passé au moins deux heures par jour à surveiller chaque détail, à parler aux ingénieurs, aux constructeurs allemands, à s'impliquer dans l'architecture extérieure du bateau, sa décoration intérieure et chaque détail à bord. Lancé en 2006, *Eos* est le yacht le plus confortable que l'on puisse imaginer, avec un équipage qui met au point des itinéraires extraordinaires et qui nous trouve toujours les meilleurs endroits où aller marcher.

Nous avons demandé à notre amie l'artiste Anh Duong de sculpter la déesse Eos pour la proue du bateau, et elle m'a fait poser. Ainsi, me voilà à la proue d'*Eos*, à naviguer dans le monde entier, littéralement. Avec *Eos*, nous sommes allés en Méditerranée et en mer Rouge, en Égypte et en Jordanie ; à Oman, dans les Maldives et à Bornéo, en Thaïlande et au Vietnam. Nous avons passé des semaines en Indonésie et dans les îles pacifiques de Vanuatu, de Fiji et de Papouasie-Nouvelle-Guinée. Chaque matin nous nageons longuement dans une nouvelle mer, et l'après-midi nous parcourons un nouveau sentier de randonnée. Nous avons ainsi exploré des milliers et des milliers de kilomètres. Et nous continuons d'explorer de nouveaux horizons avec notre chien, Shannon, maintenant remplacé par sa fille Dina. Je prends des centaines de photos que je télécharge chaque soir sur notre ordinateur. *Eos*, notre maison sur l'eau, est un paradis.

Les voyages dans le monde entier avec les enfants et les petits-enfants sont les moments les plus heureux : voyages en mer, aux Galapagos ou à Tahiti, ou sur la terre ferme, avec des safaris en Afrique et des vacances de ski. Nous oublions que ce sont nos petits-enfants et avons l'impression que ce sont nos enfants. Les années ont passé mais le plaisir est le même que lors de notre premier voyage avec les enfants, dans le Colorado et sur le lac Powell.

La chose la plus importante que Barry et moi ayons en commun est notre capacité à nous assumer. Notre présence dans la vie de l'autre n'a jamais été une nécessité, et nous semble à chacun un luxe extraordinaire. La générosité de Barry m'a réchauffé le cœur dès l'instant où nous nous sommes rencontrés et ce sentiment continue d'évoluer. Il est généreux en tout : de cœur, dans sa façon de nous prodiguer sa protection… Notre amour est notre maison. Nous devenons tout doucement ce couple âgé qui, voici des années, traversait Lexington Avenue en veillant l'un sur l'autre. « Nous », c'est aussi notre famille : les enfants qui vieillissent, les petits-enfants qui grandissent. L'amour est la vie est l'amour est la vie.

Il y a peu, alors que Barry s'occupait des travaux dans notre maison de Beverly Hills, à Los Angeles, il m'a envoyé ce mot :

> Je suis dans l'avion après mon rendez-vous de chantier avec l'équipe qui fait les travaux. La maison va être magnifique, unique. Le toit sera en ardoises et les portes-fenêtres en verre et en bronze, et nous allons te faire une mezzanine avec de grandes baies vitrées au plafond et sur les côtés – une petite maison en verre dans le ciel.
>
> Avec un peu de chance, ce sera un autre endroit où nous pourrons vieillir avec glamour et beauté. En attendant, je suis tellement fier de ce que tu accomplis chaque jour en bâtissant ta marque et ton héritage.
>
> Je t'aime, ma chérie.

Je t'aime aussi, Barry.

3

La beauté

Je suis à Bruxelles, à l'anniversaire de ma meilleure amie, Mireille, qui a dix ans. Comme si c'était hier, je me souviens de nous, enfants, assises autour de la table de la salle à manger dans son élégant appartement, avenue Louise. Un énorme gâteau est sur le point d'apparaître lorsque nous entendons le clic-clac de talons de femme dans le couloir. La mère de Mireille fait son entrée, très élégante dans un tailleur à fines rayures, sa jupe droite l'obligeant à marcher à petits pas, son maquillage et sa coiffure absolument parfaits. Elle est tellement glamour, et assurée ! « Joyeux anniversaire, ma chérie ! » dit-elle à Mireille en l'embrassant sur les deux joues et en lui remettant en place une mèche de cheveux. Elle nous envoie des baisers à toutes. Le gâteau en forme de cœur est apporté et la mère de Mireille regarde sa fille souffler les bougies, supervise le découpage du gâteau, en prend un morceau, dit quelques mots à chacune de nous, admire nos cadeaux puis, alors que nous retournons jouer dans la chambre de Mireille, quitte l'appartement, au son du clic-clac de ses souliers.

Je suis émerveillée. Même si Mireille est peut-être triste que sa mère soit trop occupée pour passer plus que le strict minimum à la maison le jour de l'anniversaire de sa fille, je suis pleine d'admiration pour cette femme si belle, si confiante et si engagée. Je sais vaguement que la mère de Mireille, Tinou Dutry, est une femme d'affaires de premier plan à Bruxelles. Ce dont je suis complètement sûre, c'est que je veux être comme elle quand je serai grande. Des années plus tard, je réalise que la mère de ma meilleure amie, une fière pionnière qui créa l'organisation belge des femmes entrepreneurs et fut une grande résistante, a été l'une des premières inspirations pour la femme que j'ai toujours voulu être.

Je ressentais la même admiration lorsque je regardais ma mère s'habiller, que ce soit le soir pour sortir avec mon père, ou pour sortir seule dans la journée. Elle apportait un grand soin à sa tenue, souvent ponctuée par un chapeau. Sa coiffure, son maquillage, son parfum… elle se regardait dans la glace avec un sourire de complicité et de confiance en elle. Elle avait une très jolie silhouette et portait des jupes et des robes très ajustées. Ses talons à elle aussi faisaient clic-clac. Où va-t-elle ? Me demandais-je. Comment fait-elle pour s'arranger aussi bien et toujours être aussi chic ? Je ne me lassais pas d'observer la brillance, l'allure, le glamour qui étaient ma mère. Elle aussi était la femme que je voulais être.

Je n'aimais pas mon reflet dans le miroir de ma mère. J'y voyais un visage un peu carré et pâle. Des yeux marron. Et des cheveux courts, très frisés, particulièrement avec l'humidité et la pluie incessante de Bruxelles. Presque toutes les filles de ma classe, y compris Mireille, avaient les cheveux blonds et lisses, et pouvaient se faire une frange. Moi pas. Je me sentais différente. Je ressemblais à quelqu'un qui sort des bois.

J'étais obsédée par mes cheveux frisés, que même ma mère, si habile, ne parvenait pas à discipliner. Un jour, alors que je rentrais de colonie de vacances, elle s'impatienta après avoir passé un temps fou à me démêler les cheveux. Lorsqu'enfin elle eut réussi à me faire une tresse, elle me demanda ma barrette. Je l'avais perdue au camp. Après tous ces efforts, elle fut si irritée qu'elle prit des ciseaux et coupa la tresse. Cela ne fit rien pour améliorer l'image que je voyais dans le miroir. J'étais malheureuse et j'avais honte de moi.

Ce que j'ignorais alors, et que je n'ai appris que récemment, c'est qu'un garçon dans ma classe de maternelle m'aimait justement à cause de mes cheveux. D'ailleurs, il aimait tellement mes boucles brunes et mes yeux marron qu'il me demanda de l'épouser, ce que j'acceptai, apparemment ! C'est une honte, mais j'avais bel et bien oublié le mari de mes cinq ans, jusqu'à une rencontre que je fis il y a quelques années. J'avais été invitée en Belgique pour parler à des femmes d'affaires. Après mon discours, qui incluait quelque propos sur mon enfance et peut-être une allusion aux frustrations causées par mes maudits cheveux, Bea Ercolini, rédactrice en chef de l'édition belge de *Elle,* me demanda où j'avais été à l'école maternelle et en quelle année, et fit le rapprochement. « Je crois, me dit-elle en souriant, que je vis avec l'homme que vous avez "épousé" à cinq ans. »

« Comment s'appelle-t-il ? » demandai-je avec scepticisme. « Didier van Bruyssel », répondit-elle. Soudain, les souvenirs remontèrent à la surface, du moins en partie. Je me souvenais mal de Didier, mais je me rappelais la sonorité de son nom, et la façon dont je m'étais soigneusement exercée à signer « Diane van Bruyssel », encore et encore. Je fus impressionnée que Bea ait deviné que j'étais la petite fille dont son compagnon lui avait parlé. Cela montrait à quel point elle l'aimait, et avec quelle attention elle avait écouté ses souvenirs d'enfance. Cela révélait aussi quel impact inattendu j'avais eu sur ce petit garçon de cinq ans.

L'objet de cette anecdote n'est pas de témoigner de ma première séduction, mais bien de montrer à quel point j'avais tort de me lamenter de ne pas avoir les cheveux blonds et lisses. Alors que je me désespérais de ne pas ressembler aux autres petites filles, Didier, lui, m'aimait précisément parce que j'étais différente. Lorsque nous nous sommes enfin revus pour la première fois depuis cinquante ans, il m'a confié qu'il n'avait jamais réalisé que la petite Diane était devenue Diane von Furstenberg. Mais j'avais fait une telle impression sur lui qu'il avait continué à chercher des femmes de type méditerranéen avec des cheveux ondulés. Alors que je me prenais pour un vilain petit canard, lui personnifiait l'adage : « La beauté est dans l'œil de celui qui regarde. »

Je me suis battue avec mes cheveux frisés pendant des années, à surveiller le temps et à considérer l'humidité comme l'ennemi, à porter des foulards, et à me lisser les cheveux avec toutes sortes d'accessoires. Parfois, je lissais mes cheveux avec un fer à repasser, et j'ai fait faire des brushings à des coiffeurs dans le monde entier, convaincue que les cheveux lisses étaient la clef de la beauté et du bonheur.

Ce n'est qu'à près de trente ans que je découvris que mes cheveux frisés pouvaient être un atout. Ce fut grâce à mon ami Ara Gallant, maquilleur et coiffeur de talent devenu photographe, qui avait été retenu pour me photographier pour la couverture du magazine *Interview* de mars 1976. Ara étant un noctambule, je ne fus pas surprise que nous fassions les photos en studio bien après minuit. Ara savait rendre les femmes séduisantes. Il commença par prendre des ciseaux et lacérer le body noir que je portais. Après avoir fait plusieurs rouleaux de photos, il se mit à asperger d'eau mes longs cheveux bien lisses. J'étais horrifiée ! « Ne t'inquiète pas, me dit-il. On a déjà la couverture mais je veux te photographier avec les cheveux mouillés. » Il continua de me photographier alors que mes cheveux, en séchant, s'étaient mis à boucler naturellement. Quelques jours plus tard, quand je vis les deux options pour la couverture, il ne pouvait pas y avoir d'hésitation : la meilleure était celle avec les cheveux bouclés… Le jour suivant, je laissai mes cheveux boucler naturellement : c'était la première fois que je portais les cheveux frisés avec fierté et que je prenais plaisir à être moi-même. Mon nouveau look fut bientôt adoubé à la soirée d'anniversaire de Bianca Jagger, au Studio 54, où elle fit son entrée à minuit sur un cheval blanc, alors que nous chantions tous *Happy Birthday*. « Tu ressembles à Hedi Lamarr », déclara Halston, le fringant créateur. À l'époque, je ne savais pas trop qui était Hedi Lamarr, mais je compris que c'était un compliment. Mes cheveux bouclés étaient devenus un atout. Je me sentais confiante, et libérée.

La confiance m'abandonnerait parfois. Mes cheveux allaient devenir un baromètre de ma confiance en moi. Au début des années 1990, je recommençai à les lisser. Ce n'étaient pas de grandes années. J'étais de nouveau à la recherche de ma personnalité et manquais quelque peu d'assurance. Plus tard, en reprenant confiance, je laisserais mes cheveux refriser. J'apprendrais comment les discipliner, comment les utiliser et les laisser faire partie de moi. J'irais même jusqu'à apprécier l'humidité, qui donne du volume aux cheveux bouclés.

Cela peut paraître trivial d'accorder tant d'importance à ses cheveux, mais je sais que toutes les femmes qui ont les cheveux frisés s'identifieront avec cette bataille. Et quelques hommes aussi, comme je l'ai récemment découvert. L'année dernière, j'étais en vacances sur le bateau d'un ami, le magnat d'Hollywood David Geffen, et bavardais avec plusieurs femmes au sujet des cheveux frisés, lorsque Bruce Springsteen, tout macho qu'il est, est intervenu. Lui aussi, nous a-t-il confié, détestait ses cheveux frisés d'Italien quand il avait quinze ans et qu'il démarrait comme musicien, et les autres musiciens de son groupe, The Castiles, aussi. Ils auraient tous voulu échanger leurs boucles de Méditerranéens contre des chevelures lisses comme celles des Beatles. Le soir, ils allaient en secret se faire lisser les cheveux dans un salon de coiffure pour Afro-Américaines à Freehold, dans le New Jersey ! Bruce nous dit qu'il allait souvent chiper des barrettes dans la salle de bains de sa mère : il se peignait les cheveux sur le côté, les maintenait avec des barrettes et dormait sur le côté pour que ses cheveux s'aplatissent bien. Il ne parvint pourtant jamais à égaler la coiffure de page de John, Paul, George et Ringo.

Ma mère n'avait aucune patience ni pour mon insatisfaction sur mon apparence, ni pour mon obsession pour ma coiffure. Elle m'habillait bien et s'assurait que je sois toujours présentable, mais la beauté n'était pas un sujet de conversation valable. Elle préférait de loin m'enseigner la littérature ou l'histoire, et surtout l'indépendance. À dire vrai, ne pas m'être sentie jolie quand j'étais très jeune devait s'avérer un atout. Certes, j'enviais les filles aux cheveux blonds et lisses, surtout Mireille, qui était belle aux yeux d'autres que moi et qui épouserait, à dix-sept ans seulement, le prince Christian von Hanover, de vingt-sept ans son aîné. Mais être trop belle quand on est enfant, je m'en apercevrais plus tard, est parfois une malédiction. Trop compter sur votre apparence physique limite votre croissance. La beauté n'a qu'un temps et ne peut pas être votre seul atout.

Très tôt, je décidai donc que, si je ne pouvais pas être une jolie blonde comme les autres filles, j'accepterais d'être différente, de développer ma propre personnalité et de devenir populaire en étant drôle et audacieuse. Je me fis beaucoup d'amis en pension, ainsi qu'à Genève, lorsque j'y vécus avec ma mère et Hans

Muller. J'étais considérée comme un boute-en-train, toujours prête à tout, et les gens recherchaient ma compagnie, y compris Egon, arrivé à Genève un an après moi. Lorsque je regarde des photos de moi à cet âge, je vois que j'avais une silhouette fine et longiligne, de longues jambes et une jolie peau et que j'étais, en fait, fort jolie, mais je n'en étais pas consciente, et ma priorité était de développer ma personnalité.

Même si j'étais persuadée que la personnalité, l'authenticité et le charme étaient les clefs pour rendre une personne attirante, je connus bien des moments d'inconfort et d'insécurité. Je me rappelle mon premier séjour chez les Agnelli à Cortina d'Ampezzo, lors des vacances de Noël où j'eus vingt ans. Les Agnelli étaient la plus grande famille de Cortina, et Egon et son frère Sebastian étaient les garçons les plus désirables de la ville. Le dernier soir, nous étions allés à une fête où, à ma grande surprise, je fus nommée Miss Cortina. Bien qu'assez élégante dans ma robe en lamé aux couleurs de l'arc-en-ciel, je me rappelle mon embarras et mon impression de ne pas être à la hauteur lorsque j'acceptai mon trophée. De toute évidence, il ne m'était pas décerné pour ma beauté mais parce que j'étais la petite amie d'Egon. On me mit une tiare en strass un peu ridicule qui donnait du volume à mes cheveux bien lissés et on me drapa dans un bandeau Miss Cortina. Je me sentais empruntée et cela se voyait sur la photo qui parut le lendemain en première page du journal local.

J'étais mieux préparée l'année suivante lorsque je revins à Cortina au bras d'Egon. J'avais alors perdu mes rondeurs d'adolescente et j'étais plus sophistiquée et surtout plus à l'aise avec les aristocrates italiens qui formaient le cercle d'Egon. Ma transformation ne passa pas inaperçue. Des années plus tard, Mimmo, un ami intime de Sebastian et le fils de mon futur mentor Angelo Ferretti, me rappellerait comment j'étais passée, de légèrement grassouillette et empruntée une année, à belle et sexy l'année suivante. Les photos des deux années prouvent que la confiance en soi et l'aisance peuvent être transformatrices.

Egon fut mon guide et mon pygmalion dans ce monde de *beautiful people*, qui semblaient tous mener des vies de rêve, à se mouvoir des Alpes en hiver à la Côte d'Azur en été, avec quelques fêtes entre les deux.

Je n'oublierai jamais le bal costumé, donné à Venise par la comtesse Marina Cicogna, auquel Egon m'emmena pendant le festival du film. Ce week-end fut une éducation en glamour. À l'époque, Marina Cicogna était une immense productrice de cinéma italien, qui travaillait avec de grands réalisateurs comme Fellini, Pasolini et Antonioni. Une foule d'étoiles du cinéma se pressaient à sa fête : Liz Taylor et Richard Burton ; Jane Fonda et Roger Vadim ; Audrey Hepburn et son mari, Andrea Dotti ; Catherine Deneuve et David Bailey ; le ravissant mannequin Capucine, qui venait de tourner dans *Le Retour de la panthère rose* ; et le jeune acteur Helmut Berger, avec le réalisateur Lucchino Visconti. Je me souviens d'avoir fait la connaissance de Gualtiero Jacopetti, le réalisateur d'un documentaire d'un genre nouveau et provocateur, *Mondo Cane*. Gualtiero était beaucoup plus âgé, mais bel homme et séduisant. Nous avons parlé toute la nuit, et je me sentais belle parce qu'il faisait attention à moi. Je découvrirais plus tard qu'il aimait faire la cour aux très jeunes filles.

J'avais à peine vingt ans, et je commençais tout juste à me sentir à l'aise dans le monde d'Egon. Je ne souriais pas aussi facilement que lui, et il me reprochait d'avoir l'air froid et détaché. Petit à petit, me sentant plus en confiance, je m'épanouirais et prendrais de l'assurance. Pour la fête de la comtesse Cicogna, qui reste la fête la plus glamour et la plus amusante à laquelle je sois jamais allée, j'étais habillée en page, avec une culotte en velours noir et une veste assortie dont les revers étaient en satin blanc – une tenue inspirée par Yves Saint Laurent, qui venait de créer le smoking pour femme. Mon ensemble ne venait certes pas de chez Saint Laurent ; je ne me rappelle pas où j'avais trouvé la veste, mais j'avais fait faire la culotte sur mesure. Je portais des collants noirs et des chaussures à talon épais avec des strass. Je me sentais très chic.

Les cousins d'Egon, les comtes Brandolini, et tous leurs amis aristocrates étaient habillés en hippies, ce qui était nouveau et osé dans un palais vénitien. Nous avons dansé toute la nuit, mangé des spaghettis au petit matin et regardé le soleil se lever entre les cafés de la place Saint-Marc, nos chaussures à la main. Le lendemain, tout le monde se retrouva au Lido, sous les élégantes cabanes à rayures, où une parade de superbes femmes en tenue de plage passa la journée sous l'œil critique de la puissante doyenne de la société vénitienne, la comtesse Lily Volpi. La star brésilienne

Florida Bolkan et la ravissante épouse de Yul Brynner, Doris, étaient là parmi toutes les autres beautés, un inventaire sans fin de classe et d'élégance. Nouvelle sur cette scène, j'étais en admiration devant tant de glamour, de style et d'allure. Impatiente de vieillir, je voulais être une de ces trentenaires si élégantes, une de ces femmes que l'on repère de loin dans une pièce tant elles sont séduisantes et assurées.

On me demande souvent qui sont les femmes dont la beauté et le style m'ont inspirée. Jeune fille, le plus beau compliment que l'on pouvait me faire était de me dire que je ressemblais à Anouk Aimée. Sophistiquée, incroyablement séduisante avec sa voix basse et sexy, jouant en permanence avec ses cheveux, croisant et décroisant les jambes, elle était celle que je voulais être. Son film le plus connu, *Un homme et une femme,* fit une grosse impression sur moi. Anouk et moi sommes devenues amies. Nous avons éprouvé une sympathie immédiate et je l'appelle souvent lorsque je vais à Paris. Elle vit à Montmartre avec ses nombreux chats et chiens ; sa voix, au répondeur, est toujours aussi sexy, et elle a de nombreux admirateurs. Quand on est une femme fatale, c'est pour la vie !

À mes yeux, la quintessence de la femme fatale sera toujours Marlene Dietrich, la femme la plus glamour de tous les temps. Elle avait les plus belles jambes, une voix extraordinaire, un style personnel et une élégance qui n'appartenaient qu'à elle. Sa force de caractère, son courage et son indépendance en imposaient. J'aurais tellement aimé la rencontrer, surtout après avoir lu ses mémoires, *Nehmt mur mein Leben* (*Marlene Dietrich par Marlene Dietrich*). Elle se montra très courageuse pendant la Seconde Guerre mondiale, en refusant les propositions du gouvernement nazi, et en choisissant de promouvoir les obligations de guerre américaines et d'aller divertir les troupes alliées sur le front en Algérie, en Italie, en France et en Angleterre. Elle riait, chantait, buvait, cuisinait, se moquait des conventions et eut des amants des deux sexes jusqu'à plus de soixante-dix ans. Esprit libre, elle fut une inspiration pour moi. J'ai plusieurs fois tenté de canaliser son esprit, notamment les deux fois où j'ai posé pour Horst, le photographe qui avait si souvent capturé et immortalisé la beauté de Dietrich.

Autant j'étais attirée par la ténacité de Dietrich, autant j'ai toujours trouvé la vulnérabilité de Marilyn Monroe touchante et sa beauté irrésistible. Comme elle n'a jamais manifesté de force ou d'indépendance, je n'ai jamais désiré lui ressembler, mais son apparence était tellement désirable et authentique ! J'étais une toute jeune adolescence lorsqu'elle mourut d'une overdose en 1962. Depuis, je collectionne ses portraits.

Jackie Kennedy m'a inspirée par son élégance, sa beauté et son style incroyable. Le style a beaucoup à voir avec la façon de se comporter, et j'ai toujours admiré la dignité de Jackie dans tous les moments de sa vie si tragique. Elle ne s'est jamais conduite en victime et a toujours su rester impeccable, même avec des taches de sang sur le tailleur rose qu'elle refusa de quitter le jour de l'assassinat de son mari. J'étais alors pensionnaire en Angleterre, et ma mère était venue me rendre visite pour le week-end. Nous avons suivi toute la tragédie à la télévision, assises sur le lit de notre chambre d'hôtel à Londres.

Je me souviens d'avoir rencontré Jackie quand Egon et moi avons dîné avec elle et son second mari, le magnat grec Aristote Onassis, au restaurant El Marocco à New York. Elle était aussi charmante qu'il était rustre. J'ai détesté la façon dont il la rabaissait, mais elle m'a séduite. Des années plus tard, j'ai admiré la volonté avec laquelle Jackie, après la mort d'Onassis, décida de mener une vie privée normale avec ses enfants, à New York. Elle devint alors éditrice dans la maison d'édition Doubleday. Je me souviens des photos d'elle, marchant dans les rues de New York en pantalon camel et en chandail, avec ses énormes lunettes de soleil, sa signature.

Nous vivions à un pâté d'immeubles l'une de l'autre sur la 5e Avenue, et nous élevions l'une et l'autre deux enfants, un garçon et une fille. Bien sûr, les miens étaient plus jeunes. Mon parfum, Tatiana, était son préféré. Plus tard, une de ses petites-filles se nommerait Tatiana. Nous avions le même coiffeur, Edgar. Je me suis identifiée à elle de toutes sortes de façons, y compris dans nos batailles respectives contre le cancer. De toutes les femmes que j'admire, Jacqueline Bouvier Kennedy Onassis restera toujours un modèle de style, de beauté et de courage.

Angelina Jolie est une autre femme que je trouve à la fois ravissante et intéressante. Au départ, j'étais attirée par son esprit libre et sa vie non conventionnelle. Je trouvais louable son désir de créer une grande famille en adoptant des enfants des quatre coins du monde. Mais c'est en voyant le film qu'elle a écrit et réalisé sur la Bosnie, *Au pays du sang et du miel*, que j'ai commencé à réellement l'admirer. J'ai vu le film à Paris, par un après-midi pluvieux. J'étais assise à côté de deux femmes bosniaques, en larmes. Angelina continue de s'intéresser à l'énorme problème des violences sexuelles dans les conflits et a beaucoup contribué à attirer l'attention sur cette cause. Pour moi, la beauté unique d'Angelina tient à son attention à un problème de fond, et à son désir de donner une voix à ceux qui n'en ont pas.

Madonna n'était pas ce qu'on appelle une grande beauté lorsqu'elle est apparue à une fête chez moi, au début des années 1980. Elle avait dix-neuf ans et se cachait sous un énorme chapeau en feutre noir. La seule personne à la remarquer ce soir-là fut ma mère, avec qui elle discuta pendant des heures. Ce qu'avait Madonna, c'était une forte personnalité, du courage, de l'ambition et du talent. Elle savait qui elle voulait être. Sa passion, son travail acharné et son désir constant d'apprendre et de progresser en ont fait une grande beauté, une superwoman, une superstar qui abat les frontières des genres musicaux et un exemple pour plusieurs générations. C'est la personnalité de Madonna qui a créé le phénomène Madonna.

J'avais espéré rencontrer Mère Teresa dans les années 1970 lorsqu'elle est venue à New York rendre visite au maire d'alors, Ed Koch. Je la trouvais très belle et élégante dans son uniforme blanc à rayures bleues, pleine d'humilité, de force, d'amour et de compassion. On me dit aussi qu'elle avait un grand sens de l'humour.

Une autre femme qui personnifie la beauté, la force et la dignité est Oprah Winfrey. Oprah est tout simplement la femme la plus extraordinaire que j'aie jamais rencontrée. Petite fille, elle savait qu'elle voulait une vie exceptionnelle, alors elle a surmonté les obstacles considérables qui étaient sur son chemin et a travaillé avec acharnement pour devenir une des femmes les plus influentes au monde. Oprah est plus grande que nature ; elle est la vie même, dans toute sa bonté et sa pureté. La force de son désir d'améliorer le monde est un véritable exemple de beauté. Je l'aime, je la respecte et je l'admire, et c'est un grand privilège que d'être son amie.

Depuis l'instant où je l'ai rencontrée, j'admire Gloria Steinem, qui a été un grand leader du mouvement féministe et a contribué à améliorer la vie des femmes à tout jamais. Féministe et féminine, idéaliste et pragmatique, gracieuse, forte et belle, son impact sur la vie des femmes est inestimable. C'est à cause de Gloria que j'ai cessé d'utiliser le titre de princesse et opté pour *Ms.* C'était infiniment plus glamour à l'époque. *Ms.* signifiait la liberté.

Le caractère. L'intelligence. La force. Le style. Voilà ce qui fait la beauté. Tous ces attributs forment la beauté et la personnalité, cet état indéfinissable et insaisissable qui n'est pas nécessairement parfait. « La beauté est parfaite dans ses imperfections. » Ce sont nos imperfections qui font de nous des êtres différents. La personnalité, et non la beauté conventionnelle : voilà ce que j'ai toujours recherché chez mes mannequins.

En 1970, j'étais à une fête à New York lorsque je vis une fille extraordinaire qui faisait partie de l'entourage d'Andy Warhol. Elle était très, très pâle, avec un visage qui sortait de l'ordinaire, un mélange de Greta Garbo et d'un visage lunaire. Elle avait épilé les extrémités de ses sourcils, ce qui lui donnait une expression étonnée, presque comique – certains disaient qu'elle ressemblait à un insecte exotique. Elle mesurait 1,70 mètre pour moins de cinquante kilos et était « différente ».

En avril 1971, je venais de louer mon premier showroom à l'Hôtel Gotham à Manhattan pour la Fashion Week de New York, lorsque j'approchai cette gamine de dix-sept ans. « Cela vous intéresserait de poser pour moi pendant une semaine, pour montrer ma ligne de vêtements aux acheteurs ? » demandai-je. « Bien sûr », répondit-elle. Et c'est ainsi que Jane Forth devint la première de mes nombreux mannequins.

Je ne savais pas que c'était le début d'un schéma qui continue encore à ce jour : je trouve des filles avec un physique intéressant et de la personnalité au tout début de leur vie et de leur carrière, des filles que je repère parce qu'elles sont différentes. J'avais repéré Jane juste avant qu'elle ne devienne célèbre : deux mois plus tard, le magazine *Life* ferait un encart spécial de quatre pages sur elle, intitulé « Just Plain Jane » qui la décrivait comme « un nouveau visage d'aujourd'hui dans la tradition de Twiggy et de Penelope Tree ». Jane aurait également le premier rôle dans le film *L'Amour,* écrit et réalisé pour elle par Andy Warhol. Je ne peux pas prétendre avoir « découvert » Jane, ni aucune des filles qui ont travaillé pour moi au cours des années, mais je les ai « repérées » très tôt.

Les mannequins que j'engageai pour mon deuxième défilé à l'Hôtel Pierre deviendraient toutes des stars, de même que la robe que je présentais alors pour la première fois, la robe portefeuille. Ces légendes naquirent un après-midi d'avril 1974, avec des noms qui étaient un véritable *Who's Who* des tops-modèles : Jerry Hall, Pat Cleveland et Apollonia. Elles deviendraient également mes amies.

Apollonia était longue et mince comme un haricot vert lorsqu'elle fit son apparition pour un entretien avant le défilé. Je n'avais jamais vu quelqu'un d'aussi mince, ni avec d'aussi grandes jambes. Au-dessus de cette longue silhouette, elle avait une toute petite tête, avec un petit visage souriant et coquin. Elle parlait avec un fort accent hollandais (son nom de famille était van Ravenstein). Elle me plut immédiatement. Elle avait une personnalité incroyable, gentille et très drôle, et nous deviendrions très amies. Elle travailla souvent pour moi dans les années 1970 et devint top-modèle.

Pat Cleveland aussi était superbe, et déjà connue quand j'ai commencé. Elle était un des mannequins favoris de Stephen Burrows et d'Halston, et même la reine des Halstonettes. De sang noir, cherokee et irlandais, Pat était unique et flamboyante. Elle dansait sur la piste et bougeait ses bras, ses jambes et son derrière, faisant vivre les vêtements, embrassant la musique et emportant le public comme une charmeuse de serpents.

Pat adorait aussi chanter, ou était-ce en playback ? Je ne m'en souviens plus. Ce dont je me souviens, c'est que j'ai toujours pensé qu'elle était faite pour jouer le rôle de Joséphine Baker. Comme Joséphine, Pat était une vraie femme, débordant de personnalité, et elles se ressemblaient beaucoup. J'essaierais, plus tard, de convaincre Barry de faire un biopic sur Joséphine Baker avec Pat, mais cela n'alla jamais plus loin que mon imagination.

À la même époque, Jerry Hall apparut sur la scène new-yorkaise, et je l'engageai pour le défilé qui lança la robe portefeuille. Elle aussi était très grande, très fine ; son 1,80 mètre paraissait tout en jambes. Elle avait d'immenses yeux bleus, une peau parfaite et une cascade de cheveux blonds qu'elle portait sur un côté, comme Rita Hayworth dans le film *Gilda*. À seulement dix-sept ans, elle était toujours accompagnée d'une de ses nombreuses sœurs. Elle riait très fort et parlait avec l'accent texan. Elle deviendrait très vite un top-modèle et ferait quarante couvertures de magazine en un rien de temps. Elle séduirait le monde entier, y compris Mick Jagger, dont elle a été la femme et avec qui elle a eu quatre enfants.

Qu'il est amusant de penser à toutes les stars qui sont nées cet après-midi d'avril dans la salle du Cotillon de l'Hôtel Pierre à New York : Jerry Hall, Pat Cleveland, Apollonia – sans oublier la robe curieusement appelée « portefeuille ». En fait de « portefeuille », elle aura certainement rempli le mien !

J'étais invitée sur le stand DVF du grand magasin Lord & Taylor à New York en 1975 lorsque je vis pour la première fois une déesse somalienne qui montait par l'escalator. « Mais qui êtes-vous ? » demandai-je, incrédule devant tant de beauté et de grâce. Elle me répondit d'une voix grave et assurée : « Je m'appelle Iman, je viens d'arriver à New York et je suis mannequin. » Lorsque je lui demandai son numéro de téléphone, elle s'assit sur les talons pour fouiller dans le grand panier qu'elle transportait, à la recherche d'un papier et d'un crayon. Son corps était d'une élégance et d'une expressivité stupéfiantes. Accroupie par terre dans un grand magasin new-yorkais, elle aurait pu être sur un marché de Mogadiscio, ou bien reine d'un palais digne des *Mille et Une Nuits*. J'étais éblouie.

Comme beaucoup des mannequins que j'engage, Iman était – est toujours – une femme forte et intelligente. Elle parle cinq langues et a fondé avec succès une entreprise de cosmétiques et de mode, établissant sa propre marque. Après un divorce et une première fille, elle a épousé David Bowie, avec qui elle a eu une fille. Iman n'a jamais oublié ses racines. Elle fait un travail important avec Raise Hope for Congo, l'Unicef, Save the Children et la Fondation du Dr Hawa Abdi.

Tous les mannequins ne connaissent pas un *happy end*. J'aimerai toujours Gia, que j'avais rencontrée au Mudd Club à New York, en 1978. Habillée en motard, avec une veste en cuir noir clouté et des bottes de cow-boy, sans aucun maquillage, c'était tout simplement la plus belle fille que j'avais jamais vue. Elle me dit avoir dix-sept ans, faire un peu le mannequin et arriver tout juste de Pennsylvanie. J'étais avec le photographe Ara Gallant ce soir-là, et nous sommes tous deux tombés amoureux de Gia. Autant que je sache, je suis la première à avoir sélectionné Gia pour une publicité.

Gia avait un côté insolent et rebelle – elle adorait jouer les mauvais garçons, ne se maquillait jamais et s'habillait souvent avec des vêtements d'homme. Le photographe Francesco Scavulo lui fit faire plusieurs couvertures pour *Cosmopolitan*, puis elle travailla avec Richard Avedon, Arthur Elgort et Chris Wangenheim, les plus grands photographes de l'époque.

En 1979, Gia et moi passerions de très bons moments ensemble. Je l'avais engagée pour faire toute une campagne de publicité sur le thème « *On the Eve of a New Decade* » (« Au seuil d'une nouvelle décennie »), qui incorporait tous mes produits – vêtements, parfums, lingerie, jeans. Chris von Wangenheim et moi dirigions les séances photos. Je me sentais « au top », *on top of the world* comme nous disons en anglais. Mon entreprise marchait bien. Gia était magnifique. Nous riions beaucoup ensemble et je l'adorais.

Un week-end, je l'invitai à venir me rejoindre à Fire Island, une île au large de Long Island, non loin de New York, où Calvin Klein m'avait prêté sa maison de vacances, avec une magnifique piscine noire. J'étais très contente de voir Gia. J'avais un béguin de collégienne pour elle. Elle arriva plus tard que prévu, le samedi après-midi. Au retour de ma longue promenade sur la plage, je me souviens de l'avoir trouvée assise par terre, sans raison évidente, dans la penderie de sa chambre. Elle devint agitée et fut embarrassée en me voyant. Je ne compris pas ce qui se passait, mais avec le recul je pense qu'elle était probablement en train de se piquer. Je découvrirais ensuite qu'elle était droguée et sérieusement *addict* à l'héroïne.

Quelques mois plus tard, Gia vint me voir dans mon bureau. Elle était maigre et ses vêtements étaient sales. Elle avait besoin d'espèces. Bien que j'aie compris ce pour quoi elle avait « besoin » d'argent, je ne pus lui dire non et lui donnai ce qu'il y avait dans mon portefeuille. Je ne devais jamais la revoir. C'est probablement à cause d'une seringue sale qu'elle contracta le sida et mourut en 1986, à l'âge de vingt-six ans.

Une très jeune Angelina Jolie joue le rôle de Gia dans le film éponyme que la chaîne HBO a consacré à sa vie, en 1998. Pendant des années, je n'ai pas voulu le visionner. Ayant fini par le voir récemment, j'ai été impressionnée par la fidélité du film à la réalité.

Des années après la mort de Gia, on m'a demandé de participer à un documentaire sur elle. Je me suis rendue dans un studio sur le West Side de Manhattan pour filmer l'entretien. Je tenais à ce que les gens sachent à quel point Gia était charmante et généreuse. Au moment de partir, j'ai rencontré sa mère, une très belle femme, qui venait pour être interviewée. À ma grande surprise, elle me dit qu'après la mort de Gia elle avait trouvé une lettre cachetée qui m'était adressée. Lorsque je souris, elle ajouta immédiatement : « Je l'ai ouverte et je l'ai lue, mais je ne vous la donnerai jamais. » Cela m'a fait de la peine et m'a blessée. J'aimerais tant savoir ce que Gia m'avait écrit.

Au cours des années, j'ai travaillé avec bien des filles merveilleuses. Cindy Crawford, qui ressemblait à Gia, mais qui a bâti sur sa beauté une vie de famille saine et heureuse. Patti Hansen, la rockeuse qui a fini par épouser le génie mauvais garçon Keith Richards et a eu avec lui deux filles branchées et elles-mêmes rock'n'roll. Inès de la Fressange, avec qui j'ai travaillé en 1982, avant qu'elle ne devienne la muse de Karl Lagerfeld pour Chanel. Rene Russo, qui est devenue actrice. Puis j'ai arrêté mon activité quelque temps, et n'ai jamais travaillé avec aucune des super modèles des années 1990, que je me suis contentée d'admirer de loin : Linda Evangelista, Claudia Schiffer, Christy Turlington, Stella Tennant et Stephanie Seymour.

Même si je n'avais pas de défilé à lui proposer à l'époque, je n'ai pas pu résister à l'idée de rencontrer Naomi Campbell. Barry avait fait l'acquisition de QVC, la grande chaîne américaine de téléachat, et je servais de recruteur. Je voulais notamment recruter Naomi. Je me souviens de l'avoir invitée à déjeuner au restaurant Four Seasons à New York. Lorsqu'elle est entrée dans la salle VIP, toutes les têtes se sont tournées. On aurait dit une déesse. Nous avons parlé de tout sauf de téléachat. Je n'ai jamais mentionné l'idée. Naomi était trop fraîche, trop bien pour cela. Nous sommes restées amies et avons travaillé ensemble plusieurs fois. Lorsque je fis ma première exposition à Moscou, des années plus tard, elle m'apporta un soutien considérable en venant avec son fiancé de l'époque, un Russe très puissant. Créant la surprise, elle fit également une apparition pour moi lors du défilé de la collection printemps-été de 2014. Le public l'applaudit à tout rompre lorsqu'elle apparut pour clore le défilé.

Je n'ai jamais travaillé avec le mannequin le plus célèbre de ces deux dernières décennies, Kate Moss, mais c'est tout à fait mon genre de fille : fidèle à elle-même, indépendante et s'assumant. Lorsque je la rencontrai pour la première fois au vernissage d'une exposition de photos à Londres, elle me dit : « Je veux devenir comme vous. » Je répondis du tac au tac « Mais vous l'êtes déjà. » Nous étions toutes les deux très flattées.

Natalia Vodianova a également tout de suite attiré mon attention lorsqu'elle est arrivée à New York en 2001, à l'âge de dix-neuf ans. Dès que je l'ai rencontrée, j'ai été attirée par sa fraîcheur et sa détermination, et j'ai tout de suite senti sa force de caractère. C'est elle qui ouvrit et referma mon défilé cette année-là. C'était, je crois, son premier défilé à New York. Peu de temps après, elle serait top-modèle et deviendrait mon amie. Sa force, ai-je appris, est née des épreuves qu'elle a connues. Son père ayant quitté sa mère quand Natalia était toute petite, elle et sa mère étaient très pauvres. Natalia n'avait que neuf ans lorsqu'elle commença à vendre des fruits dans les rues de Gorky pour aider sa mère à nourrir ses deux demi-sœurs, dont l'une, profondément autiste, est née avec une paralysie cérébrale.

Je me trouvais dans mon bureau, en septembre 2004, lorsque Natalia, en larmes, vint me trouver. Des terroristes masqués avaient fait irruption dans une école à Beslan, en Russie, et tenaient toute l'école en otage. Trois cent trente-quatre personnes avaient été tuées, dont au moins cent quatre-vingt-six enfants. Les enfants qui avaient survécu souffraient de traumatisme, de brûlures et d'autres blessures.

« Il faut faire quelque chose pour les enfants, me demanda Natalia. Aidez-moi à réunir des fonds. » Nous avons donc organisé une soirée de levée de fonds au studio, sur la 12e Rue. Elle était très jeune à l'époque, et encore inexpérimentée, et pourtant en quelques jours elle avait tout orchestré : un décor de palais de glace, le soutien financier d'une marque de vodka, la présence de célébrités et de paparazzi et une vente aux enchères qui permit de lever des centaines de milliers de dollars.

Depuis, Natalia a créé sa propre fondation, Naked Heart, qui a construit des centaines d'aires de jeux en Russie là où il n'y en avait pas, pour permettre aux enfants de jouer en sécurité. Récemment, Naked Heart a même élargi sa mission, avec un programme destiné à soutenir les familles d'enfants handicapés partout en Russie.

En février 2008, j'eus l'idée insolite de créer une campagne de publicité avec Natalia et un ami de longue date, l'écrivain, photographe et artiste François-Marie Banier. J'avais toujours admiré François-Marie, d'abord pour ses romans et ses pièces parus dans les années 1970, puis pour ses extraordinaires photographies. Je l'appelai à Paris et organisai une rencontre avec Natalia. Quelques semaines plus tard, ils étaient tous deux à New York. « De la magie ! » leur demandai-je, et la magie eut lieu. Ils parcoururent les rues du

Meatpacking District et Pierre-Marie photographia Natalia, les cheveux mouillés et le visage nu, en face de murs couverts de graffitis de couleur; puis il retravailla les épreuves en peignant par-dessus et en les décorant de textes rédigés selon la technique du flux de conscience. C'était une campagne très singulière. On ne voyait pas les vêtements, juste une belle femme tatouée de taches de couleur et d'écriture. C'était de l'art, et le seul indice qu'il s'agissait de publicité était la présence du logo DVF. Je ne suis pas sûre que ces images aient été comprises au plan commercial, mais je fus enchantée lorsque Karl Lagerfeld, lors d'une soirée à Paris, me complimenta sur l'audace de la campagne. Et je fus très fière que la collaboration « magique » que j'avais imaginée fasse ensuite l'objet d'un beau livre d'art, édité par la maison Steidl.

Parce que je sais comment mettre en évidence la force d'une femme et lui donner confiance, et parce que je suis devenue une bonne photographe, j'ai pris au cours des ans des photos de femme mémorables. J'ai ainsi photographié Elisa Sednaoui, ravissant mannequin d'origine franco-italo-égyptienne, pour le magazine *V*; Ingrid Bétancourt, l'ex-otage des FARC, pour le magazine *Égoïste;* et tout un article de mode pour la revue *CRASH.* J'ai aimé permettre à ces femmes de se sentir plus fortes et plus désirables que jamais. Enfin et surtout, j'ai adoré jouer ce rôle avec un membre de ma propre famille, Alison Kay, la mère de mon quatrième petit-enfant, Leon. Nous avons fait quatre campagnes de publicité ensemble. Sa beauté extérieure est égale à la beauté intérieure que je lui connais bien.

Le casting d'un défilé de mode est très différent du choix d'un modèle pour une publicité. Lorsque nous faisons un défilé, nous engageons toujours un styliste et un agent pour le casting. Ils connaissent les meilleures filles. Je suis souvent étonnée de voir à quel point les nouvelles tops paraissent ordinaires et sans prétention dans la vie de tous les jours. Il faut vraiment avoir l'œil pour repérer un visage un peu étrange mais qui peut devenir beau, une ossature qui prend bien la lumière, une bizarrerie qui peut être source de magie. Chaque casting me ramène des années en arrière, à un épisode qui eut lieu à Genève, alors que je travaillais comme réceptionniste à IOS, le « Fonds des fonds » créé par le financier Bernard Cornfeld.

Bernie était ami avec Jerry Ford, fondateur, avec sa femme Eileen, de l'agence de mannequins Ford, et Jerry était de passage au bureau. Avant d'être reçu, il se dirigea vers l'autre réceptionniste et lui laissa sa carte : « Si jamais vous voulez devenir mannequin, lui dit-il, appelez-moi. Vous avez du potentiel. » Je fus choquée et vexée. Pourquoi elle et pas moi ? Je trouvais mon physique autrement plus intéressant que celui de cette grande fille maigre et pâle, et assez ordinaire ! Mais il s'avéra que c'est précisément parce qu'elle était l'équivalent d'une page blanche que Jerry pensait qu'elle ferait un mannequin intéressant. J'y ai repensé depuis, à l'occasion de chacun de mes castings.

Les mannequins ne bougent plus comme elles le faisaient autrefois. Au contraire de Pat Cleveland, qui dansait sur la piste, on leur apprend à défiler comme des soldats, sans un sourire. Elles sont toujours surprises quand je leur demande, juste avant le défilé, de sourire, de séduire et d'être elles-mêmes, en leur disant : « Soyez la femme que vous voulez être ! » Je crois être une des seules créatrices qui demande à ses mannequins de sourire. La joie de vivre fait partie intégrante de la marque DVF !

*

Ma définition de la beauté inclut la force et la personnalité. La force me fascine : ainsi, les femmes que j'ai vues dans les champs en Inde, vêtues de leur sari orange, les bras couverts de bracelets de verroterie de toutes les couleurs ; les femmes sur les chantiers de construction en Indonésie, qui transportent de lourdes briques sur la tête ; les femmes du bush africain qui portent leurs enfants à l'hôpital. La dignité de ces femmes et leur élégance innée sont une véritable inspiration.

Parmi les femmes les plus fortes que je connaisse figurent celles de Vital Voices, une ONG internationale fondée par Hillary Clinton alors qu'elle était première dame des États-Unis. J'en suis maintenant administratrice. Vital Voices identifie des femmes leaders dans le monde entier et les aide à accroître leur potentiel de leadership. Ces femmes m'impressionnent et me donnent le sentiment de n'avoir rien accompli : non seulement elles sont parvenues à surmonter leur propre misère, mais elles s'engagent et aident les autres dans leur communauté.

Une femme comme la toute petite Sunitha Krishnan, 1,40 mètre, violée par un gang de huit hommes à quinze ans : elle a monté une organisation en Inde, baptisée Prajwala, qui délivre et réhabilite les filles tombées entre les mains de trafiquants ou dans des maisons closes. Sunitha a été battue et reçoit régulièrement des menaces de mort, mais elle persévère, en exploitant ce qu'elle nomme « le pouvoir de la souffrance ». Vous remarquez à peine Sunitha, tant elle est petite, mais elle devient belle et majestueuse dès qu'elle commence à parler.

Et le docteur Kakenya, une Kényane, fiancée à cinq ans, qui plus tard a négocié avec son père et accepté de subir une excision en échange du droit d'aller au lycée. Kakenya a poursuivi ses études et est allée à l'université aux États-Unis, avant de retourner dans son village masai pour y fonder un pensionnat pour filles, et transformer l'enseignement dans son pays.

Et Chouchou Namegabe, une jeune journaliste de la République démocratique du Congo, qui a enregistré les témoignages de centaines de victimes anonymes de viols et les a diffusés à la radio pour tenter de pousser son gouvernement à agir, puis est allée témoigner à la barre du Tribunal pénal international de La Haye au nom des victimes.

Ce ne sont que quelques-unes des nombreuses femmes que j'ai rencontrées grâce à Vital Voices, et dont le courage et la détermination m'ont laissée presque sans voix. « Mon Dieu, me dis-je dans ces moments, mais je n'ai rien accompli ! » Que ce soit dans la mode, dans un rôle de mentor ou en tant que philanthrope, je me suis consacrée à rendre les femmes plus fortes, mais je me sens moi aussi plus forte et enrichie par ces femmes. Ce sont elles, et beaucoup d'autres comme elles, qui m'inspirent grâce à leur puissance et leur beauté.

Un jour, après m'avoir entendu parler si souvent de Vital Voices, mes enfants ont eu une idée : « Tu parles toujours de ces femmes ; elles t'inspirent tellement ; tu devrais les récompenser. Notre fondation familiale peut les parrainer – nous pouvons les aider à financer leur action. »

L'idée m'était restée à l'esprit, mais sans que j'y donne suite, jusqu'à ce que mon amie la journaliste Tina Brown me demande de me joindre à elle pour organiser le premier sommet mondial Women in the World, en 2010 : trois jours de rencontres de femmes puissantes, de discussions et de recherche de solutions à des défis mondiaux. J'étais si heureuse de participer à cette conférence qu'il me sembla naturel d'organiser un grand dîner aux Nations unies et de donner des prix, avec une récompense de 50 000 dollars chacun.

C'est ainsi que les Prix DVF (*DVF Awards*) furent créés en 2010 par la Diller-von Furstenberg Family Foundation pour rendre hommage et soutenir les femmes extraordinaires qui ont le courage de se battre, la force de survivre et le leadership pour être une inspiration ; des femmes qui ont transformé la vie des autres grâce à leur engagement, leurs ressources et leur visibilité. Depuis 2010, nous avons rendu hommage à tant de belles femmes remarquables, y compris des femmes du réseau Vital Voices ! Nous avons également rendu hommage à Hillary Clinton, Oprah Winfrey, la journaliste de télévision Robin Roberts et Gloria Steinem avec des prix récompensant leur leadership de toute une vie, les *Lifetime Leadership Awards.* Les ex-otages Ingrid Bétancourt, Elizabeth Smart et Jaycee Dugard ont toutes trois reçu des *Inspiration Awards.* Ce que ces trois femmes ont en commun, c'est d'avoir toutes trois été enlevées, détenues dans des conditions de captivité extrêmement pénibles et, comme ma mère, d'avoir refusé de se voir comme des victimes. « J'espère que l'on se souviendra de moi pour mes actes, pas pour ce qui m'est arrivé », a ainsi dit Jaycee, qui fut détenue pendant dix-huit ans, et qui depuis a créé la JAYC Foundation, une organisation qui aide les familles à se reconstruire après un enlèvement ou un autre traumatisme.

Nous avons également mis en place un dernier type de récompense, les *People's Voice Awards*, attribué sur la base d'un vote populaire parmi quatre nominées travaillant aux États-Unis. Toutes sont des femmes qui ont commencé au niveau communautaire, aux *grassroots* comme nous disons en anglais. Comme ma mère aimait à remarquer, si vous sauvez une vie, vous sauvez une dynastie. La vie que vous sauvez peut en sauver une autre : une vie n'est jamais trop peu.

Bravoure et détermination : cela surtout, c'est la beauté.

*

La beauté, c'est la santé, et la santé, c'est la beauté. Tel est le rappel que j'envoie par mail aux créateurs, chaque saison avant les défilés, en tant que présidente du Council of Fashion Designers of America. Lorsque j'ai été élue présidente de l'organisation en 2006, la presse se préoccupait beaucoup de l'anorexie et des autres désordres alimentaires chez les jeunes filles, ainsi que de leurs causes. Personnellement, je n'avais aucune expérience de ce problème, ni chez moi, ni chez ma fille ni chez aucune de mes proches. Au début, je fus donc étonnée lorsqu'on me dit que l'industrie de la mode était complice de la prévalence des problèmes d'anorexie.

J'étais peut-être naïve. Bien des tops sont devenues célèbres et il est donc naturel que des jeunes filles veuillent leur ressembler. Pour autant, s'affamer n'est pas une solution. Les corps longs et fins sont génétiques et non manufacturés. Les mannequins font attention à ce qu'elles mangent, bien entendu, mais pour la plupart leurs corps sont prédisposés à la minceur. Cela peut être difficile à accepter pour des jeunes filles.

Bien que ce soit un rêve de devenir mannequin pour beaucoup de jeunes filles dans le monde, la vérité est que ce n'est pas un travail facile. La majeure partie du temps, vous êtes rejetée et vous êtes mécontente de vous. La plupart des agences de mannequins prennent soin de leurs filles – certaines sont même extraordinairement protectrices – mais il existe aussi des pseudo-agences, avec des cas de trafic sexuel et de prostitution soi-disant « au nom de la mode ». Il faut absolument avertir les filles d'être vigilantes. Ne pas rêver de devenir mannequin à moins que ce soit une vraie possibilité. Chercher d'autres portes, d'autres voies. Le business de la beauté est souvent tout sauf beau.

En fait, je vais jusqu'à recommander aux jeunes filles, sauf à celles qui ont des gènes exceptionnels, de ne pas essayer de devenir mannequin. « Utilisez votre cerveau, votre bon sens et ne devenez pas un objet » : voilà ce que j'ai conseillé, par exemple, à une promotion de lycéennes. « Votre apparence est importante, mais qui vous êtes et ce que vous projetez de vous-même, voilà ce que vous deviendrez avec le temps. »

J'ai acquis la conviction que le Council of Fashion Designers of America (CFDA) devait prendre l'initiative de promouvoir la santé comme élément de la beauté. En 2007, nous avons établi des normes pour le secteur, en collaboration avec des experts médicaux, des agences de mannequins et la rédactrice en chef de *Vogue*, Anna Wintour. Ces normes incluent des recommandations pleines de bon sens visant à protéger les filles ; des ateliers pour les créateurs, les filles et leur famille afin de les aider à reconnaître les signes de l'anorexie et de la boulimie ; enfin, nous encourageons les mannequins qui ont des problèmes d'anorexie à consulter.

Ensuite, nous nous sommes penchés sur la question de l'âge. La jeunesse est un facteur capital dans le secteur de la mode et l'âge est un problème ancien et tenace – pour beaucoup, les filles ne sont jamais trop jeunes. C'est un combat difficile car de nombreux créateurs trouvent que les vêtements sont plus beaux quand ils sont portés par des filles très grandes, très maigres, et plus elles sont jeunes moins elles ont de formes. Ces créateurs influencent les responsables de casting, qui à leur tour forcent les agences à recruter des filles de plus en plus jeunes. Il fallait mettre un terme à cette spirale descendante, ou au moins la ralentir. Les membres du CFDA – les 450 plus grands créateurs américains – sont maintenant tenus de vérifier les papiers d'identité des mannequins pour s'assurer qu'elles ont au moins seize ans, et les filles de moins de dix-huit ans ne peuvent pas travailler après minuit, que ce soit pour des essayages ou des séances photos. La santé est indissociable de la beauté.

*

J'ai eu un cancer en 1994, à l'âge de quarante-sept ans. Un jour j'allais bien ; le lendemain je faisais une radiothérapie de la langue et du pharynx. Cela commença par un déjeuner en compagnie de Ralph Lauren, au restaurant La Grenouille à New York. C'était censé être un déjeuner d'affaires mais nous parlâmes de tout et de rien, y compris de l'amour et de la fragilité de la vie. Ralph avait récemment été opéré d'une tumeur bénigne au cerveau. « Comment avez-vous découvert que vous aviez cette tumeur ? »

demandai-je. « Il y avait constamment un bruit dans mon oreille gauche », me répondit-il. Comme Ralph prononçait ses mots, j'entendis un bruit dans mon oreille gauche. Le lendemain, il était toujours là. Était-ce juste mon imagination ? Je pris rendez-vous avec un ORL.

« Votre oreille est normale », me dit le médecin, mais il trouva un ganglion enflé sur le côté droit de mon cou. Il n'eut pas l'air inquiet et me prescrivit des antibiotiques. Le bruit disparut alors, mais le ganglion resta enflé. Puis je fis une biopsie, dont les résultats n'étaient pas mauvais. « C'est juste un kyste bénin, me dit-on, n'ayez aucune inquiétude. » Je n'aimais pas l'idée d'avoir un kyste, alors je pris rendez-vous pour le faire enlever la semaine suivante, un vendredi 13 mai. La date s'avéra prophétique. Alors que je me réveillais à peine de l'anesthésie, Tatiana et ma mère à mes côtés, le médecin nous donna la mauvaise nouvelle. Après avoir enlevé le kyste, il l'avait découpé et avait découvert de minuscules mais très méchantes cellules cancéreuses qui avaient déjà donné des métastases. Tatiana eut un choc. Ma mère crut avoir mal compris et demanda à Tatiana, avec insistance : « Traduis pour moi ! Dis-le-moi en français ! »

Les jours suivants furent terrifiants : je dus faire toutes sortes de tests, et craignais le pire. Une opération pour retirer une bonne partie du cou ? Une chimiothérapie ? Tout cela était effrayant. Pour couronner le tout, j'appris le soir même de mon diagnostic que Jackie Kennedy Onassis venait de mourir de son cancer.

Au début j'étais dans le noir et très inquiète mais petit à petit, au fur et à mesure que je comprenais mieux ce que les médecins m'expliquaient, je parvins à retrouver ma force et à repousser la peur. Il me fallait accepter le fait que j'avais le cancer et gérer cela. Sept semaines de radiothérapie. Un été imprévu m'attendait. Cela allait être un temps de traitement et de guérison. Je n'avais pas d'autre choix que de l'accepter, prendre du temps pour moi et me concentrer sur ma santé. Il me fallait guérir, tuer ces mauvaises cellules pour toujours et ne jamais, jamais les laisser revenir. J'allais me répéter la phrase si souvent, en français, qu'elle en deviendrait un petit chant de victoire.

Ma mère resta auprès de moi. Elle fit mine de ne pas être inquiète, ce qui me donna de la force. Alexandre rentra de Hong Kong, où il travaillait jusque-là dans une banque ; Tatiana était tout près. Barry fut très affecté. Mon médecin me dit qu'il l'avait vu retourner à sa voiture le jour où j'avais reçu mon diagnostic : il n'avait jamais vu une personne révéler tant de détresse par sa posture.

Le week-end qui suivit mon diagnostic, dans le Connecticut, mon ami Sandy Gallin, qui est aussi mon agent et mon producteur, me fit un cadeau qui devait changer ma vie. Il envoya Deepak Chopra, le célèbre médecin indien *new age,* également écrivain, me rendre visite à Cloudwalk. Sa manière d'expliquer les choses me rassura et s'avéra extrêmement bénéfique. Il m'invita au Chopra Center for Wellbeing à La Jolla, en Californie, où je me rendis avant de commencer ma radiothérapie. Tatiana m'y accompagna et resta deux jours avec moi, mais j'avais besoin d'être seule. Je méditais et répétais les sutras que Deepak m'avait donnés : Paix, Harmonie, Rire, Amour, Créativité, Richesse, Abondance, Discrimination, Intégration, Liberté, Vérité, Savoir, Infinité, Immortalité, Lumière, Sainteté. Je me promenais sur la plage pendant des heures, faisais des centaines de longueurs dans la piscine, et avais de longues conversations avec moi-même et avec Dieu. Tout cela, plus les traitements ayurvédiques à base de régime, d'herbes et de massages, ainsi que le calme environnant, m'aidèrent à me préparer à cette bataille imprévue.

De retour à New York, Alexandre m'accompagna à un rendez-vous où l'on prit des mesures pour un masque et où l'on dessina de minuscules tatouages sur mon visage pour être sûr que les rayons soient dirigés avec précision. Des années plus tard, le médecin me rapporta qu'Alexandre, après m'avoir raccompagnée, était retourné le voir pour lui demander de prendre bien soin de moi. « N'oubliez pas, dit-il, c'est ma mère. »

Avant d'aller à ma première séance de radiothérapie, je me pris en photo dans le miroir de la salle de bains. Ne sachant pas si mon visage serait changé à jamais, je voulais me souvenir de moi telle que j'étais alors. Puis la routine commença. Chaque jour j'allais à l'hôpital Sloan Kettering et je mettais le masque. Les rayons ciblaient mon cou, d'un côté puis de l'autre puis au milieu, pendant trente secondes. Je rentrais à pied à l'hôtel Carlyle, avec un arrêt au magasin bio pour boire un jus d'herbe de blé (qui avait mauvais goût, mais je croyais à ses vertus réparatrices). Tout en marchant, je chantonnais mon « chant de victoire » pour venir à bout des méchantes cellules. À la maison, je méditais pendant des heures, me faisais masser tous les jours pour activer le système immunitaire et faisais des bains de bouche avec de l'huile de sésame. Le week-end, comme il n'y avait pas de traitement, j'allais à Cloudwalk pour profiter de la beauté de la nature – la forêt, les fleurs, les daims au milieu des pommiers. Jamais la nature ne m'avait paru plus belle, plus apaisante ni plus rassurante.

Deepak appelait tous les jours, de même qu'Egon, d'Italie, Mark Peploe, de Londres, et mes amis du monde entier. Je me sentais aimée, sans qu'on me plaigne, et sereine, grâce à la force que procure tant d'amour. Barry commença à parler de vivre ensemble, d'acheter une maison et me posa même des questions sur ma relation avec Mark, ce qu'il n'avait jamais fait. Je restai vague. Mon futur était incertain ; je ne savais pas ce que je voulais, à part guérir.

Au milieu de mon traitement, je fus invitée à participer à un dîner que le président et Mme Clinton donnaient à la Maison-Blanche en l'honneur de l'empereur et l'impératrice du Japon. Enchantée, j'acceptai l'invitation. Le grand créateur du moment, John Galliano, faisait sa première apparition au magasin Bergdorf Goodman, juste en face de mon bureau, et je lui empruntai sa plus belle robe de bal : une robe en mousseline de soie rose pâle et bleue, avec quantité de volants et une longue traîne qui n'en finissait pas. Malgré les traces de brûlure sur les deux côtés de mon visage, que je réussis à cacher avec du maquillage, je me sentais belle lorsque je fis mon entrée sous la tente installée dans la roseraie de la Maison-Blanche. Le dîner était un événement historique et j'étais heureuse d'en être. Les hommes d'affaires japonais assis à ma table ne parvenaient pas à croire qu'ils se trouvaient dans la même salle que l'empereur. Au Japon, ils auraient dû être séparés par un paravent, car les roturiers ne peuvent pas se trouver dans la même pièce que son Excellence l'Empereur !

Quant à moi, l'excitation que je ressentais était d'un genre différent. J'adorais la volupté de ma robe, bien que je doive me déplacer avec précaution à cause de la longue traîne – qui malgré mes efforts fut piétinée par tout le monde et finit la soirée en lambeaux. Me sentir belle et frivole en plein traitement était un clin d'œil à moi-même. C'était formidable !

Les nouvelles de Belgique, en revanche, n'étaient pas bonnes. Philippe m'appela juste avant le 4 juillet. Mon père déclinait ; il fallait nous préparer au pire. Le centre de radiothérapie était fermé quelques jours pour la fête de l'indépendance, et Barry eut la générosité de me prêter son avion privé pour rendre visite à mon père. À ce stade, j'avais perdu toute sensation de goût, ma gorge était douloureuse et ma peau vraiment brûlée, mais il fallait que je voie mon père. Sa maladie d'Alzheimer s'était aggravée, et je savais qu'il ne me reconnaîtrait pas. Mais je voulais l'embrasser et le

Bébé, avec mes parents.

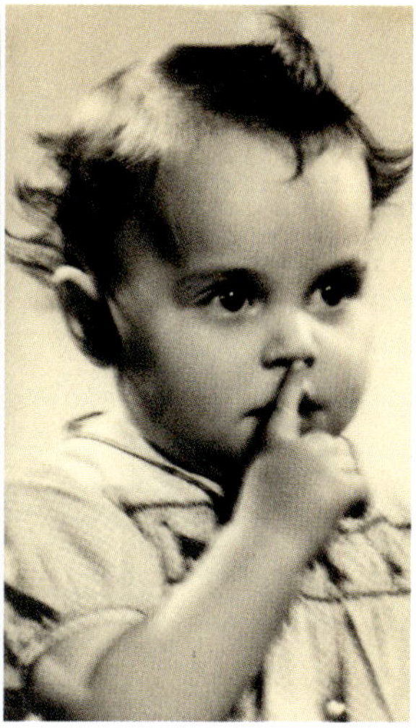

Déjà curieuse…

Ma mère et moi attendons l'*Orient Express*. C'est ma première photo publiée dans un magazine.

Mes parents
s'apprêtant à sortir,
en 1958.

Le mariage
de mes parents,
le 29 novembre 1945.

Avec mon petit frère
Philippe, en 1953.

Le même, à bicyclette.

Mon père Léon.

J'ai trois ans, et je fais
semblant de lire le journal.

Ma mère,
Lily.

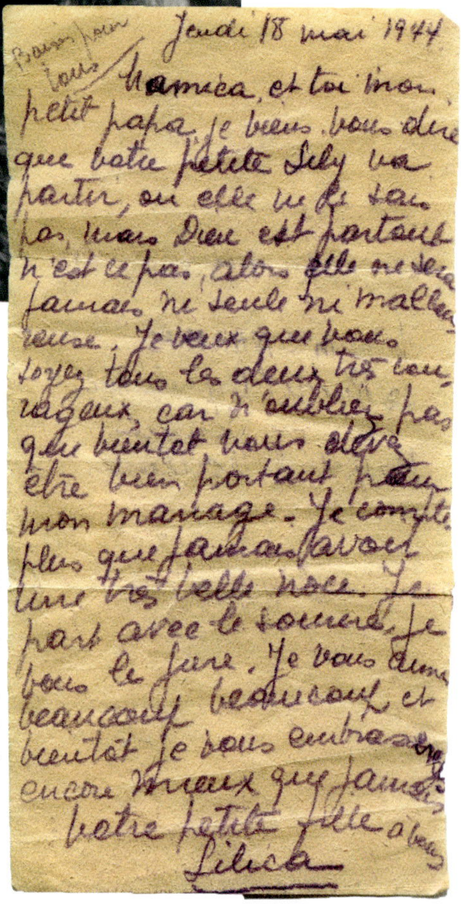

Baisers pour tous

Jeudi 18 mai 1944

Mamica, et toi mon
petit papa, je veux vous dire
que votre petite Lily va
partir, où elle ne le sait
pas, mais Dieu est partout
n'est ce pas, alors elle ne sera
jamais ni seule ni malheu-
reuse. Je veux que vous
soyez tous les deux très cou-
rageux, car n'oubliez pas
que bientôt vous devez
être bien portant pour
mon mariage. Je compte
plus que jamais avoir
une très belle noce. Je
part avec le sourire, je
vous le jure. Je vous aime
beaucoup beaucoup, et
bientôt je vous embrasserai
encore mieux que jamais
votre petite fille à vous
Lilica

Un des deux
billets à sa
famille rédigés
par Maman
sur le chemin
de la prison
de Malines.

Hans Muller,
le compagnon
de ma mère.

La carte souvenir de ma mère,
avec un texte d'elle que j'ai trouvé.

Dieu m'a donné la Vie
et la chance avec la Vie
Durant ma vie, j'ai gardé ma chance
Tout le long, je l'ai sentie
Comme une ombre elle m'a suivi
et partout avec les autres
Je l'emmène à tout venant en
Disant « Merci ma chance »
Merci la Vie
Merci - Merci

Lily Nahmias Halfin

À neuf ans,
à la station
balnéaire
de Knokke-le-Zoute.

Pré-adolescente,
en vacances
en mer du Nord.

Lady Cortina : mon seul et unique concours de beauté, en 1967.

À quinze ans, voyageant seule en avion.

Avec Lucio,
mon boyfriend italien,
en 1966.

À une soirée déguisée,
chez Brigitte Bardot,
à Saint-Tropez.

Mon mariage avec Egon, le 16 juillet 1969 à Montfort l'Amaury.

© Berry Berenson Perkins

Egon en 1972.

Avec Egon à New York en 1970.

© Ron Galella – Getty Images

Avec Alain Elkann, à New York en 1986.

Avec
mon fils
Alexandre,
en 1970.

Courtesy Ara Galland

Premier showroom…

Alexandre et Tatiana en vacances à Cortina d'Ampezzo.

Avec Barry à la première du film *Grease* en 1978.

Avec Barry à Saint Domingue en 1977.

Courtesy Annie Leibovitz

Entourée de mes enfants, lors de mon mariage avec Barry, le jour de son anniversaire, le 2 février 2001.

Avec Alexandre
et Tatiana
en 1992.

Avec mes deux petites-filles, Antonia et Talita.

Cloudwalk,
ma
propriété
du Connecticut.

Mon frère Philippe,
sa femme Greta
et leurs deux filles,
Sarah et Kelly.

Le spectaculaire bal rouge
DVF, à Shanghai, dans l'atelier
de Zhang Huan en 2011.

Avec Sergei Brin, cofondateur de Google, pour le lancement des GoogleGlass.

© Greg Kessler

En position de Fly yoga, tête en bas et au téléphone.

Mon premier t-shirt *Love is Life* en carte postale.

À la cérémonie des DVF Awards de 2016, créés par la fondation Diller-von Furstenberg pour récompenser le leadership, la force et le courage de femmes engagées. Au centre, le Dr Martine Rothblatt, récipiendaire du Lifetime Leadership Award.

Avec l'ONG Vital Voices, qui soutient l'entrepreunariat social des femmes à travers le monde, en compagnie de Bill Clinton.

© Micky Wiswedel

À mon bureau, entourée des photos de ceux que j'aime.

Photo : Thomas Whiteside

Sauf mention contraire, toutes les photos appartiennent à la collection personnelle de l'auteur.

remercier pour tout l'amour qu'il m'avait donné. Tatiana m'accompagna. Ce fut la dernière fois que je vis mon père.

De retour de Belgique, notre avion fit escale à Gander, au Canada, pour le plein de carburant. Il pleuvait, et l'avion était posé entre deux arcs-en-ciel complets. Tatiana me dit de faire un vœu ; je fis celui de guérir. Il me restait encore une douzaine de séances, et la perspective d'une gorge encore plus sèche et de brûlures supplémentaires. Deepak continuait à appeler chaque jour ; ma mère, Barry et les enfants étaient auprès de moi ; je comptais les jours. C'était la coupe du monde de football. Le Brésil fut vainqueur. Moi aussi j'allais vaincre.

Après les traitements, je décidai de retourner au Chopra Center en Californie pour récupérer. Ce fut la pire semaine. Comme mon médecin l'avait prévu, la douleur était devenue plus aiguë. J'avais la peau et les muqueuses brûlées, et j'étais épuisée. L'adrénaline qui m'avait soutenue pendant la radiothérapie n'était plus là maintenant que les traitements étaient terminés. Je m'enfermais dans ma chambre et je gémissais. La seule chose que je me forçais à faire était mes cinquante longueurs de piscine, tout en répétant mes sutras.

À la fin de la semaine, je reçus un appel en pleine nuit : c'était le matin à Bruxelles. Mon père venait de mourir. Mon frère et ma mère étaient au téléphone, en pleurs. Mes yeux restèrent secs ; mon père était parti pour toujours, et je ne pouvais rien y changer. Je pris l'avion pour Las Vegas, où Alexandre me rejoignit, et nous poursuivîmes le voyage ensemble : New York, puis la Belgique. Tatiana nous retrouva à l'aéroport de Bruxelles – elle arrivait du Portugal. Ensemble, nous nous rendîmes à l'appartement de mon père – l'appartement où j'avais grandi. Sa chambre me parut plus petite que dans mon souvenir. Le cercueil, lui aussi, me parut tout petit. Je m'assis à côté de lui. Sur une console, se trouvaient une bougie allumée et des photos des parents de mon père, ainsi que de son frère. Je me sentais impuissante, mais en paix et reconnaissante pour l'amour que mon père m'avait donné. Il fut enterré dans un cimetière plein de charme, entouré d'arbres et de calme. Les enfants repartirent l'après-midi même. Quant à moi, j'avais besoin d'une pause. Je décidai de me rendre à Berlin pour y retrouver Mark, qui montait son film *Victory*. Mon frère trouvait que j'étais trop faible pour voyager, mais je voulais me sentir vivante et aimée. Le jour, je me reposais dans ma chambre d'hôtel, pendant que Mark travaillait, mais le soir nous nous promenions dans les rues de Berlin nouvellement réunifié et adorions ces promenades.

Quelques jours plus tard, je retournai à Bruxelles pour ranger l'appartement de mon père. Comme moi, il conservait tout : journaux, lettres, photographies… Un « chemin du souvenir » dans toute sa splendeur. Sa présence me manquait, son odeur aussi, mais je le retrouvais – et le retrouve encore – dans le miroir : nos traits sont si semblables. Avant de partir, je pris sa montre préférée, une Omega en or, son portefeuille en crocodile et les deux verres russes avec leur porte-verre en argent dans lesquels il buvait chaque jour son thé.

J'emportai surtout « Le Journal de ma vie », manuscrit rédigé alors qu'il commençait à perdre la mémoire.

*

La confrontation avec mon cancer a été un défi, mais un défi enrichissant. Je suis devenue plus compatissante, j'apprécie la valeur de la santé, je fais preuve de plus de spiritualité et j'ai une meilleure compréhension de mes forces et de mes faiblesses. Depuis, j'éprouve une immense reconnaissance – envers Dieu, envers mes médecins, ma famille, mes amis, et ma propre puissance. Mon petit chant de la victoire a fait des merveilles, et je n'ai pas connu de rechute.

Je suis devenue beaucoup plus attentive à ma santé à la suite de mon combat contre le cancer. Je mange légèrement et avec modération – des céréales et des haricots, peu de viande – et j'évite le sucre autant que je peux, même si j'aime encore le chocolat noir et un verre de vin rouge à l'occasion. Je bois de l'eau – en quantité – et du thé au gingembre frais avec du citron et du miel.

Mes jambes sont plus musclées qu'à trente ans, grâce à toutes les randonnées que je fais. Avec des montées, et les plus pentues possible ! Le fameux sentier des Appalaches, long de 3 500 kilomètres, qui mène de Géorgie jusqu'au Maine, passe dans les collines tout près de Cloudwalk ; Barry, le chien Shannon et moi allons y marcher tous les jours lorsque nous sommes à la maison. À L.A., nous donnons rendez-vous aux enfants entre nos maisons respectives, en bas de Franklin Canyon, et grimpons ensemble jusqu'au sommet. Lorsque nous sommes sur le bateau, *Eos*, nous faisons des excursions sur l'île ou sur la côte, quelle qu'elle soit, où nous mouillons. Je suis toujours en tête, parce que c'est moi qui marche le plus vite. Nous grimpons en silence. Pour moi, la marche est un genre de méditation ; je l'utilise pour rentrer en moi, profiter de l'effort physique et de la beauté de la nature. Une fois au sommet, nous aimons prendre notre temps, profiter de nos efforts, et c'est Barry qui prend la tête à la descente. C'est alors que nous parlons, et ce sont souvent nos meilleures conversations, parce que le long silence à la montée et la nature nous ont nettoyé l'esprit et clarifié les idées. J'aime profondément ces moments.

Lorsque je suis à New York, je monte et je descends à pied les cinq étages du siège de DVF, parfois en prenant les marches deux à deux, même avec des talons hauts. Je nage avec tout autant d'ardeur, que ce soit dans la mer, dans la piscine à Cloudwalk ou dans les hôtels où je séjourne un peu partout dans le monde. La natation aussi est une forme de méditation. Le mouvement et le fait de compter les longueurs m'occupent entièrement l'esprit et je suis seule avec moi-même.

Je reste souple grâce au yoga, que je pratique deux fois par semaine dans un petit studio que je me suis fait construire juste à côté de mon bureau. Les étirements et les torsions me permettent d'être consciente de chaque partie de mon corps et de rester très souple. La respiration profonde est un élément essentiel du yoga, et je la pratique aussi – de longues inspirations et des expirations lentes – en cas de stress. Je fais un soin du visage une fois par semaine avec une Anglaise nommée Tracie Martyn qui utilise un appareil électrique à basse intensité pour masser mon visage et combattre les effets de la gravité. (Ce que le sourire fait également, ainsi que me l'a appris le photographe Mario Testino.) Cela fait maintenant quinze ans que je vois Tracie, et mon bureau sait qu'il s'agit du seul rendez-vous de la semaine qu'il n'est pas question d'annuler.

Enfin, et c'est le plus important, je me fais masser au moins une fois par semaine, surtout quand je voyage. Autrefois, je pensais que les massages étaient une frivolité, mais j'ai appris que ce n'est pas le cas. Les massages renforcent le système immunitaire, améliorent la circulation et débarrassent le corps des toxines.

Lors de ma radiothérapie, j'ai commencé à faire des séances hebdomadaires de shiatsu. (Je fais également des massages en profondeur avec Andrey, un excellent masseur ukrainien.) Mon thérapeute shiatsu, qui est mort brutalement d'un AVC l'année dernière, était un Japonais plein de talent, nommé Eizo. C'est lui qui a guéri les brûlures de radiothérapie que j'avais dans la bouche en me donnant un traitement en poudre à base de champignons rares. Pendant dix-neuf ans, il m'a soignée tous les mardis matin, avant le rendez-vous avec Tracie Martyn, avec un massage en profondeur pour corriger les déséquilibres du corps, avant de marcher sur mon dos pour faire craquer les os. Il me manque énormément.

Un autre résultat de ma rencontre avec le cancer a été le docteur Durrafourd, un médecin homéopathe installé à Paris, auquel mon amie l'actrice Marisa

Berenson m'a présentée. Je le vois une fois par an. Il me fait faire des tests sanguins, calcule les résultats et me prescrit toutes sortes d'antioxydants naturels et à base de plantes. J'ai une douzaine de petits flacons remplis de pilules et de liquides que je garde dans un sac et que j'emporte partout dans le monde. Ont-ils eu un effet bénéfique ? J'aime à penser que oui. Par exemple, j'ai traversé la ménopause sans difficulté. Un jour, j'ai arrêté d'avoir mes règles, et cela a été tout.

Marisa m'a également présentée à Bianca, une guérisseuse qui a réussi à atténuer la douleur causée par mes brûlures. Je l'appelle encore quand j'ai une crise. Je suis la marraine de son fils, Julien.

J'ai appris que, lorsque vous êtes malade, la guérison est pour beaucoup entre les mains des médecins et de la science, mais repose aussi sur votre propre pouvoir de guérison, qu'il faut savoir trouver et utiliser.

*

Le fait de vieillir est hors de notre contrôle. La manière de gérer l'âge, en revanche, est entre nos mains.

Quand j'étais petite fille, je voulais être plus âgée que je ne l'étais. Au lieu de m'asseoir, je m'agenouillais sur le siège avant de la voiture de mon père pour faire croire aux gens que j'étais adulte. Pour faire semblant d'avoir des rides, je me griffais le visage avec les ongles, parce que je voulais avoir un visage qui avait vécu, comme celui de Jeanne Moreau. Lorsque j'ai eu vingt ans, ma mère m'a demandé : « Alors, quel effet cela te fait-il ? » Mais je prétendais avoir vingt ans depuis si longtemps que cela ne faisait aucune différence ! Jeune, j'ai toujours fait plus âgée, à tel point que lorsque *Newsweek* m'a consacré sa couverture le 22 mars 1976, les rédacteurs ne voulaient pas croire que je n'avais que vingt-neuf ans : ils ont envoyé un reporter à la mairie de Bruxelles pour vérifier mon certificat de naissance…

J'ai entamé ma vie adulte à vingt-deux ans, eu deux enfants avant l'âge de vingt-quatre ans et connu le succès financier avant trente ans. Avec le recul, je constate que j'étais jolie à cet âge-là, entre vingt et trente ans, mais à l'époque je ne trouvais pas que c'était le cas. Je savais mettre en valeur ce que j'avais, souligner mes yeux et mes pommettes, jouer avec mes cheveux et mes jambes et avoir une attitude confiante. Je savais que j'étais séduisante, mais je ne pensais pas être belle.

La trentaine a été ma meilleure décennie. J'étais encore jeune, mais je me sentais adulte ; j'avais une vie pleine d'aventures, j'élevais mes deux enfants et je dirigeais mon affaire. J'étais indépendante et je me sentais très libre. Je ressentais une complicité totale avec moi-même et avec mon apparence physique, et j'étais maîtresse de ma vie. J'étais devenue la femme que je voulais être.

La quarantaine a été plus difficile. Mes enfants étaient partis en pension, et j'avais vendu mon affaire. Je ne savais plus qui j'étais ni ce que je voulais être. J'ai changé plusieurs fois d'allure et je me suis posé des questions sur mon style. En perdant mon affaire de mode, j'avais perdu le moyen d'exprimer ma créativité. J'ai également dû me battre contre le cancer.

Les choses se sont améliorées à partir de cinquante ans. J'ai recommencé à travailler, créé un nouveau studio et repositionné ma marque. Je me suis entourée d'une nouvelle génération de jeunes. Je suis redevenue celle que je voulais être… engagée et engageante. J'ai épousé Barry et je suis devenue grand-mère. J'ai embrassé mon âge et ma vie. Cela a été le début de l'âge de la plénitude, qui continue à ce jour. Maintenant, à plus de soixante ans, je sais qu'il me reste moins de temps et je veux profiter, profiter autant que possible.

*

C'est une chance que je ne me sois jamais trouvée belle quand j'étais jeune. Nous pâlissons toutes quelque peu avec le temps. Les femmes qui se sont uniquement reposées sur leur beauté peuvent avoir l'impression de devenir invisible plus avant dans leur vie. C'est dommage, car je trouve que dans la dernière partie de la vie il faut se sentir épanouie, plutôt que défaite. Mon conseil, c'est que vers la fin de la quarantaine, la femme devrait commencer à devenir un mythe. Devenir un mythe quel que soit ce qu'elle fait, que ce soit la meilleure mousse au chocolat ou le plus bel arrangement floral. Elle doit défendre quelque chose, et elle doit rester dans la course, être active. C'est pourquoi je trouve qu'il est tellement important que les femmes aient une identité en dehors de leur foyer.

Et ne jamais mentir sur son âge. D'ailleurs, on ne peut plus mentir avec Internet ! Embrasser son âge, c'est embrasser sa vie. Tricher sur son âge, c'est le début de la fin : c'est mentir sur qui vous êtes. Ce qui est important, c'est de vivre pleinement chaque jour de chaque époque de votre vie et de ne pas gaspiller de temps. Parce que le temps passe, et de plus en plus vite.

La beauté physique tient beaucoup à la jeunesse, purement et simplement. La peau est fraîche et lisse, les yeux grands et clairs, la taille plus fine, les cheveux plus épais et brillants, même les dents sont plus blanches et plus lisses. Je ne comprenais pas cela quand j'étais jeune. Quand on me complimentait sur ma fraîcheur, je détestais cela. C'est seulement quand on cesse d'être fraîche que l'on apprécie la fraîcheur.

La jeunesse est merveilleuse ; c'est une époque excitante, car c'est le début de la vie. Tout est devant vous et il n'y a rien de plus passionnant que les commencements, lorsque tout est possible et que vous pouvez faire de grands rêves. Mais chaque jour est un commencement. La meilleure façon, la seule façon de prendre la vie, c'est de vivre et de profiter pleinement de l'instant présent. Il est essentiel d'apprendre à tirer les leçons du passé et de regarder vers l'avenir sans ressentiment. Le ressentiment est toxique et ne peut que polluer l'avenir.

L'avantage de la vieillesse, j'en suis venue à le comprendre, c'est que vous avez un passé. Personne ne peut vous l'enlever, alors mieux vaut l'aimer. C'est pourquoi il est si important de ne pas gaspiller de temps. En vivant pleinement chaque jour, vous créez votre vie, et cela devient votre passé, un riche passé.

Quand j'étais très jeune, j'étais arrogante et je me vantais souvent que je prendrais ma retraite à trente ans. En prenant de l'âge, j'ai continué d'être arrogante, mais différemment. Je défiais mon âge. Avec dédain, je prétendais que « l'âge ne veut rien dire ».

Pour l'instant, mon énergie ne m'a pas abandonnée et je suis plus engagée et plus active que jamais. Mais je ne suis pas aussi dédaigneuse de l'âge qu'autrefois, car je réalise que la vieillesse peut vous rendre vulnérable. C'est peut-être l'accident de ski que j'ai eu début 2011 qui m'a rendue plus humble. D'un instant à l'autre, tout a basculé : heureuse, je skiais avec Barry à Aspen, dans le Colorado ; une minute plus tard, j'étais couchée sur le dos dans la neige, le visage en sang.

C'était une belle journée ensoleillée dans les montagnes et je skiais bien, et avec prudence, entre mon moniteur de ski et Barry, en prenant garde d'éviter les surfeurs agressifs. Mon amie l'actrice Natasha Richardson avait trouvé la mort l'année précédente dans un accident de ski idiot et j'avais cette pensée à l'esprit lorsque tout à coup, de nulle part, surgit un skieur débutant. J'étais debout à l'arrêt, à attendre Barry, lorsque le skieur me rentra dedans ! Il m'avait foncé dessus avec une telle force qu'il me laissa avec le visage engourdi et en sang.

Après que les radiographies faites à Aspen eurent révélé que je m'étais fracturé le nez et des côtes, nous prîmes l'avion pour L.A., pour faire une IRM du visage et vérifier si les os de l'orbite n'étaient pas fracturés eux aussi, ce qui aurait demandé une intervention immédiate. Dans l'avion, je n'arrêtais pas de toucher mes pommettes avec inquiétude, de crainte qu'elles ne soient cassées ; elles sont ce que je préfère dans mon visage. Par chance, les os de l'orbite n'étaient que fissurés et devaient guérir avec le temps, et les pommettes n'étaient pas abîmées. Mais mon visage ravagé ne passa pas inaperçu à l'hôpital. J'avais l'impression que les gens dans les couloirs me prenaient pour une victime de violences domestiques ! C'est étonnant, la vitesse à laquelle on peut se sentir comme une victime ; je me croyais obligée d'expliquer l'état de mon visage à tous ceux que je croisais. « Accident de ski », répétais-je à tous, « accident de ski ».

L'accident n'aurait pas pu arriver à un pire moment. J'avais deux mois chargés en perspective – une séance photos cette semaine-là, l'acceptation d'un prix à un grand gala de bienfaisance pour l'amFAR (Foundation for AIDS Research) à New York, le défilé DVF de la Fashion Week, et au printemps un voyage très important en Chine, où une rétrospective de ma vie et de mon travail devait avoir lieu à la prestigieuse Galerie Pace à Pékin. C'était à cause de cet emploi du temps chargé que Barry avait loué une maison à Aspen pendant quelques jours, juste pour nous deux.

Tout de suite après l'IRM, le médecin évoqua la possibilité d'une intervention. Je ne savais pas vraiment ce qu'il avait à l'esprit, mais je refusai. Je voulais d'abord laisser mon visage guérir, puis voir ce qu'il fallait faire. De ce moment-là, ce ne fut que glace et arnica, arnica et glace. Mon visage dégonfla petit à petit, révélant des hématomes bleu-noir jusqu'au bas du visage, qui me donnaient une expression ravagée. L'arnica, encore et toujours, permit aux hématomes de passer d'un bleu foncé à un violet clair, puis à lavande, des semaines plus tard, à jaune. Je suivais les progrès quotidiennement en me prenant en photo sur mon iPhone ; j'avais pris la première photo tout de suite après la chute et l'avais envoyée à tous mes amis. J'allais continuer à documenter l'état de mon visage au jour le jour pendant deux mois. « Voilà à quoi je ressemble, me disais-je en regardant les photos, et ce n'est pas joli. »

Quinze jours après l'accident, mon visage était encore tellement tuméfié que j'envisageais de ne pas assister à la soirée de l'amFAR où je devais être récompensée, de même que le président Clinton. J'appréhendais de devoir montrer mon visage en public, mais finalement j'eus honte d'être aussi frivole. « Qu'est-ce que quelques bleus, comparé au sida ? me dis-je, bien sûr que tu dois y aller. »

Toutefois, pour dissimuler en partie mon visage, je demandai à mon département artistique de me fabriquer un petit éventail. Ils m'en firent un en forme de cœur, avec ma devise : « Love is life is love is life. » Au début de la soirée, je me cachai derrière, mais je le posai dès que je dus monter à la tribune pour accepter mon prix, et je dis simplement : « Veuillez excuser mon apparence. J'ai eu un accident de ski. »

Ensuite, je n'ai plus caché mon visage. Pour le défilé, je portais simplement des lunettes de soleil. Je n'ai même pas annulé mon rendez-vous, pris de longue date, pour une séance photo avec Chuck Close, pour *Harper's Bazaar*. Être photographiée par Chuck Close, c'est un peu comme faire une radiographie ! Il n'y a rien entre vous et lui, pas de filtre, pas de maquillage, pas de lumière flatteuse, et pratiquement pas d'espace car il aime prendre ses photos de très près et de face. « Mais comment vais-je faire », me suis-je d'abord demandé, avant de baisser les armes : « On verra bien. » Le résultat était cru, très cru : un visage relâché et marbré de noir. J'aurais dû détester cette photo, mais d'une certaine façon elle me plut, parce qu'elle était vraie. Elle plut aussi à *Harper's Bazaar,* qui la fit paraître en pleine page et la fit agrandir pour l'exposer en grand sur un mur de la Galerie Pace à Pékin, avant de la montrer de manière encore plus proéminente à mon exposition de Los Angeles, en 2014.

La séance photo avec Chuck Close n'est pas la seule à m'avoir fait hésiter. La chose la plus difficile pour moi, maintenant, est de me faire photographier ; je n'ai jamais vraiment aimé les séances photo mais, à mon âge, c'est deux fois plus difficile. Deux séances photo que j'ai réalisées récemment avec Terry Richardson m'ont beaucoup appris sur la nature de la beauté. Je connais Terry depuis qu'il est enfant ; à l'époque, je travaillais pour Albert Koski, qui était l'agent du père de Terry, Bob Richardson. La première fois que Terry m'a photographiée, c'était pour *Purple Fashion,* la revue ô combien branchée d'Olivier Zahm. Olivier m'avait appelée pour me demander si j'accepterais de faire le mannequin pour les collections de leur numéro de printemps/été 2009. « Tu es fou, avais-je répondu, j'ai soixante-deux ans. » Mais il insista tellement que je finis par rire et lui dire oui, à condition qu'il me mette en couverture. « Je ne te promets rien, me répondit

Olivier, mais j'essaierai. » Le dernier mannequin en couverture de la revue était… Kate Moss.

Le jour de la séance photo arrive, et la dernière chose dont j'ai envie est d'être photographiée. Mes yeux sont bouffis. Je suis fatiguée. Je suis censée être le mannequin pour la moitié des collections, tandis qu'un jeune mannequin professionnel doit faire l'autre moitié. J'ai terriblement envie de me désister, mais ce n'est pas possible. Après des heures d'anxiété, je finis par me dire que je vais tout simplement le faire aussi vite que possible. Comme je ne peux pas leur dire à quel point je suis mal à l'aise, j'affecte d'être confiante et j'exagère chaque mouvement. Avec Terry, c'est facile à faire, car il aime les mouvements exagérés. Alors je ris, je fais la folle, je lève les bras dans un grand geste triomphal. Et je me retrouve en couverture de *Purple* à soixante-deux ans, vêtue d'un body, de collants et d'une veste Maison Martin Margiela avec des cheveux blonds…

Pour le quarantième anniversaire de la robe portefeuille, *Harper's Bazaar* demanda si je voulais bien être de nouveau photographiée par Terry, cette fois autour d'un jeu de mots entre *wrap dress* et rap, l'idée étant qu'avec ma *wrap dress* j'étais un peu la première *wrappeuse*. (*Rap* et *wrap* se prononcent de la même façon, car le « w » est muet.) On me proposait donc une photo avec Wale, grande star américaine du rap. C'était amusant comme idée, et mon équipe était enthousiaste, alors j'acceptai. Quand le jour arriva, cette fois encore, j'avais l'air fatiguée au réveil. C'était un vendredi, et la semaine avait été chargée ; cela avait commencé par un rendez-vous avec le maire de New York le lundi à sept heures, et avait continué sans interruption avec des réunions de design et de merchandising, des entretiens et des discours. Barry et moi avions eu un dîner ou un gala tous les soirs. J'avais envie d'être sur la route de Cloudwalk, pas face à un appareil photo, entourée de jeunes maquilleurs et d'assistants, examinant tous mon visage fatigué. Mais j'ai enfilé la robe portefeuille qu'ils avaient choisie et j'ai dit à Terry : « C'est parti ! » *Let's do it.* De nouveau, j'ai ri, j'ai posé, j'ai exagéré. Et au bout du compte, j'adore cette photo de moi, la main sur la hanche et ma jambe appuyée sur le genou de Wale. On ne voit pas que mon visage est fatigué, car il est illuminé par un grand sourire. Visiblement, la confiance est ce qui compte !

La confiance est ce qui nous rend belles, et la source de la confiance est de s'accepter. Du moment que l'on s'accepte, tout va mieux. J'ai compris cela avec l'exemple de Nona Summers, qui est une de mes meilleures amies depuis que nous nous sommes rencontrées à l'université de Genève. Nona est la jeune femme rousse si glamour et excentrique qui a inspiré la série télévisée anglaise *Absolutely Fabulous.* Elle a été excentrique toute sa vie… jusqu'au jour où elle a été diagnostiquée comme souffrant d'une rétinite pigmentaire, ce qui signifie qu'elle finira par être aveugle. Nous avons tous été terriblement choqués de l'apprendre, mais Nora s'est parfaitement assumée, au moment même où elle aurait pu baisser les bras. Ce jour-là, elle a décidé de devenir sobre. Pour s'accepter, pour être fidèle à soi-même, la seule solution est d'être épanouie.

Zakia est un autre exemple de femme qui s'accepte. Je l'ai rencontrée en 2012 à la cérémonie de remise du prix *Women of the Year* décerné par le magazine *Glamour*. C'était à Carnegie Hall, et on m'avait demandé de remettre un prix à la réalisatrice pakistanaise Sharmeen Obaid-Chinoy pour son documentaire, couronné par un Oscar, sur Zakia, qui avait survécu à une attaque à l'acide. Après avoir quitté la tribune, nous sommes toutes les trois descendues pour faire quelques interviews. Lorsque je monte dans un ascenseur, je vérifie toujours mon maquillage et mes cheveux, mais par respect pour ce qui était arrivé à Zakia, j'ai tourné le dos au miroir. À ma surprise, lorsqu'elle est entrée dans l'ascenseur, elle lui a fait face, et a regardé son visage blessé. J'étais en admiration, en la voyant se regarder dans le miroir, et embrasser son image. Elle avait subi deux opérations et était bien maquillée, mais c'était surtout sa dignité qui la rendait belle.

Je n'aime pas voir mon visage vieillir sur les photos, mais je sais que si j'attends encore dix ans, j'adorerai ces clichés. Alors j'accepte mon image telle que je suis. Ce que j'ai trouvé amusant, après mon accident de ski, c'est le nombre de gens qui m'ont dit : « Quelle opportunité pour faire un lifting ! » Certains pensaient même que j'avais bel et bien fait un lifting et que je faisais semblant d'avoir eu un accident de ski. La vérité, c'est que je n'ai jamais désiré retrouver mon ancien visage autant que dans les semaines qui ont suivi l'accident. Je ne voulais pas d'une intervention. Je ne voulais pas d'un nouveau visage. Ce que je voulais, c'était retrouver mon visage d'avant !

Je sais que les gens me regardent et se demandent pourquoi je n'ai pas succombé aux progrès de la médecine. Pourquoi je n'ai pas gelé ou comblé les rides de mon front. Pourquoi je n'ai pas fait enlever l'excès de peau sur mes paupières. Je n'en suis pas sûre moi-même, mais peut-être que j'ai simplement peur d'arrêter le temps, de ne pas reconnaître dans le miroir cette image avec laquelle je suis amie depuis si longtemps. Perdre la complicité avec moi-même, voilà quelque chose que je ne voudrais pas voir arriver : le clin d'œil dans le miroir de la salle de bains au milieu de la nuit, l'allure que je reconnais. Mon image est qui je suis, et même si elle ne me plaît pas toujours, elle m'intrigue et je trouve les changements intéressants. Je n'aime pas les taches de rousseur et les taches de vieillesse que j'ai sur tout le visage, mais elles sont là, alors je plaisante et je fais remarquer que j'ai maintenant un imprimé léopard sur le visage, comme celui de la robe portefeuille que je préfère. Même les ridules au coin de ma bouche sont intéressantes. Elles surgissent du jour au lendemain.

Dans mon visage, je vois ma vie. Chaque ride, chaque sillon, chaque tache de vieillesse. Ma vie est écrite sur mon visage. Un adage dit qu'avec le temps, on a le visage qu'on mérite. Si vous ne souriez jamais, votre visage s'affaisse. Si vous souriez beaucoup, vous avez les rides du sourire. Vos rides reflètent les chemins que vous avez pris ; elles forment la carte de votre vie. Mon visage reflète le vent, le soleil, la pluie et la poussière de tous les voyages que j'ai faits. Ma curiosité et mon amour de la vie m'ont remplie de teintes et d'expériences, et je les porte avec gratitude et fierté. Mon visage contient tous mes souvenirs. Pourquoi voudrais-je les effacer ?

Je ne juge pas ceux et celles qui choisissent la chirurgie esthétique. Il m'arrive d'y songer, de poser des questions, de demander le numéro de téléphone d'un médecin, et puis j'oublie. Peut-être qu'un jour, à l'improviste, je déciderai de faire quelque chose, mais jusqu'à présent j'ai décidé de ne pas le faire. Je ne peux pas prétendre être plus jeune que je le suis, et en vérité, j'ai eu une vie si bien remplie que parfois il me semble que je devrais avoir le double de mon âge. La question n'est plus d'avoir l'air belle, mais de se sentir belle et épanouie.

L'autre jour, à Paris, j'ai été frappée par un bouquet de roses du jardin qui était posé sur ma table de nuit. Une des roses était tout particulièrement belle et parfumée. Les jours ont passé et la rose, tout doucement, a commencé de se faner. Mais même fanée, elle était encore belle. Des pétales ont séché, se sont enroulés, se sont recouverts de petites taches brunes, acquérant ainsi une beauté spéciale, différente de la beauté qu'avait la rose quand elle était fraîche. J'ai senti un lien avec cette fleur. Chaque fois que je vois une imperfection apparaître sur mon visage, je pense à elle, et à sa beauté. Je veux devenir cette rose.

Grâce à mon travail, j'ai la chance d'être entourée de jeunesse et de beauté – les mannequins, les jeunes femmes qui travaillent avec moi au studio. Elles sont un véritable tonique pour moi. Elles me donnent l'impression d'être jeune.

Mon environnement aussi est beau, ce qui est très important pour moi. Le siège de DVF, six étages sur la 14e rue, dans l'ancien quartier des boucheries, le Meatpacking District, est inondé de lumière. L'immeuble est un modèle d'architecture écologique, ce dont je suis très fière. Nous avons trois puits géothermiques qui permettent de réguler la température. L'intérieur est éclairé par un *stairdelier* (contraction de *stair*, escalier, et de *chandelier*, lustre), une large cage d'escalier inondée de lumière naturelle qui va du sol jusqu'au prisme en verre, en forme de diamant, couronnant le *penthouse* (le dernier étage). Il y a des miroirs et des cristaux le long de l'escalier central afin de rediriger la lumière vers tous les espaces intérieurs. Le jardin sur lequel donnent mon bureau, ma chambre et mon studio de yoga, au dernier étage, est planté d'herbes sauvages. Bien que ce soit un environnement de travail dans un quartier très animé, le jardin est une oasis de paix et de beauté.

J'adore dormir dans ma chambre, sur le toit. Cette chambre aux parois de verre est comme une maison en plein ciel, une cabane dans un arbre, en plus urbain et plus confortable. Je vois les toits de New York et l'Empire State Building de mon lit, qui est niché sous une sorte de tente faite de panneaux de lin. La baignoire, placée au centre de la salle de bains, est en teck, ce qui me rappelle Bali. Quand j'étais une jeune mère, je vivais dans un immeuble ancien et cossu sur la 5e Avenue et je me sentais très adulte. Maintenant que je suis grand-mère, j'ai une vie de bohème, et cela m'aide à me sentir jeune. Quand Barry et moi sommes à New York en semaine, nous dormons chacun de notre côté, lui au Carlyle, où il a un appartement, et moi sur la 14e rue. J'aime cet arrangement : les week-ends et les vacances n'en sont que plus précieux.

Aucun endroit, toutefois, n'est plus beau que ma maison, Cloudwalk. Même si je déborde d'énergie, j'ai besoin de calme pour la préserver. Je le trouve, ce calme, dans la beauté de Cloudwalk : les vergers, les vastes prairies, les drapeaux balinais le long de la rivière, le chant de basse des grenouilles. J'ai la chance d'avoir acheté ce qui était alors une ferme de vingt-trois hectares pour 210 000 dollars, alors que j'avais seulement vingt-sept ans. J'en suis tombée amoureuse avant même d'être sortie de ma voiture et j'ai immédiatement remis le chèque de caution à l'agent immobilier, qui n'en revenait pas. Depuis, je passe là-bas tous les instants que je peux. Les arbres de Cloudwalk sont mes amis depuis quarante ans. Si on me sciait en deux morceaux, nos anneaux de croissance seraient les mêmes.

Rien ne me procure autant de gratitude que Cloudwalk. Aucun endroit n'est plus paisible ni plus rassurant. Mes enfants, l'amour de Barry, Cloudwalk et mon travail ont été les éléments les plus stables de ma vie. Tous mes souvenirs, toutes mes photos et mes lettres, tous mes journaux, toutes mes archives sont conservés là-bas.

Je peux passer des heures à lire et à travailler à la table de travail, longue de plus de quatre mètres, que l'architecte et ébéniste George Nakashima a créée pour moi, d'un seul tenant. Barry et moi aimons lire, en silence. Nos chiens nous tiennent compagnie : Shannon, le vieux jack russell que Barry a trouvé lors d'une excursion à bicyclette en Irlande ; Evita, une jeune jack russell ; et les deux terriers que nous avons ramenés récemment d'un voyage en Patagonie.

Mais ce qui m'amène plus que tout à Cloudwalk est la beauté de la nature. Plus j'avance en âge, plus c'est important pour moi. Le fait que nous ne puissions pas contrôler la nature m'apaise et me ramène à ma dimension réelle. En ville, ma taille me paraît magnifiée parce que tout est à échelle humaine et fait par et pour les hommes ; alors je vois tous les problèmes et je veux tout réparer. Au contraire, à Cloudwalk, quand je me promène dans la forêt ou dans les collines, je me sens toute petite et j'aime cela.

La nature n'est jamais immobile. Les choses grandissent, mûrissent, vieillissent, s'évanouissent et puis recommencent. Les arbres sont si beaux, même nus. J'aime toutes les saisons et je suis fascinée par le cycle éternel de la vie. La nature ne s'arrête jamais. Elle peut être cruelle, amener la sécheresse ou des inondations. Elle peut être terrifiante, lorsqu'elle donne naissance à des tornades et des ouragans. Elle peut être imprévisible. Il y a peu, en automne, nous avons eu une tempête de neige qui a abattu quantité d'arbres et nous a laissés sans électricité pendant des semaines. J'étais triste de perdre ces arbres, qui avaient été mes compagnons, mais je trouve bon d'être obligé de se rappeler à quel point nous sommes petits et vulnérables.

L'une de mes promenades préférées, à Cloudwalk, traverse une forêt de sapins et débouche sur une vaste prairie ensoleillée, puis mène au coteau sur lequel j'ai choisi d'être enterrée. Pendant des années, tous les samedis, je me promenais aux alentours de Cloudwalk en essayant d'imaginer où je voudrais être enterrée. Au début, je pensais que c'était à côté d'un magnifique bosquet de sapins blancs, une véritable cathédrale, mais l'année dernière la ferme voisine a été mise en vente. Pour que ses trente-cinq hectares ne soient pas transformés en lotissement, nous avons décidé de l'acheter. Mon premier choix m'a soudain paru être trop près de la maison, et nous avons donc élu ce nouveau site pour un jardin de méditation et notre future sépulture. J'ai demandé à mon ami l'architecte Louis Benech d'y réfléchir, et il a dessiné un beau projet, très simple, avec deux murs en demi-cercle sur la colline. Victor, qui, avec sa femme Lourdes, s'occupe merveilleusement de Cloudwalk depuis des années, a construit les deux murs avec des pierres locales. C'est un endroit magnifique, très calme. Mes visiteurs se moquent toujours de moi quand j'explique que c'est ma future sépulture, alors pour l'instant nous l'appelons un jardin de méditation.

J'aime profondément Cloudwalk et sa beauté. J'aime contempler le coucher du soleil de l'un des murs de pierre et admirer la vue somptueuse. Il me semble que je suis devenue cette vue, ce panorama de prairies, de forêts et de collines. C'est un privilège que d'avoir tant de beauté dans ma vie. J'ai travaillé dur pour le posséder, et je continue. J'éprouve de la satisfaction lorsque je pense qu'un jour, le plus lointain possible, cette terre parfaite sera un lieu de repos pour la femme que j'ai décidé de devenir voici cinquante-sept ans, au dixième anniversaire de mon amie Mireille.

Le monde de la mode

En dépit de l'immense succès de la robe portefeuille, il m'a fallu des années pour oser me considérer comme une créatrice de mode. Yves Saint Laurent et Mme Grès étaient des couturiers, des créateurs. Moi, je suis arrivée dans la mode presque par accident : mon véritable but était l'indépendance. Jamais je n'aurais imaginé que la petite robe toute simple que je lançai en 1974, une robe à la fois facile, sexy et abordable, me catapulterait dans l'histoire de la mode. Et pourtant, en 1978, cette robe s'était vendue à des millions d'exemplaires, et était rentrée dans les collections de l'Institut du costume du Metropolitan Museum of Art et dans celles de la Smithsonian. À l'âge de vingt-neuf ans, *Newsweek* me consacrait sa couverture : « The most marketable designer since Coco Chanel » (la créatrice la plus vendeuse depuis Coco Chanel).

Je dois tout à cette petite robe : mon indépendance, Cloudwalk, l'éducation de mes enfants, les voyages que nous avons faits, les dons aux causes qui me tiennent à cœur, la Bentley dans laquelle je roule, ma place dans l'histoire de la mode – tout vient de cette robe. Elle m'a appris tout ce que je sais sur la mode, sur les femmes, sur la vie et sur la confiance en soi.

La petite robe, lorsque je l'ai créée, ne m'impressionnait pas particulièrement, mais j'apprécie maintenant sa valeur et son caractère unique.

Quand je songe au passé, je ne peux pas m'empêcher de me demander : et si… ? Et si je n'avais jamais rencontré Egon ? Et si je n'étais pas tombée enceinte ? Et si je ne m'étais pas sentie obligée de subvenir à mes besoins après notre mariage ? Si je n'avais pas fait la connaissance d'Angelo Ferretti à Cortina, de Diana Vreeland à New York, d'Halston ou de Giorgio Sant'Angelo ? Et si ?

Je crois depuis longtemps que les « si » sont des portes vers l'avenir, et j'ai osé les ouvrir, l'une après l'autre, au fur et à mesure qu'elles se présentaient. Je savais quel genre de femme je voulais être, mais je ne savais pas par quel chemin je deviendrais cette femme. Ces portes que j'ai ouvertes m'ont menée sur le chemin de la mode, et ce chemin est devenu la voie vers la femme que je suis aujourd'hui.

4

Le Rêve américain

En 1968, Egon et moi avons quitté Genève, lui pour une formation à New York à la Chase Manhattan Bank, et moi pour Paris, à la recherche d'un travail. À vingt ans, nous étions trop jeunes pour envisager sérieusement l'avenir ensemble, alors chacun est parti à l'aventure de son côté. C'est à Paris que je devais découvrir un monde que je ne connaissais pas, le monde de la mode, qui allait me séduire pour toujours.

Tout commença presque par accident, grâce à ma meilleure amie à Paris, Florence Grinda, une jeune femme mondaine et espiègle, dont j'avais fait la connaissance à Genève et dont j'étais devenue proche à l'occasion d'une fête pirate chez Brigitte Bardot à la Madrague, à Saint-Tropez. Son playboy de mari, le champion de tennis Jean-Noël Grinda, avait disparu ce soir-là derrière les buissons avec un mannequin suédois. Découvrant Florence assise seule dans un coin à broyer du noir, je lui parlai et, pour la consoler, l'emmenai manger une glace sur le port. Depuis, nous étions devenues inséparables : de retour à Paris, je quittais tous les soirs mon petit studio de l'avenue

Georges-Mandel pour sortir avec Florence et son mari. Grâce à Florence, j'étais invitée à toutes sortes de fêtes. C'est d'ailleurs elle qui persuada des couturiers de me prêter des tenues, une pratique répandue qui m'était alors inconnue. Un tout nouveau monde s'ouvrait à moi, mais ce dont j'avais le plus besoin était de trouver un travail.

C'est à ce moment-là que je rencontrai le beau et mystérieux Albert Koski, qui était alors l'agent de tous les meilleurs photographes de mode de la planète : David Bailey, Bob Richardson, Art Kane et Jean-Louis Sieff, entre autres. Koski m'engagea sur-le-champ pour être son assistante : dans l'hôtel particulier de la rue Dufrénoy qui lui servait à la fois de bureau et de domicile, je répondais au téléphone et organisais les *press-books* des photographes destinés aux magazines et aux agences de publicité. La rue Dufrénoy était une ruche de talents bourdonnant de photographes et de mannequins, un *hot spot* de glamour, de beauté et de mode.

Je n'avais jamais rencontré de mannequins auparavant, et j'étais éblouie. Les plus célèbres étaient Jean Shrimpton et Verushka – probablement les plus belles de tous les temps – ; Twiggy et Penelope Tree, les plus étranges ; et bien sûr Marisa Berenson qui devait devenir, avec Florence, ma meilleure amie et, plus tard, la marraine de mon fils Alexandre. Les Italiennes étaient Isa Stoppi, Albertina Tiburzi, Marina Schiano et Elsa Peretti, qui deviendrait une créatrice de bijoux talentueuse pour Tiffany. Il y avait aussi des Américaines, Cheryl Tiegs et Wallis, ainsi que la merveilleuse et magique Lauren Hutton au charme intemporel. Je ne les rencontrai pas toutes, mais je manipulais leurs photos à longueur de journée. C'étaient les « filles » de Diana Vreeland. Rédactrice en chef du *Vogue* américain, elles les avaient « inventées ».

Beaucoup plus jeune et moins expérimentée que tous les gens qui fréquentaient le bureau, j'étais un peu intimidée, mais bien déterminée à ne pas le montrer. Nous étions en 1968. Tout le monde se sentait libre, affectait une attitude décontractée et même un léger ennui, bien que ce soit loin d'être le cas. Les gros bijoux fantaisie étaient à la mode, poussés par l'antiélitisme de la contre-culture, de même que les ceintures larges et les vêtements hippies – les soieries indiennes, les vestes brodées d'Afghanistan –, ainsi que les cheveux longs, la fourrure et les bijoux pour les deux sexes. Les postiches, les faux cils, les pantalons à patte d'éléphant et les chaussures à semelle compensée étaient les accessoires tendance : je les portais tous.

Mon travail pour Albert Koski m'apprit énormément, quoique je ne n'en aie pas été consciente à l'époque. Sans m'en rendre compte, j'assimilais toutes sortes d'informations, même si j'avais l'impression de ne pas tout comprendre. Dans les années à venir, je me référerais souvent à ce que j'avais appris rue Dufrénoy. C'est seulement avec le recul que l'on se rend compte combien les petites expériences s'additionnent pour former un tout. Ce que je savais déjà à ce stade, c'est que le monde de la mode était amusant, glamour, très cool, et qu'il me séduisait.

C'est aussi à cette époque que je pris conscience de l'industrie qu'est la mode, et de la longue chaîne de professions qui y sont liées : les usines textiles produisent les tissus ; les créateurs conçoivent les vêtements et des mannequins les portent ; les rédacteurs de mode sélectionnent les vêtements ; les photographes, les illustrateurs et les journalistes les reproduisent ; les magazines les font connaître. Cette longue chaîne d'inspiration, de talent, d'émotion et d'idées se termine avec les femmes qui achètent et aiment la mode.

Marisa Berenson était la *it girl* du moment. Elle était allée en Inde, avait rencontré le gourou Maharishi avec les Beatles et, couverte de turquoises et de corail, avait fait la couverture de *Vogue*. Elle était l'image même du glamour. J'avais rencontré Marisa par l'intermédiaire de Florence et nous étions immédiatement devenues amies. Nous avions à peine vingt ans, mais Marisa était déjà top-modèle. Grande, mince et très élégante, elle pouvait se transformer, tel un caméléon, en une multiplicité de créatures différentes. Je la voyais beaucoup. Le week-end, nous faisions des marathons de films, allant d'un cinéma à l'autre, pleurant devant Vanessa Redgrave dans le rôle de la ballerine Isadora Duncan, et riant devant la comédie de Stanley Donen, *Bedazzled.* Nous atterrissions tard le soir à la Coupole pour déguster des huîtres et voir des amis, avant de sortir en boîte.

Marisa vivait chez sa grand-mère, la grande couturière Elsa Schiaparelli. À l'époque, Schiap (comme tout le monde l'appelait) ne travaillait plus. C'était une vieille dame, souffrante, retirée dans son hôtel particulier de la rue de Berry. Bien que je puisse sentir sa présence terrifiante dans les couloirs, je ne devais jamais la rencontrer. Marisa, qui deviendrait actrice et tournerait avec Luchino Visconti dans *Mort à Venise*, ainsi qu'avec Stanley Kubrick dans *Barry Lyndon* et avec Lisa Minelli dans *Cabaret*, avait sa propre entrée par le jardin.

Je me souviens que nous étions chez Marisa lorsqu'elle reçut une invitation pour aller à un week-end de mode intitulé « Mare Moda », à Capri. Elle me proposa de l'accompagner. Quand je lui dis que je n'avais pas d'argent, elle plongea la main dans son sac et me donna plusieurs billets de 500 francs pour m'acheter mon billet. Je n'oublierai jamais sa générosité, ni ce week-end de glamour à Capri. Habillées avec excentricité, nous nous couchions tard, riions beaucoup et flirtions avec de jeunes playboys italiens. Marisa était top-modèle mais, à ma grande surprise, je ne me défendais pas mal non plus !

Ce week-end allait s'avérer décisif. C'est là que je tombai sur Angelo Ferretti, le flamboyant magnat de l'industrie du textile – que j'avais déjà rencontré chez Egon, à Cortina –, avec sa charmante épouse, Lena, et leur fils Mimmo, le meilleur ami du frère d'Egon. Ferretti et moi avions sympathisé à Cortina et nous fûmes heureux de nous retrouver à Capri. Lorsque je lui racontai mon travail à Paris, auprès de Koski, il m'invita à lui rendre visite à Côme, capitale italienne de la soie, et à visiter ses usines. C'était une offre aussi inattendue qu'intrigante : Ferretti était à l'autre bout de la chaîne de la mode, du côté de la manufacture.

Il avait une grande usine d'impression où il fabriquait notamment des foulards aux imprimés sophistiqués pour Ferragamo, Gucci et d'autres. Voulant s'agrandir, il avait également racheté une usine de fabrication de bas en soie qui venait de fermer à cause de la récente invention des collants en Nylon. Ne voulant pas jeter les machines, Ferretti s'ingénia à leur trouver un nouvel usage. Il invita les fabricants de fil, choisit des fibres plus épaisses et se mit à produire des jerseys de coton et de soie de très bonne qualité, avec lesquels il faisait des t-shirts. À notre époque, un t-shirt paraît la chose la plus banale du monde, mais dans les années 1960 c'était encore une nouveauté. Jusque-là, les t-shirts étaient des sous-vêtements, portés par les hommes et surtout par les marins. Mais les t-shirts de mode devinrent la nouvelle tendance à la fin des années 1960, lorsque Brigitte Bardot se mit à porter ceux que vendait la boutique Choses à Saint-Tropez. Ils étaient de toutes les couleurs, avec une ancre au milieu et « Saint-Tropez » imprimé autour.

L'invitation de Ferretti était tentante. Cet été 1968, je quittai donc Koski, Paris et ses grèves et acceptai l'offre de Ferretti.

Je me vois encore comme si c'était hier, assise derrière Ferretti à l'usine, où il crie après les coloristes parce que le jaune est trop vif et le rose trop pâle, ou après les ingénieurs, parce que le jersey est trop serré, ou trop lâche. Véhément et rarement satisfait de la qualité de ses imprimés et de ses jerseys. Quant à moi, je l'observe et j'enregistre.

Ferretti m'apprit tout sur le jersey. Il me montra comment évaluer la qualité et la densité des échantillons qu'on lui apportait, lors d'inspections qui étaient l'occasion des plus grandes séances d'engueulades. J'assistais à des réunions passionnées avec les ingénieurs textiles. Le jersey, comme je l'appris alors, peut être réalisé à partir de toutes sortes de fibres : la soie, la rayonne, le coton ou l'acrylique. « La magie est dans le mélange, comme en cuisine », me disait souvent Ferretti. C'était aussi un admirable cuisinier, dont la spécialité était le *bollito misto*, un genre de pot-au-feu.

Peu de temps après que j'eus commencé à le suivre, Ferretti acheta une nouvelle usine près de Florence, qui fabriquait des chemises de nuit moulantes de très belle qualité. La manufacture étant équipée d'excellentes machines, notamment de bonnes aiguilles très fines pour travailler le jersey, Ferretti la reconvertit dans la production de t-shirts. La reconversion provoqua des coups de gueule supplémentaires, mais j'y étais tellement habituée que je n'y prêtai guère attention. Ce à quoi je prêtai attention, en revanche, fut le développement d'une manufacture fantastique qui aurait bientôt un énorme impact sur ma vie.

Je passai près d'une année auprès de Ferretti, où j'appris énormément, même si j'étais souvent distraite. Le cœur lourd, je pensais à Egon. Je savais qu'il serait de retour dans sa famille pour les vacances d'hiver, et que c'était sa nouvelle girlfriend italienne, plutôt que moi, qu'il emmènerait à Cortina. En chemin, il devait passer par Paris et m'avait demandé d'organiser un dîner chez Maxim's avec nos amis de l'université de Genève. Bien que la soirée soit difficile pour moi, je fis en sorte de ne pas le montrer. Je déployai d'énormes efforts pour rester cool, détachée et drôle de façon à ce qu'Egon, placé en face de moi, ne sache pas à quel point mon cœur battait vite lorsqu'il me regardait. J'étais d'autant plus déprimée que j'étais allée consulter une voyante ce jour-là : elle m'avait prédit que je serais mariée d'ici un an et que je partirais loin. Quelles sottises, avais-je pensé. J'étais amoureuse d'Egon, et je savais qu'il était perdu pour moi.

Malgré ma peine, je refusai de me laisser aller. Il me fallait vivre ma vie, avec ou sans lui. Après avoir passé Noël avec mon père et mon frère au ski à Crans-sur-Sierre, j'allai donc rejoindre Marisa à Saint-Moritz pour le Nouvel An. À l'époque, et peut-être est-ce encore le cas, l'Hôtel Palace offrait un tarif spécial aux jeunes et jolies filles ; Marisa et moi nous amusions donc beaucoup, à skier, danser et rire jour et nuit. Après la Saint-Sylvestre, qui marquait mon vingt-deuxième anniversaire, quelle ne fut ma surprise d'avoir la visite d'Egon ! Sans sa girlfriend… Il ne fallut qu'une nuit pour ranimer notre amour, avec à la clef une invitation à rendre visite à Egon à New York. Ma mère m'offrit le plus beau cadeau d'anniversaire que j'aie reçu – un billet d'avion pour New York – et ce fut le début de mon voyage vers la petite robe portefeuille.

Je ne passai qu'un mois à New York, mais cela suffit à changer le cours de ma vie. J'adorais cette ville ! Les New-Yorkais étaient vivants, créatifs et ambitieux. Il n'y avait pas de frontières entre les gens ; tout le monde était jeune et faisait des choses intéressantes, sans les traditions et les distinctions de classe suffocantes que nous connaissions en Europe.

J'aurais voulu rester, mais il me fallait trouver un moyen de subvenir à mes besoins. Egon suggéra que j'essaie le mannequinat. Cela me parut être une possibilité lorsque le célèbre photographe Francesco Scavullo, que j'avais rencontré à une fête, me dit qu'il aimerait me photographier. Je me souviens de ma nervosité, dès le lendemain, alors que le maquilleur Way Bandy, très célèbre à l'époque, me mettait des rangées de faux cils et soulignait mes yeux d'eye-liner, tandis que le coiffeur François empilait trois postiches sur mon crâne. Je posai le buste nu, les seins cachés par les postiches de cheveux. Je fus stupéfaite du résultat : cette créature si séduisante, était-ce bien moi ? Sans la moindre hésitation, j'allai montrer les clichés à la grande dame des agences de mannequins, Wilhelmina, d'origine allemande : je m'attendais à ce qu'elle soit émerveillée et m'invite à rejoindre son écurie. Wilhelmina regarda brièvement les photos, tout en m'inspectant des pieds à la tête. Elle ne tarda pas à m'annoncer froidement que je ne serais jamais mannequin professionnel. Ainsi, j'en avais la confirmation : la beauté n'était pas ce que je devais poursuivre comme carrière.

La vie sociale bien remplie que je menai alors avec Egon, durant mon séjour à New York, s'avéra être une éducation précieuse en matière de mode. Parce que j'étais la petite amie d'un jeune et bel aristocrate très en vue, plusieurs jeunes créateurs new-yorkais m'offrirent de porter leurs vêtements. Je pus constater à quel point la mode américaine était différente de la mode européenne. En Angleterre, c'était l'époque de Carnaby Street, de Biba et d'Ossie Clark, influencée par l'Inde et le mouvement hippie. En France, la mode, plus sérieuse, était encore dominée par les grands couturiers, même si, en 1966, Yves Saint Laurent avait eu l'intelligence d'être le premier créateur à démocratiser la mode, avec la création de sa boutique Yves Saint Laurent Rive Gauche.

Aux États-Unis, la mode était différente du fait de sa large distribution par le canal de centaines de grands magasins établis dans tout le pays. Les firmes de la 7e Avenue dominaient le marché et les créateurs avaient longtemps été laissés dans l'anonymat. Cela avait toutefois commencé à changer dans les années 1960, avec la création du Council of Fashion Designers of America (CFDA). Ainsi, Bill Blass, Anne Klein, Geoffrey Beene et Oscar de la Renta commençaient à devenir célèbres. J'eus le coup de foudre pour la nouvelle génération de créateurs – Giorgio Sant'Angelo, Stephen Burrows, Halston – qui utilisaient des tissus souples, du jersey et des couleurs vives. Tout cela m'inspira et, lorsque je quittai New York pour retourner chez Ferretti, je me pris à considérer les ressources de Ferretti d'un œil neuf. Inspirée par l'usage innovant du jersey fait par Giorgio Sant'Angelo et Stephen Burrows, une idée commença de prendre forme dans ma tête. Je voulais essayer de fabriquer des robes avec les tissus imprimés de Ferretti. J'étais attirée par cette opportunité. Peut-être pourrais-je trouver une niche en offrant des robes sexy, faciles et dans de jolis imprimés colorés.

Je me mis à passer beaucoup de temps à l'usine près de Florence et devins amie avec Bruna, la modéliste. Ensemble, nous réalisâmes mes premières robes : une robe t-shirt, une robe chemisier, une robe longue et ample et une tunique longue avec pantalon. Les jours où j'étais à Côme, je passais des heures à rechercher des motifs dans les archives de Ferretti, et suppliais Rita, la responsable des imprimés, de m'imprimer des échantillons de tissu avec les motifs que j'avais choisis.

La famille Ferretti m'avait adoptée et je me sentais très à l'aise avec eux. Mimmo, le fils, était souvent là et m'aidait lui aussi. Nous avions beaucoup de plaisir à travailler ensemble. La campagne toscane était belle, et nous faisions de bons repas dans les villages environnants. Ferretti, très encourageant, m'avait permis de m'aménager un petit espace dans l'usine de confection. Même si je faisais attention, je sais que je dérangeais parfois. Je réalise maintenant que Ferretti avait certainement vu en moi un potentiel dont je n'étais pas encore consciente. Il m'avait également présentée à son tailleur à Milan, avec qui je commençai à draper des robes du soir sophistiquées, mais j'étais plus à mon aise avec Bruna et les petites robes en jersey.

Je ne sais quel aurait été mon avenir sans la générosité et le soutien de Ferretti. Je travaillais à l'usine quand je suis tombée enceinte et que ma vie a changé du tout au tout. Avec mon mariage précipité, mon rêve d'une carrière dans la mode s'est lui aussi accéléré. La seule personne qui pouvait m'aider à réaliser ce rêve était Ferretti.

« Voilà ce qui m'arrive, lui dis-je. Je suis enceinte, je vais me marier avec Egon et je déménage aux États-Unis. Pourrais-tu me laisser terminer la petite collection à laquelle j'ai commencé à travailler et me permettre d'essayer de la vendre à New York ? » Ferretti sourit et sa réponse dépassa tout ce que j'avais pu espérer : « Vas-y. Je crois en toi et je pense que tu auras du succès. »

J'assemblai donc des robes en jersey imprimé fabriquées avec Bruna, et quelques robes en velours que j'avais réalisées avec le tailleur milanais. Tous les vêtements avaient des formes fluides, sexy dans leur simplicité et faciles à transporter. Une centaine de robes rentrait dans une seule valise.

Egon et moi nous sommes mariés par une belle journée ensoleillée. J'avais vingt-deux ans. J'aime la photo de nous, riant sous une pluie de riz à la sortie de la mairie de Montfort-l'Amaury. Elle a été prise par la jeune photographe Berry Berenson, la sœur de Marisa, qui plus tard épouserait Anthony Perkins et mourrait tragiquement le 11 septembre 2001 à bord du premier avion qui s'est écrasé sur le World Trade Center. Cette photo exubérante me rappelle non seulement mon mariage et la ravissante Berry mais aussi, parmi les cinq cents invités, juste derrière nous, Ferretti. Sur cette photo d'une journée pleine de bonheur, je retrouve deux des hommes les plus importants de ma vie, même si à l'époque j'ignorais encore le rôle que Ferretti jouerait dans ma carrière.

Après une courte lune de miel passée à naviguer dans les fjords de Norvège, suivie d'un mois mémorable avec nos amis à Liscia di Vacca sur la Côte d'Émeraude en Sardaigne, j'allai chercher ma « petite collection » en Toscane.

Embarquant sur le navire italien *Raffaello*, je transportais tous mes espoirs : le bébé dans mon ventre, et la valise pleine de robes. Egon était parti par avion plusieurs semaines auparavant, mais j'avais insisté pour prendre le bateau. Je voulais avoir le temps de visualiser ma nouvelle vie, arriver lentement dans le port de New York et passer au large de la statue de la Liberté, comme tous les immigrants à la recherche du Rêve américain. Je ne pouvais pas imaginer à quelle vitesse ce rêve allait devenir réalité.

Lorsque des jeunes, impatients de commencer leur vie et leur carrière, me demandent conseil, je souris et leur réponds toujours : « La passion et la persévérance sont ce qui compte. Les rêves sont réalisables ; ce dont vous rêvez peut devenir réalité, mais il n'y a pas de miracle. Vous n'aurez rien sans travailler dur. »

Ce conseil est au cœur du parcours que je suivis avec les petites robes, en arrivant à New York. Le matin, Egon partait travailler chez Lazard Frères, tandis que, très enceinte et mes rêves bien en place, je quittais l'appartement avec une lourde valise pleine de robes, pour faire la tournée des grands magasins et des centrales d'achats. Les gens que je rencontrais étaient amusés et intrigués par la présentation peu orthodoxe de petites robes en jersey qu'une jeune princesse européenne sortait d'une valise Vuitton mais, pour autant, cela n'aboutissait à rien. Je persévérai cependant, surtout après la naissance d'Alexandre.

La porte qui finit par s'ouvrir deux mois plus tard, en mars 1970, était la plus critique de New York : c'était celle de Diana Vreeland, la très intimidante et très puissante rédactrice en chef de *Vogue*, à la réputation de dragon. Quand j'y repense, je n'en reviens pas d'avoir eu l'audace de pénétrer dans ce temple de la mode pour lui montrer des petites robes aussi simples. Bien sûr, j'avais l'avantage de mon statut social, mais c'est ma confiance juvénile qui m'aida à pousser cette porte. Diana Vreeland ? Pourquoi pas ? Et ce fut le commencement.

Ce fut Diana Vreeland qui, la première, comprit et apprécia le caractère unique du jersey et la coupe à la fois facile et seyante des robes. Sur cintre, elles ne donnaient pas grand-chose, mais sur les deux mannequins de la maison, Pat Cleveland et Loulou de la Falaise – qui allaient devenir mes amies –, ces robes étaient singulièrement sexy et féminines. « Comme c'est astucieux, comme c'est moderne ! » me félicita Mme Vreeland, qui termina notre bref entretien par un élogieux « Magnifique, magnifique, magnifique ». Toujours munie de ma valise, je me retrouvai de l'autre côté de cette première porte. Encore fallait-il ouvrir la suivante !

C'est ce que je fis avec l'aide de Kezia Keeble, l'une des jeunes et ravissantes rédactrices mode de Diana Vreeland. Je n'avais aucune idée de ce que je devrais faire ensuite. Tout en repliant mes robes et en les remettant dans ma valise à l'extérieur du bureau de

Mme Vreeland, je demandai conseil à Kezia. « Louez donc une chambre à l'Hôtel Gotham, sur la 5e Avenue, pendant la Fashion Week, me conseilla-t-elle. C'est là que les créateurs californiens s'installent pour montrer leurs collections. Il y aura des acheteurs. Inscrivez-vous au calendrier de la Fashion Week, et faites passer une annonce dans le *Women's Wear Daily.* » Je n'hésitai pas un instant. « Pourrais-je téléphoner ? » demandai-je à Kezia, et je passai mes coups de fil de son bureau.

Je m'installai donc dans une chambre à l'Hôtel Gotham et attendis mes premiers acheteurs. Auparavant, j'avais donné quelques entretiens, mais les articles insistaient beaucoup plus sur le fait que j'étais princesse et mondaine que sur les vêtements, ce qui, au départ, me parut frustrant. Toutefois, cette publicité eut l'avantage d'aiguiser la curiosité : après la publication des premiers articles dans *Women's Wear Daily*, le *New York Post* et le *New York Times*, j'eus davantage de visiteurs.

Ma toute première commande fut passée par une petite boutique du New Jersey. Quelle joie ce fut de remplir le tout premier bon de commande, sur un carnet fraîchement imprimé à mon nom ! Mais c'est lorsque mes robes apparurent dans *Vogue* que les ventes commencèrent à s'envoler. Je me souviens de commandes importantes d'un grand magasin appelé Hutzler's à Baltimore, et de Giorgio's, une boutique branchée à Beverly Hills. Puis ce fut Bloomingdale's, un des très grands magasins de New York. Leur équipe de cinq personnes remplissait la pièce, et discutait vitrines et publicité. J'étais débordée ! Mon anglais était encore un peu hésitant et, surtout, je ne comprenais rien au jargon de la mode.

Ces premières années furent difficiles, pour toutes sortes de raisons. D'un côté, traiter avec Ferretti n'était pas toujours aisé. Mes premières commandes, juste quelques douzaines de robes, ne correspondaient pas à ses attentes. « J'ai une usine, me répétait-il, pas un petit atelier. » Lorsque j'allais en Italie, une fois par mois, je devais quémander son attention. Il criait. Je pleurais. Lorsque mes commandes étaient livrées, les robes ne correspondaient pas toujours à ce que j'avais commandé : la couleur, la taille ou même le modèle n'étaient pas les bons. Fort heureusement, tout ce que j'envoyais à mes acheteurs se vendait tout de suite. C'est ce qui m'encouragea à persévérer.

J'étais seule, sans expérience, et les défis étaient énormes. Je me souviens d'avoir passé des heures dans l'entrepôt glacial d'Air India à l'aéroport Kennedy, assise par terre, à trier la cargaison fraîchement arrivée d'Italie, à barrer toutes les étiquettes rédigées en italien et à les réécrire en anglais. Je me vois encore, pleurant de froid et de fatigue. Bien sûr, avec le temps, c'est devenu un bon souvenir, ainsi que la façon dont je stockais les robes dans notre salle à manger et expédiais toutes les commandes moi-même, tout en m'occupant de la facturation.

Mon tout premier imprimé fut un motif géométrique de chaînons, réalisé en noir et blanc sur une robe chemisier, celle que je portais, assise sur un cube, pour ma première publicité dans *Women's Wear Daily*. C'était en 1970. En 2009, Michelle Obama, alors toute nouvelle première dame, porterait ce même imprimé sur la photo qui servit de carte de vœux officielle à la Maison-Blanche. Je venais de ressortir ce motif, légèrement agrandi, sur une robe portefeuille. Quelle bonne surprise ce fut ! Presque quarante ans après, le motif à chaînons était encore « dans le coup », ce qui en faisait un classique, un imprimé qui résisterait au temps. En 1970, toutefois, le temps était une notion différente pour moi. Il était ce dont je manquais : durant mes deux premières années en affaires, j'eus aussi deux bébés ! Dire que j'étais « occupée » serait un euphémisme.

La charge de travail devint vite trop lourde pour moi seule. Ne pouvant continuer à travailler chez moi, je louai sur la 55e rue un minuscule local commercial de deux pièces, qui faisait tout à la fois office de showroom, d'entrepôt et de bureau. Olivier, mon meilleur ami de Genève, qui était alors photographe, vint m'aider à traiter avec les acheteurs. J'essayai de convaincre les grandes maisons de la 7e Avenue de distribuer mes robes, mais elles refusèrent l'une après l'autre, en m'expliquant que mes petites robes « ne se vendraient jamais en volume suffisant », refrain constant. Cette porte demeurait donc fermée mais une autre, plus intéressante, s'ouvrit lorsque je rencontrai Johnny Pomerantz, le fils, fort sympathique, d'un des hommes d'affaires de la 7e Avenue. Il m'expliqua que j'avais juste besoin d'un showroom sur l'avenue et d'un bon vendeur.

J'avais vingt-cinq ans, je montais une affaire seule en pays étranger et je n'avais aucune expérience dans la vente. « Je ne connais pas de vendeur », expliquai-je à Johnny. Il me dit de lui téléphoner quelques jours plus tard. Et c'est ainsi que Dick Conrad, un vendeur de trente-neuf ans avec des années d'expérience, qui cherchait justement une nouvelle affaire à diriger, entra dans ma vie. Il prit un risque et me proposa de travailler avec moi pour 300 dollars par semaine et 25 % de ma société. Nous fîmes affaire : je pouvais payer son salaire hebdomadaire et, à l'époque, 25 % de ma société valait… zéro. Je mis 750 dollars dans notre nouvelle société, Dick y investit 250 dollars et nous signâmes un bail pour un showroom sur la 7e Avenue. Nous avions désormais pignon sur rue !

Je fis fabriquer plusieurs chemises d'homme en jersey pour Dick, de façon qu'il comprenne par lui-même le caractère unique du tissu. Ce fut convaincant. Dick connaissait la crème des acheteurs des meilleurs magasins spécialisés et grands magasins dans tout le pays. Il les appela tous. Fin 1972, nous faisions 1,2 million de dollars de chiffre d'affaires.

Bien que Ferretti restât difficile, il eut la générosité de nous accorder des facilités de paiement, sous la forme d'un crédit de 120 jours sur nos factures : cela nous donnait le temps d'expédier nos robes et d'être payés avant de devoir régler notre fournisseur. Quelque temps avant d'être arrivés à cet accord, nous avions des problèmes de trésorerie tels que je dus gager une bague, offerte par Egon et mon père à la naissance de

Tatiana. (Je la rachèterais un mois plus tard avec un intérêt faramineux.)

D'abord, il y eut la robe t-shirt, toute simple, parfaite ; puis ma préférée, la robe chemisier ; et une robe ample, longue ou courte, qui eut beaucoup de succès. Puis ce fut un haut en forme de cache-cœur, assez semblable à ce que portent les danseuses pour les répétitions, avec une jupe assortie. Ce petit ensemble se vendit immédiatement. Mais l'idée décisive me vint un jour que je regardais Julie Nixon Eisenhower, la fille de Nixon, défendre son père à la télévision en plein scandale Watergate. Elle portait le cache-cœur et la jupe assortie. « Mais pourquoi ne pas combiner les deux en une robe ? » me dis-je. Le concept de la robe portefeuille était né.

Au départ, elle ne fut pas facile à mettre au point. Je voulais conserver la ceinture large du petit haut pour affiner la taille ; une coupe en biais pour la jupe ; un décolleté assez grand pour être sexy mais qui reste décent ; enfin je voulais un col et des poignets qui aient du caractère, comme dans le haut d'origine. À l'usine de Florence, Bruna et moi passâmes bien des heures debout autour de la table de travail à jouer avec des patrons en papier et à essayer de mettre le puzzle en place. Sue Feinberg, une créatrice américaine formée en Italie, travaillait aussi avec nous. Je l'avais engagée pour surveiller la production à l'usine Ferretti. Elle et moi passions la moitié de notre temps à demi-nues, à enfiler les robes qui étaient mises au point sur la table, jusqu'à ce que la coupe soit parfaite.

T/72 : tel était le numéro assigné à la première robe portefeuille Diane von Furstenberg qui fut produite en 1974. Quarante ans après, cette robe est toujours là. Les robes portefeuille existaient déjà, bien entendu. La forme portefeuille est un classique : une robe qui se ferme sans bouton ni fermeture à glissière, comme un kimono. Mais cette robe portefeuille-là était différente, parce qu'elle était en jersey. Le tissu, qui moulait le corps de la manière la plus seyante, était doux et confortable, et en même temps suffisamment élastique pour coller au corps comme une seconde peau.

La robe portefeuille fit ses débuts en 1974 lors d'un défilé qu'Egon et moi, déjà séparés à l'époque, organisions ensemble à l'Hôtel Pierre. (Egon avait quitté la banque pour se lancer dans l'habillement masculin, et il montrait des chemises pour homme qu'il avait créées dans des tissus Ferretti.) Pour la robe portefeuille, j'avais choisi deux imprimés animaliers : un imprimé serpent et un imprimé léopard. Je voulais que les femmes se sentent sexy, souples et félines dans la robe. Visiblement, ce fut le cas ! Les robes portefeuille et leurs imprimés animaliers bondirent et ce fut une véritable ruée. On les vit bientôt dans les rues des villes de toute l'Amérique. Grâce à la petite robe portefeuille, mon chiffre d'affaires fut multiplié par sept.

Ferretti était enchanté, bien entendu. Fin 1975, la production atteignait plus de quinze mille robes par semaine. Son usine de Florence produisait exclusivement pour nous et tournait à plein régime. Ferretti avait cru en moi, et j'avais dépassé ses attentes. En cinq ans, j'allais lui passer pour plus de 35 millions de dollars de commandes.

Tout cela sans *business plan*, sans étude de marché, sans groupes de discussion, sans publiciste, sans agence de publicité. En revanche, j'avais des atouts : une très bonne idée ; un industriel talentueux et passionné par son produit ; et un vendeur ambitieux qui croyait en moi et qui m'envoyait dans tout le pays à la rencontre des consommatrices. Les grands magasins étaient enchantés de promouvoir la venue d'une « vraie » princesse, en chair et en os, qui créait des robes faciles à porter, sexy et à un prix accessible. Je n'hésitais pas à rejoindre les clientes dans les cabines d'essayage pour les aider à nouer leur robe portefeuille et à se sentir confiantes et bien dans leur corps.

Mais cela allait plus loin encore. À force de voir des femmes devenir plus belles et plus confiantes grâce à ces nouvelles robes, je me transformais moi aussi et me sentais moi-même de plus en plus confiante et donc de plus en plus belle. Je projetais ce que je vendais : l'aisance et la confiance en soi. Mes robes, ce qu'elles représentaient et moi ne faisions qu'un. Je ne le savais pas, mais j'étais devenue une marque.

Le rythme de croissance était étourdissant. Soudain, je me retrouvais avec près de cent employés, en comptant le personnel de l'entrepôt que j'avais dû louer sur la 10ᵉ Avenue pour entreposer les millions de robes qui arrivaient d'Italie. La petite robe portefeuille était partie à la conquête du monde, et je courais derrière elle aussi vite que possible. Des opportunités se présentaient de tous côtés et, comme j'étais jeune, inexpérimentée et mal outillée pour les évaluer, j'avais peu de discernement.

Lorsque divers entrepreneurs commencèrent à m'approcher dès 1973 pour que je leur concède une « licence » et leur permette d'apposer mon nom sur leurs produits, je ne savais même pas ce que ce terme voulait dire. Mes interlocuteurs étaient de toute sorte : une simple affaire de famille qui vendait des foulards ; un vétéran de la 7e Avenue qui voulait commercialiser des chemises en tissu Ferretti ; une petite entreprise de bagages qui souhaitait mettre mon nom sur une nouvelle ligne de cabas ; un entrepreneur qui, avec flair, projetait de fabriquer des lunettes. Je signai un contrat après l'autre, jusqu'à ce que mon nom apparaisse sur dix-sept catégories de produits. Fin 1976, les licences représentaient plus de cent millions de chiffre d'affaires. J'avais vingt-neuf ans.

Tout ce que je touchais paraissait se transformer en or, y compris une ligne de maquillage que je lançai avec une amie, simplement parce que j'aimais me maquiller. L'idée me vint un jour que j'avais perdu tout mon maquillage lors d'un voyage ; voulant le remplacer en urgence, je m'aperçus que le maquillage vendu dans les grands magasins faisait et sentait vieillot. Les produits étaient trop sérieux, pas du tout ludiques ni adaptés à la nouvelle mode, plus décontractée. « Si j'habille les femmes avec un tel succès, me dis-je, pourquoi ne pourrais-je pas créer des produits de maquillage colorés avec lesquels elles puissent s'amuser et être encore plus belles ? »

Les produits de maquillage que j'utilisais moi-même à cette époque, destinés essentiellement aux comédies musicales de Broadway, étaient vendus dans une boutique spécialisée nommée Make-Up-Center, tout près de mon premier bureau. Les petits pots de couleur – rouge, lavande, turquoise et violet – étaient irrésistibles et j'avais l'habitude d'acheter toutes les couleurs de la gamme. J'adorais m'asseoir sur le rebord du grand lavabo carré de ma salle de bains, les pieds dans la cuvette, pour être plus près du miroir et jouer avec mon visage. Mon visage se prêtait alors au maquillage : des paupières larges et bombées et des pommettes marquées. J'aimais également maquiller les autres et j'étais devenue très habile.

L'idée de transformer cette passion en une affaire se cristallisa de façon inattendue. Je me trouvais à Los Angeles, à l'Hôtel Beverly Wilshire. À l'époque, je flirtais un peu avec l'acteur Ryan O'Neal. Un soir, venu me chercher dans ma chambre avant de sortir dîner, il me taquina sur la quantité de maquillage que j'avais dans ma salle de bains. « Pourquoi as-tu besoin de tout cela ? » demanda-t-il. Il avait beau être un acteur connu, une star, et moi une jeune femme sous le charme de ladite star, je ne pouvais pas laisser passer un commentaire aussi condescendant. « Je n'en ai pas besoin, mais j'aime ça », commençai-je par répondre. Comme il continuait ses réflexions sur un ton arrogant, j'eus un sursaut de vanité et lançai : « C'est parce que je pense acheter la société. » Je bluffais, bien sûr, mais à cet instant précis je pris la décision de créer ma propre ligne de maquillage et de me lancer dans les produits de beauté.

C'était une gageure, bien sûr. Même si j'aimais les cosmétiques, je ne connaissais rien au business. Pas plus que mon amie Sylvie Chantecaille, qui venait d'arriver de Paris avec son mari, Olivier, et son bébé, Olivia, et qui cherchait quelque chose à faire. (Sylvie a maintenant sa propre marque de maquillage, avec Olivia, le bébé aujourd'hui adulte qui, je me souviens, a appris à marcher au milieu des pots de crème et de couleurs.) Sylvie et moi décidâmes d'apprendre comment faire en visitant des laboratoires et en parlant avec des responsables de produit expérimentés. La plupart nous conseillèrent de créer un parfum, en affirmant : « C'est ce qui rapporte le plus. »

Je n'avais aucune expérience en matière de parfum, alors j'engageai un professionnel, Bob Loeb, un consultant spécialisé dans le secteur de la beauté. Tous trois, nous avons développé mon premier parfum, un jus charmant, léger, baptisé Tatiana en l'honneur de ma fille, alors âgée de quatre ans. Tatiana était un délicieux bouquet de fleurs blanches : gardénia, chèvrefeuille et jasmin. Pour le lancer, nous avions diffusé des milliers d'échantillons gratuits en les attachant à l'étiquette volante des robes que j'expédiais dans tout le pays. Le parfum Tatiana devint non seulement très populaire dès son lancement en 1975, mais il inspira toute une génération de parfums floraux, comme Charlie de Revlon.

Au milieu de tout cela, alors que j'étais occupée à mettre au point mon parfum et à développer une ligne de produits cosmétiques, je commençai à faire des recherches et à rédiger mon premier livre : *Diane von*

Furstenberg's Book of Beauty : How to Become a More Attractive, Confident and Sensual Woman (*Le Livre de la beauté : Comment devenir plus belle, plus confiante et plus sensuelle*). C'était assez audacieux de ma part, de penser que je pouvais dispenser ce genre de conseils, à l'âge de vingt-huit ans ; mais où que j'aille, les gens voulaient savoir comment je vivais, ce que je mangeais, ce que je faisais comme sport, ce que j'utilisais comme produits de beauté. Ils voulaient connaître mes secrets, et je décidai donc d'écrire le livre. Je ne pensais pas vraiment avoir de secret, mais toutes ces questions m'avaient fait réfléchir sur la beauté.

J'avais d'ailleurs un autre but. Je voulais m'informer et apprendre le maximum sur le business de la beauté. En faisant des recherches pour le livre, j'interrogeai de nombreux experts sur la nutrition, le soin des cheveux, le nettoyage de la peau, le sport, les cosmétiques – tout ce qui avait à voir avec la beauté. Evelyn Portrait, la charmante épouse de Bob Loeb, m'aida et le livre eut du succès lorsqu'il parut en 1976.

Fin 1975, la ligne de cosmétiques fut officiellement lancée, dans un petit salon que j'avais ouvert sur Madison Avenue. Je voulais que les femmes s'amusent autant que moi à jouer avec leur maquillage, alors j'installai quatre petits bars et quatre tabourets pour que les clientes puissent essayer les testeurs. La boutique était ma version personnelle du Make-Up-Center, et je l'adorais. Elle eut beaucoup de succès : les femmes rentraient, ne sachant pas comment se maquiller, et ressortaient avec toutes sortes de produits et un mode d'emploi personnalisé grâce aux conseils de

Nicholas, notre maquilleur professionnel. Dans les années 1970, les femmes se maquillaient beaucoup : notre timing était le bon.

J'étais enchantée de ma petite affaire de maquillage. Sylvie et moi avions commencé avec un budget modeste ; nous utilisions des emballages standards et nous nous étions installées dans mon appartement pour travailler. J'éprouvais de la réticence à développer l'affaire au-delà de la boutique de Madison Avenue. Mais ce fut le légendaire Marvin Traub, le président de Bloomingdale's, qui me convainquit d'ouvrir un stand dans son grand magasin et de passer à l'échelle nationale. J'étais pourtant déjà très occupée, entre les robes et les licences, et le contrat avec Bloomingdale's voudrait dire plus de vendeurs, plus de publicité et plus de mon temps, alors que j'en manquais déjà. Mais l'idée de rejoindre les rangs de pionnières telles Helena Rubinstein, Elizabeth Arden et Estée Lauder me faisait rêver ; je me décidai donc. Ce fut un succès !

Avec Gigi Williams, une très jeune maquilleuse, je me lançai dans un *road show*, une tournée pour promouvoir tout à la fois les robes, les cosmétiques et le livre. Mignonne et branchée, excellente compagne de voyage, Gigi était une véritable *downtown girl* venue des quartiers branchés de Manhattan. Elle avait des piercings – ce n'était pas commun à l'époque – et était mariée avec l'artiste Ronnie Cutrone, premier assistant d'Andy Warhol. Gigi et moi nous sentions comme des stars du rock en tournée, à donner des interviews aux radios locales, et à nous rendre dans tous ces magasins où de longues files de femmes attendaient patiemment que nous les aidions à se maquiller. Nous aimions beaucoup ces séances de *relooking* et adorions aider les femmes à se sentir plus en confiance grâce à un peu d'ombre à paupière, de blush sur les pommettes et, surtout, un mot d'encouragement, sans oublier quelques gouttes de mon parfum, Tatiana.

De plus en plus, je réalisais à la faveur de ces conversations le nombre de femmes qui étaient complexées. Écouter ces femmes et leur parler de mes propres complexes nous permettait à toutes de nous sentir plus fortes. C'était un dialogue authentique : chacune donnait et recevait à parts égales. Plus je me sentais devenir forte, plus je souhaitais que les autres le deviennent aussi. Je comprends maintenant que c'est à cette époque-là, alors que je me sentais plus forte, que mon désir de promouvoir les femmes prit naissance, un désir qui perdure et croît aujourd'hui encore.

À cette époque, toutefois, mon objectif principal était d'être libre et indépendante. J'étais tout le temps en déplacement. J'adorais être cette femme perchée sur ses talons, entrant et sortant comme une tornade, prenant l'avion comme d'autres le bus ; cette femme pragmatique, dynamique et sexy. J'adorais l'idée d'être une jeune femme d'affaires qui souriait à son ombre et se faisait des clins d'œil dans le miroir. J'adorais avoir une vie d'homme dans un corps de femme. En un sens, j'étais devenue la femme que je voulais être et c'est à ce moment-là, à vingt-huit ans, que j'ai rencontré Barry et que nous sommes tombés amoureux. Lui aussi était un jeune magnat, un *tycoon* d'à peine trente-trois ans. Nous vivions tous les deux le Rêve américain, ensemble et séparément.

Ma robe portefeuille était devenue la robe à la mode : une véritable célébrité. Quant à moi, j'étais identifiée avec tous mes produits et j'étais leur ambassadrice, le tout en un rien de temps. J'avais réussi au-delà de mes rêves les plus fous.

Même le très conservateur *Wall Street Journal* s'en aperçut : le 28 janvier 1976, mon « empire de la mode » eut les honneurs d'un long article en première page. Je débordais de fierté ce jour-là, en prenant le premier vol pour Cleveland, très tôt le matin (comme mes enfants étaient très jeunes, je faisais mon possible pour passer la nuit à la maison, et voyageais de préférence tôt le matin). Il n'y avait aucune autre femme dans l'avion. Une pile de journaux et de magazines sur les genoux, j'étais assise à côté d'un homme d'affaires. Le *Wall Street Journal* était sur le dessus de la pile. Après avoir passé quelques minutes à me dévisager, à regarder mes jambes et à se racler la gorge en se demandant comment engager la conversation, mon voisin demanda : « Qu'est-ce qui prend à une jolie fille comme vous de lire le *Wall Street Journal* ? »

Je le regardai, mais ne dis rien. J'aurais pu lui montrer l'article en couverture, mais cela me parut trop facile. À ce jour, le fait que je m'en sois abstenue reste un de mes plus grands moments de satisfaction. J'ai su garder mon triomphe pour moi-même. Mais depuis j'ai raconté l'anecdote si souvent que j'ai plus qu'exploité la misogynie de ce pauvre type.

Par nature, l'exposition médiatique attire les médias : deux mois plus tard, j'étais en couverture de *Newsweek*. C'était un vrai coup pour l'époque, avant CNN et l'Internet. La couverture devait initialement être consacrée au président Gerald Ford, car il venait de remporter la primaire républicaine – sa première campagne depuis qu'il avait remplacé Nixon à la Maison-Blanche –, mais la rédaction dut penser que ma photo serait plus vendeuse et décida de me mettre en couverture. Lorsque l'appel de *Newsweek* me parvint en urgence, je n'eus que le temps d'attraper sur un portant une de mes robes chemises préférées, en jersey vert et blanc, et de courir me faire photographier par Francesco Scavullo : il était à son studio et me fit passer au beau milieu d'une séance photo pour la couverture de *Cosmopolitan*.

La couverture de *Newsweek* mit fin à ce qui me restait d'anonymat, ce que je trouvai tout d'abord intimidant. Juste avant que le numéro en question ne soit publié, j'avais été invitée à la Maison-Blanche par Luis Estevez, le créateur californien qui habillait Betty Ford. C'était ma première visite à la Maison-Blanche : imaginez ma stupéfaction lorsque je me retrouvai assise à la table du président, à plaisanter avec lui sur le fait que *Newsweek* m'avait choisie, plutôt que lui, pour faire la couverture ! Tout cela me paraissait incroyable, surtout lorsque Henry Kissinger se présenta, comme si je ne l'avais pas reconnu. Par la suite, nous deviendrions amis et nous dînerions souvent ensemble, après que lui et sa femme Nancy eurent acheté une maison dans le Connecticut.

La couverture de *Newsweek* déclencha un tsunami. Grâce à cet article, les ventes de robes grimpèrent en flèche et davantage de boutiques se battirent pour avoir les robes. L'article m'apporta également un nouveau secteur très rentable : la décoration.

La jeunesse s'accompagne souvent d'une bonne dose d'audace et d'énergie. Les gens plus âgés trouvent souvent cela agaçant, et sont surpris lorsque l'audace est récompensée. Ce fut le cas pour moi et Sears, Roebuck. Peu de temps après avoir fait la couverture de *Newsweek*, j'avais été approchée par un fabricant qui voulait apposer mon nom sur les couvre-lits qu'il produisait pour Sears. Couvre-lits ? me dis-je. Pourquoi se contenter de couvre-lits ? À l'époque, Sears était une société très puissante, avec un large réseau de magasins et un énorme catalogue qui trônait dans toutes les cuisines américaines. Leur présence publicitaire était impressionnante ; dans les revues, ils prenaient souvent huit à dix pages de publicité, consacrées à la maison tout entière. Pourquoi ne pas offrir aux clients de Sears le choix de produits de décoration plus intéressants ? Et pourquoi pas les miens ?

Je rassemblai quelques dessins et pris l'avion pour Chicago, afin d'y rencontrer Charles Moran, le très puissant patron de la division « produits pour la maison » de Sears, qui représentait un chiffre d'affaires annuel d'un milliard de dollars. Par la suite, ma mère me rappellerait souvent ce matin-là, où je quittai l'appartement à six heures du matin, munie d'un énorme dossier contenant ma présentation. Même elle, je crois, fut impressionnée par mon énergie et mon dynamisme.

Je me vois encore dans cette salle du conseil d'administration, avec un aréopage d'hommes blancs, la cinquantaine et originaires de la région du Midwest. Ils dévisageaient cette étrange créature venue de New York, avec sa masse de cheveux bouclés, son accent étranger et sa robe moulante, qui essayait de se vendre, en prétendant concevoir des produits de décoration pour l'Amérique moyenne. Je ne peux qu'imaginer leur réaction lorsque, en réponse à la question de Moran sur ma rémunération, je répondis que je ne descendrais pas au-dessous de 500 000 dollars. C'était une somme sans précédent, mais j'étais jeune et pleine d'audace. Les semaines passèrent et je me mis à penser que j'étais allée trop loin, mais enfin je reçus un coup de téléphone : ils avaient accepté ma proposition. Ce que je ne savais pas, en signant avec Sears, c'est que j'avais brisé un tabou. Si vous vendiez à des magasins chics comme Neiman Marcus et Saks Fifth Avenue, vous n'étiez pas censée vendre à un magasin grand public comme Sears. Toutefois, mes robes avaient un tel succès dans les grands magasins qu'on me laissa faire.

Pour la troisième fois, j'installai un studio dans mon appartement, et j'engageai Marita, une jeune femme qui avait beaucoup de goût, pour m'aider dans la conception de ce qui deviendrait un label privé pour Sears, la collection « Diane von Furstenberg Style for Living ». Après avoir commencé avec le linge de maison, la collection allait s'étendre rapidement, avec des rideaux, l'art de la table, des tapis et même du mobilier. La conception et le design de tous ces produits dans différents coloris coordonnés, et leur présentation aux différents acheteurs de Sears, représentaient un énorme travail. Assez rapidement, j'engageai un couple de designers expérimentés, Peter et Christine d'Ascoli, pour la collection Sears. Cela en valait la peine. Au bout des sept ans que dura ma collaboration avec Sears, le chiffre d'affaires annuel de la collection avait atteint 100 millions de dollars.

Rien d'étonnant à ce que je voie cette phase de ma carrière comme « Le Rêve américain ». Moi-même, en écrivant ces pages, j'ai du mal à croire tout ce que j'accomplis alors, en si peu de temps. En moins de cinq ans, la petite Européenne déterminée à être indépendante avait connu un succès sans commune mesure avec son rêve initial. Je n'avais que vingt-sept ans lorsque j'achetai Cloudwalk, vingt-neuf lorsque je fis la couverture de *Newsweek*, et trente lorsque je m'offris un immense appartement sur la 5e Avenue comme cadeau d'anniversaire.

Le succès, bien entendu, avait un prix. J'avais toujours l'impression de devoir courir de plus en plus vite pour suivre le rythme de mes affaires, ce qui était une cause majeure d'anxiété. Anxiété qui s'avéra justifiée lorsque le Rêve américain tourna au cauchemar.

Je l'avais vu venir, ce cauchemar, mais mon associé ne m'avait pas écoutée. Pas plus que mon conseiller juridique, mon comptable, ou même Ferretti. Si je l'avais vu venir, c'est parce que j'étais « sur la route », que j'allais dans les magasins et que je voyais les portants couverts de robes en jersey imprimés dans tel grand magasin, mais aussi chez le concurrent juste en face. Je le voyais, mais pas mes interlocuteurs, qui s'étaient contentés de regarder l'avalanche de commandes ayant succédé à l'article de *Newsweek*. Ils décidèrent donc d'augmenter la production de robes portefeuille à l'usine Ferretti : des robes portefeuille à foison ; bleu et blanc ; rouge et blanc ; vert et blanc ! Les femmes, partout dans le pays, en avaient déjà toutes au moins deux, parfois cinq ou dix dans leur penderie : le résultat, c'est que le marché s'effondra.

Je me souviens encore de ce dimanche de janvier 1978 où tous les grands magasins de la ville prirent une pleine page de publicité dans le *New York Times* pour annoncer que la robe portefeuille était en solde. J'avais tellement l'habitude de voir la robe en publicité que, sur le coup, je ne m'en alarmai pas particulièrement. Ce n'est que le lendemain, un lundi enneigé, que je réalisai l'impact négatif de cette publicité : un article dans le *Women's Wear Daily* annonçait que le marché pour mes petites robes était « saturé », et que les soldes marquaient « la fin d'une tendance ». Du jour au lendemain, les commandes s'effondrèrent dans tout le pays. J'étais dans un état proche de la panique. Les commandes étaient au plus bas et j'avais des stocks d'une valeur de quatre millions. Que faire ? La seule réponse me parut d'arrêter la production – vingt-cinq mille nouvelles robes portefeuille par semaine – en Italie. Ferretti était furieux, mais je n'avais pas le choix. Ma société était au bord de la faillite. J'étais sous le choc.

À l'époque, je pensais déjà – et j'en suis maintenant certaine – que tout cela était de notre faute. Nous nous étions conduits comme des bleus sur un cheval emballé. Mon instinct – diversifier l'offre et offrir de nouveaux produits – n'avait pas été suivi ; quand j'avais rapporté ce que je voyais – des surplus de robes –, on ne m'avait pas écoutée. La petite robe était partout. Je voulais construire une collection, une garde-robe, mais mes associés ne voulaient pas croire que la demande puisse chuter. J'aurais dû faire preuve de plus d'autorité et diminuer les commandes en Italie après l'article de *Newsweek*.

Je me séparai de Dick Conrad, en déboursant un million de dollars pour sa part de vingt-cinq pour cent dans la société. J'engageai un nouveau président, et remplaçai le juriste et le comptable qui m'avaient mal conseillée. J'étais maintenant présidente du conseil d'administration, unique actionnaire et créatrice de Diane von Furstenberg, Ltd. C'est donc moi qui reçus la lettre de Roy Cohn, l'avocat le plus redoutable des États-Unis, ex-bras droit du sénateur Joseph McCarthy. Ferretti l'avait chargé de me poursuivre. Mon cœur faillit s'arrêter, mais je sus dissimuler ma peur. J'appelai Roy Cohn et bluffai à grands cris : « Avec tout ce que je sais sur Ferretti, je ne crois pas que ce soit une bonne idée de m'attaquer. » Puis je raccrochai. La menace fonctionna : je n'en entendis plus parler.

Pour autant, j'avais toujours des stocks énormes, et un poids encore plus lourd sur l'estomac. Barry examinait mes chiffres et cherchait une solution. Il m'était d'un grand soutien, mais ne connaissait rien au secteur de la mode.

Par chance, grâce à mon succès, j'avais acquis une véritable notoriété. Désormais, les sociétés de la 7e Avenue qui m'avaient snobée quelques années plus tôt voulaient toutes racheter mon entreprise. Une fois de plus, ce fut un professionnel de la mode au style flamboyant qui apparut dans ma vie et vint à ma rescousse. Je pense souvent à Carl Rosen comme à un « Ferretti de la 7e Avenue » : passionné et visionnaire. Carl venait de signer avec Calvin Klein pour fabriquer une ligne de jeans. Maintenant, il souhaitait signer avec moi pour distribuer des robes Diane von Furstenberg. Il était non seulement disposé à racheter mon inventaire, mais aussi à gérer l'entreprise et à me verser des royalties d'un minimum d'un million de dollars par an. Ce fut Barry qui négocia l'accord. Barry était connu comme un négociateur redoutable, mais Carl aussi. Ce n'est que très récemment que Barry m'a avoué avoir eu peur : à un moment, il pensa avoir été trop exigeant et avoir raté l'affaire. Il craignait que Carl ne se retire des négociations. Heureusement, ce ne fut pas le cas.

Une fois de plus, le *credo* de ma mère se vérifia : ce qui m'avait paru être le pire s'avéra être pour le mieux. J'avais réussi non seulement à me dégager d'un passif énorme, mais à négocier un arrangement profitable.

Mon Rêve américain était donc encore bien vivant et je pouvais aller de l'avant. Une fois encore, je m'inspirai de ma mère : « Lorsqu'une porte se ferme, une autre s'ouvre », disait-elle toujours. La porte qui s'ouvrit alors fut ma ligne de cosmétiques. Elle

« marchait » très bien depuis que je l'avais lancée en 1975, particulièrement le parfum Tatiana, mais maintenant que je n'étais plus responsable des robes, je pouvais me concentrer sur la beauté, et porter cette ligne à de nouveaux sommets. Sans une once de nostalgie, je me débarrassai donc de mon showroom et déménageai dans de nouveaux locaux plus glamour sur la 5e Avenue, à hauteur de la 57e rue, au cœur du monde de la beauté. Je louai tout le 24e étage d'un très bel immeuble Art déco, le siège de la Squibb, au numéro 745 de la 5e Avenue, avec vue sur Central Park et sur Revlon et Estée Lauder juste en face. J'installai mon bureau personnel – rose, lumineux et avec balcon – dans des locaux que le locataire précédent avait utilisés comme réserve. J'étais heureuse et confiante.

Comme j'étais présidente et seule actionnaire de la société, son sort était entre mes mains. Je n'avais pas de problème de financement pour cette entreprise : mes licences, entre les robes et la décoration, représentaient un chiffre d'affaires de plus de 150 millions de dollars et m'assuraient donc des revenus importants.

Mon nouveau président était Sheppard Zinovoy, et j'engageai un chef des ventes expérimenté, Gary Savage, que je débauchai chez Parfums Pierre Cardin. Une ravissante jeune femme, Janet Chin, me rejoignit comme responsable du développement de produits, et je fis construire sur place un laboratoire de pointe, dirigé par un chimiste italien, Gianni Mosca. Tout était très sérieux. Lorsque j'enfilais une blouse blanche pour pénétrer dans le laboratoire et tester les échantillons que Mosca et son assistant avaient préparés, j'avais l'impression d'un rêve devenu réalité.

Sans les robes, j'avais maintenant du temps pour jouer avec les couleurs, les textures et même les emballages. Dans les années 1970, nous utilisions toutes beaucoup de produits de maquillage, dans des coloris vifs. Aidée de Janet, j'eus énormément de plaisir à mettre au point et à nommer les coloris, ainsi qu'à concevoir les emballages. Sur une idée de Gary Savage, notre chef des ventes, la ligne de beauté fut baptisée « The Color Authority » (L'Autorité des couleurs) ; elle faisait effectivement autorité ! Je fus fière, plutôt que contrariée, de voir que nos concurrents, de Revlon à Estée Lauder, s'empressaient de nous copier dès que nous sortions de nouveaux coloris. À mon sens, « l'imitation est la forme la plus sincère des flatteries ». Les contenants aussi furent complètement revus : plus de contenants standards pour nous, mais plutôt un boîtier en plastique de couleur nacre, avec ma griffe Diane von Furstenberg en lettres d'or. J'avais toujours dit que le maquillage est le secret entre les femmes et leur miroir, et qu'il reflète nos humeurs. Dans cet esprit, le nouveau boîtier contenait tous les fards nécessaires, répartis en trois humeurs différentes : « Hot Passion Pinks » (Roses passion) pour une humeur féminine et sexy ; « Stop Traffic Red » (Feu rouge) pour la force et l'autorité ; et « New Wave Metallics » (Métal nouvelle vague) pour des bruns plus neutres et des humeurs plus calmes.

Au fur et à mesure que la ligne de maquillage s'étendait, le volume de boîtes, de flacons et de bouchons augmenta, et il fallut les stocker dans un entrepôt. J'eus une impression de déjà-vu : comme avec les robes, il fallut recruter du personnel pour gérer tous ces stocks. Chaque produit nécessitait son propre emballage et sa propre liste de composants. Les nombreux coloris que nous avions eu tant de plaisir à mettre au point nécessitaient chacun leur propre étiquette et leur propre liste d'ingrédients. Et ainsi de suite. La gestion de la ligne de maquillage coûtait donc très cher.

Quel que soit le plaisir que nous avions à travailler sur la ligne de maquillage, et l'attention et le succès que cette ligne générait, c'était le parfum Tatiana – comme on nous l'avait prédit – qui était le plus profitable. Je décidai donc de développer une ligne complète de produits pour le bain.

Je commençai également à concevoir un nouveau parfum : quelque chose de très spécial, avec une fragrance puissante, un flacon unique et un message de passion. Je le baptisai Volcan d'amour. Comme il était inspiré par mon séjour à Bali avec Paulo, je le lui dédiai.

Je misais beaucoup sur ce parfum, pour lequel je commissionnai deux amis artistes : Dakota Jackson, un ex-magicien devenu designer, créa le flacon, aussi unique que coûteux ; et l'artiste brésilien Antonio Peticov dessina la boîte. Bloomingdale's et Saks se battirent pour le lancement, qui fut un événement grandiose. Cela commença par une mise en scène dans mes bureaux, avec des pyramides de fleurs de frangipanier, fraîchement expédiées par avion de Hawaï, qui symbolisaient les volcans de Bali. Puis nous descendîmes la 5e Avenue jusqu'à Saks, où les mannequins étaient vêtus de sarongs bleus que j'avais dessinés moi-même et que j'avais fait décorer à la main de volcans dorés, au marché de Denpasar.

Mais où avais-je donc la tête ? Évidemment, l'affaire tournait bien : en 1981, notre chiffre d'affaires était de 40 millions de dollars. Mais nos frais étaient énormes : les frais de personnel – plus de trois cents employés – étaient d'un million de dollars par mois !

Je commençai donc à ressentir une certaine inquiétude, à la perspective de devoir payer tous ces salaires chaque mois, et à l'idée du stock de flacons, de boîtes et de bouchons qui grandissait de jour en jour. En 1982, les insomnies, que j'avais déjà connues en 1977 avec l'échec des robes, revinrent, cette fois à cause de la rapidité de notre succès. Au fur et à mesure que la demande augmentait, je me voyais obligée d'investir de plus en plus dans les stocks, le personnel et le marketing. Je craignais que notre croissance, une fois encore, ne soit trop rapide.

Je réalise maintenant, c'est évident, que j'aurais dû prêter attention aux épais rapports financiers que Gary Savage et Shep Zinovoy me fournissaient consciencieusement chaque semaine. Mais je ne les lisais pas. Dans mon esprit, Gary et Shep étaient responsables des finances, et moi de l'aspect créatif de l'entreprise.

L'argent était le cadet de mes soucis durant mon voyage en Indonésie avec Paulo. Nous explorions les îles, à la recherche de matériaux pour promouvoir Volcan d'amour. Je faisais confiance à Gary et à Shep, restés à New York, pour gérer nos finances. Je n'avais aucune idée de notre situation catastrophique : nous étions à court de liquidités.

La fin fut rapide, aussi rapide que ce jour de janvier où toutes mes robes s'étaient soudain retrouvées en solde. Cette fois, j'étais à Paris avec Paulo lorsque je reçus un appel de Shep m'informant que je devais rentrer immédiatement à New York et signer une caution personnelle : ma banque refusait de nous prêter plus d'argent tant qu'ils n'auraient pas ce document. Une caution personnelle ? Cela pouvait signifier perdre Cloudwalk, ou mon appartement. Il n'était pas question que je prenne un risque pareil.

L'énormité de la crise m'apparut dès mon retour. Dix millions de dollars ! C'était la somme que nous devions à la banque. Je n'avais pas idée que nous avions emprunté de telles sommes pour couvrir des dépenses de fonctionnement. Je n'avais jamais lu les comptes d'exploitation… La seule solution était de vendre la société. « Si vous y parvenez », insinua l'affreux petit banquier de la Chemical Bank.

Il me fallut des mois pour négocier une transaction qui me tire des griffes de la banque : je vendis à Beecham, une grosse société britannique qui avait commencé d'acheter de petites entreprises de cosmétiques dans le but de devenir un acteur important sur le marché. À New York, je sentais la pression exercée par la banque qui me serrait la bride, alors que je devais investir des ressources supplémentaires pour promouvoir mon nouveau parfum. À Londres, au contraire, je me souviens de m'être sentie très adulte dans ma suite au Claridge's, à discuter de l'avenir de ma société avec le président de Beecham.

À ce jour, le Claridge's est, de tous les hôtels du monde, celui que je préfère. Je fus très flattée lorsqu'ils me demandèrent de refaire la décoration de plusieurs suites, en 2010. Ils les voulaient plus sexy, plus luxueuses et glamour, et furent très satisfaits du résultat : depuis, les suites ne désemplissent pas. Lorsque je vois ma photo dans le hall d'entrée, à côté de celles de Winston Churchill et de Jackie Kennedy, je me rappelle immédiatement le sentiment d'importance que je ressentais à être logée là, en dépit de ma panique à l'idée des dettes qui s'amoncelaient à New York.

Je finis par conclure un excellent accord avec Beecham. Ils augmentèrent leur offre, de telle façon que je reçus 22 millions de dollars, plus des royalties et des honoraires annuels importants en tant que consultante. L'horrible banquier fut remboursé, et il me restait 12 millions de dollars. « Victoire ! » écrivis-je dans mon journal. « Je suis libre, riche et soulagée. » Mais j'étais triste aussi. J'avais vendu une affaire qui avait de l'élan et du potentiel : je n'avais pas eu le choix.

Ce fut le commencement de la fin pour la première phase de ma carrière – Le Rêve américain. J'avais accompli plus que je ne l'aurais jamais imaginé et j'étais très fière des produits que j'avais créés. J'avais bâti, et revendu, deux entreprises. J'avais fait plus qu'atteindre mon objectif d'indépendance financière. Je pouvais prendre ma retraite, voyager de par le monde, et mes enfants seraient toujours à l'abri du besoin.

D'un côté, c'était une libération. J'avais trente-six ans et, pour la première fois depuis treize ans, je n'avais plus la pression de gérer une entreprise. C'était excitant. D'un autre côté, je ressentais un vide. Ce que je réalisai plus tard, c'est que je n'avais pas grand-chose à dire sur la conception, la qualité ni même la distribution de la plupart de mes produits sous licence. Petit à petit, la robe toute simple que j'avais conçue avait disparu. Dans les mains de Carl Rosen, de sa société Puritan, et sous l'influence des années 1980, les robes avaient désormais des épaules rembourrées. De même que j'avais perdu le contrôle de l'affaire, les petites robes avaient perdu leur identité. Certes, mon nom apparaissait sur de nombreux produits, mais ce n'était plus moi qui les créais. Je n'avais plus d'exutoire à ma créativité.

Je réalisai à quel point cela me manquait le jour où, peu après avoir vendu à Beecham, je me rendis à La Vieille Russie, un merveilleux magasin de bijoux anciens situé dans le hall de l'hôtel Sherry-Netherland, pour m'offrir un bijou en l'honneur de la vente. (J'aime m'acheter des bijoux pour marquer les moments importants. Cela signifie un engagement vis-à-vis de moi-même – par exemple une bague lorsque je romps avec un homme.) Ce jour-là, alors que je m'achetais une ravissante parure en aigue-marine, je vis une boutique à louer juste en face, dans le hall de l'hôtel. Je décidai de la prendre, et voilà ! Le Rêve américain allait renaître, brièvement.

Mon instinct me disait que le très élégant Sherry-Netherland, à l'angle de la 5e Avenue et de la 59e rue, serait l'endroit idéal pour la collection haut de gamme que je voulais créer pour les années 1980, si extravagantes. Les Carter et leurs manteaux en laine avaient quitté la Maison-Blanche. Les Reagan avaient emménagé, avec les fourrures de Nancy Reagan et ses tenues de créateurs. Des millions de spectateurs suivaient *Dynasty* et *Dallas* à la télévision. La mode et le style avaient changé du tout au tout. Les chevelures en « choucroute » et les épaules rembourrées étaient à la mode, ainsi que Donald Trump et beaucoup de nouveaux riches. Ce n'était plus le New York qui m'avait séduite. Toutefois je pensais pouvoir profiter de cette nouvelle extravagance pour créer quelque chose de nouveau et bien à moi.

Je commissionnai l'architecte Michael Graves pour concevoir ce qui allait être ma première boutique de détail. Alors même que je transformais une boutique en un bel espace, je ne savais pas encore quels vêtements j'allais y vendre ! Une fois de plus, mon impulsivité avait eu le dessus. Je n'avais pas de *business plan*, juste une vision : créer des vêtements couture dans des tissus magnifiques. Je me disais qu'une collection de luxe allait ajouter de la valeur à mon nom, et donc bénéficier aux produits sous licence sur lesquels j'avais perdu le contrôle.

J'engageai un jeune Français talentueux, Stephan Janson, pour m'aider à dessiner la collection, ainsi qu'Olivier Gelbsmann pour gérer la boutique. Je baptisai le magasin et la ligne « Diane », et la première collection fut ravissante. Nous avions utilisé les tissus les plus précieux et les plus coûteux qui soient – soieries italiennes, dentelles françaises, cachemires écossais – et créé des robes de bal élégantes et d'autres tenues de soirée. Grâce à la vente de la ligne de cosmétiques, j'avais des fonds importants et n'eus donc pas besoin de faire des économies, y compris sur la publicité pour le lancement de Diane, en 1984. Dans la haute couture, l'image est primordiale. Il faut que les vêtements projettent une aura d'élégance et de désir. Je décidai donc d'engager Helmut Newton, le fameux photographe australo-allemand connu pour ses photos érotiques. J'avais toujours rêvé d'être photographiée par Helmut, et il aimait l'idée de m'utiliser comme mannequin. Les séances photo eurent lieu dans une belle maison Art déco dans le sud de la France. Ce furent des moments merveilleux. Les clichés, que je conserve précieusement, étaient très beaux : je porte plusieurs robes de bal Diane et, sur ma préférée, un smoking noir avec une voilette sur les yeux.

Les premiers signes furent encourageants pour la collection. Plusieurs articles furent vendus par téléphone : une robe de bal en soie rose et dentelle noire très chère, ainsi que de magnifiques smokings et des pantalons de soirée. Brooke Shields, Bianca Jagger et Ivana Trump comptaient parmi mes premières clientes et se montraient très enthousiastes.

Les vêtements étaient bien coupés, très beaux et parfaits pour l'époque mais, avec le recul, il me semble que je n'ai jamais vraiment aimé la mode de ces années-là. D'ailleurs, rien n'allait à cette époque. New

York n'était plus la ville qui m'avait séduite au début des années 1970, et ma vie personnelle changeait elle aussi. Mes enfants étaient loin, en pension et, pour ma part, j'avais besoin de quelque chose de neuf.

C'est à ce moment précis qu'Alain Elkann atterrit dans ma vie : un artiste intelligent, attirant, qui avait besoin d'attention et se cherchait, comme écrivain, comme homme et comme père de trois enfants. Plutôt que de bâtir une nouvelle affaire, je fus séduite par l'idée d'être une muse et compagne pour Alain.

J'étais également attirée par les changements que connaissait l'Europe. La promesse d'une Europe unifiée m'enthousiasmait. J'achetai des quantités de drapeaux bleus européens et les disposai partout dans l'appartement. Le nouveau président français, François Mitterrand, était un intellectuel et l'ambiance parisienne me séduisait. Indifférente à mon affaire, qui commençait à battre de l'aile, je fis mes valises et m'installai à Paris.

J'emmenais un peu de New York avec moi. Mon assistante, Ellen, qui travaillait avec moi depuis ses dix-neuf ans, venait d'épouser un Français et déménagea pour Paris en même temps que moi. Grâce à la présence l'une de l'autre, nous avions un peu moins le mal du pays.

Et pourtant, je l'avais, le mal du pays. Je n'aurais jamais anticipé la crise d'identité et de style par laquelle j'allais passer. J'étais arrivée à Paris avec mes beaux vêtements de la collection Diane, mais ils ne plaisaient pas à Alain. Il se mit à m'acheter des chaussures plates et me fit commander des blazers en tweed auprès de son tailleur milanais. Le style d'une femme, et ce qu'elle porte, reflète pour beaucoup ce qu'elle est. Lentement, insidieusement, je perdis confiance en moi. J'avais fait couper mes cheveux très courts après la séparation avec Paulo ; le résultat, c'est qu'ils nécessitaient de fréquents rendez-vous chez le coiffeur, ce qui ne m'était pas arrivé depuis des années. Pour la première fois, je me sentis vieillir, et je me mis à faire des soins du visage toutes les semaines. Bien que je me trouve à Paris, l'épicentre de la mode, j'en vins à tourner le dos à la mode et à tout ce que j'avais construit. La nouvelle collection et la boutique de New York n'avaient plus aucun sens pour moi. Peu de temps après avoir déménagé, je fermai la boutique et vendis mon appartement de la 5e Avenue.

Mes enfants me manquaient et je leur écrivais tous les jours, tout en ayant une vie agréable à Paris. Je passais beaucoup de temps avec des écrivains, et j'éprouvai un grand plaisir et une grande fierté à fonder Salvy, une petite maison d'édition. Ce fut une vraie satisfaction durant cette période étrange – quoique instructive – de ma vie. J'aimais tenir un salon littéraire et être éditrice mais, en tant que femme, j'apprenais qui je ne voulais pas être.

5

Renaissance

J'aimerais pouvoir dire que je retrouvai rapidement mon assurance et mon intuition lorsque je quittai Paris pour New York en 1989. Malheureusement, ce ne serait pas vrai. J'étais complètement perdue. Mes affaires, ou ce qui en restait, étaient en lambeaux. Les licences avaient été vendues et revendues, et mes créations avaient perdu leur originalité. Ma ligne de cosmétiques avait disparu dans une série de fusions et acquisitions. Le seul survivant, le parfum léger et sexy que j'avais baptisé du nom de ma fille Tatiana, était méconnaissable : le nouveau propriétaire, Revlon, y avait ajouté un colorant violet et avait changé la formule.

Ce n'était pas seulement ma marque que j'avais perdue, mais aussi mon identité. Je n'avais pas réalisé à quel point mon identité était liée à mon travail. Je ne savais plus qui j'étais. Mes enfants, tous deux étudiants à l'université de Brown, étaient devenus de jeunes adultes épanouis. J'étais très fière d'eux. Je n'étais pas fière de moi.

Quelle idiote j'avais été ! En changeant de personnalité, je m'étais égarée. En signant tous ces contrats de licence qui donnaient droit à l'usage de mon nom, puis en négligeant mes affaires pour complaire à mon homme, j'avais vu la marque perdre tout caractère, et l'essentiel de sa valeur. Mes royalties avaient chuté de soixante-quinze pour cent. Lorsque je me rendais dans les bureaux des licenciés qui me restaient, ils ne faisaient guère attention à moi, ni à mes suggestions. À leurs yeux, je ne comptais plus. J'étais juste quelqu'un qui avait dessiné des robes à la mode quelques années auparavant. Ils étaient impatients que je les laisse tranquilles.

À vingt-cinq ans, j'étais un prodige. À quarante, j'étais une *has been*. Je me remis à me lisser les cheveux. Comme je détestais ce que les licenciés fabriquaient, je refusais de m'habiller avec les vêtements qui portaient mon nom. Après les robes en jersey, puis les sarongs de ma période balinaise, suivis des vestes en tweed de mes années parisiennes, mon nouvel uniforme devint une veste haute couture YSL, avec une jupe crayon Alaïa ou des pantalons cigarette Romeo Gigli. Voulant être à la page, je commandai des vêtements haute couture chez Christian Lacroix : des robes à volants et des vestes brodées, travaillées. Les vêtements étaient très beaux et d'actualité, mais ils n'étaient pas faits pour moi. Je les porterais à peine.

Je pensais que mon manque d'assurance devait se voir, mais ce n'était apparemment pas le cas. Anh Duong, une artiste devenue une de mes amies proches, qui était mannequin pour Christian Lacroix à l'époque, se souvient de m'avoir vue pour la première fois à Paris, dans les salons du couturier. « Tu essayais les vêtements de Christian, et j'ai été frappée par ta beauté », m'a-t-elle confié récemment. Je n'en revenais pas. Loin de me trouver belle, je me souviens de m'être sentie particulièrement malheureuse ce jour-là. Cela prouve, une fois de plus, que la femme d'en face peut paraître parfaite mais ne se sent pas toujours dans cet état d'esprit. En tout cas, je me sentais tout sauf parfaite ce jour-là. Maintenant, je passe beaucoup de temps à dire à des jeunes femmes qu'elles doivent être leur propre « meilleure amie » et que le bonheur repose sur la confiance en soi, mais durant cette période perdue de ma vie professionnelle, je ne pratiquais pas ce que je prêche désormais. Je ne savais plus qui j'étais.

Je fis plusieurs faux départs. En 1990, une fois de plus, je signai un contrat de licence malheureux pour une nouvelle collection de robes, cette fois avec un distributeur qui pratiquait des prix moyens. La société, qui connaissait des difficultés, voulait améliorer son image et comptait sur mon nom pour redorer son blason. Avec ses yeux bleus et son beau sourire, le président sut me convaincre par la force de son enthousiasme. Je signai aussi parce que c'était un moyen d'être à nouveau présente dans les magasins. Ce fut bien le cas, mais pour peu de temps. La société en question fut mise en redressement judiciaire le jour même où la division DVF devait lancer sa seconde saison. À ce stade, j'avais consacré beaucoup de temps à ces robes, et je les aimais bien. Sans y réfléchir, je dis à l'équipe qui avait travaillé avec moi d'apporter les robes dans mes propres locaux et de venir travailler pour moi. Impulsif autant qu'éphémère. Nous réussirions à tenir une saison de plus, mais je n'étais pas équipée pour reconstruire une affaire de vente en gros. Je n'en avais pas non plus le désir.

« Oublions les grands magasins », me dis-je ensuite. Pourquoi ne pas m'adresser directement aux consommatrices, à ces clientes loyales qui ne m'ont pas oubliée ? C'est dans cet esprit que je pris l'avion pour San Francisco avec Barry, afin de rencontrer la grande maison de vente par correspondance Williams-Sonoma. Cette forme de vente en direct connaissait un énorme essor, et j'espérais que la maison Williams-Sonoma verrait l'intérêt d'ajouter un catalogue Diane von Furstenberg à son arc. Le déjeuner avec le président fut agréable, mais il était clair qu'il n'était absolument pas intéressé par l'idée de signer avec un créateur, que ce soit moi ou un autre. Barry et moi étions déçus. Maintenant, cela nous amuse d'échanger nos souvenirs de ce jour où nous nous sommes sentis comme deux perdants, deux *losers*, avec nos arguments de vente qui étaient tombés à plat.

Toujours obsédée par l'idée de la vente directe, j'eus l'idée de créer un « magalog », mi-magazine, mi-catalogue, et je demandai à un jeune graphiste, Fabien Baron, de me faire une maquette. Il me prépara un beau projet, mais je n'avais ni les fonds ni l'expertise pour lancer l'idée, de toute façon saugrenue, qui fut mise au placard.

Il fallait que quelque chose change. Cela se passa en été 1991, au salon Concorde de l'aéroport Kennedy. Je me rendais à Venise, où je devais rejoindre Tatiana, alors âgée de vingt ans, et l'accompagner à un bal de débutantes que donnait le comte Giovanni Volpi en son palais. À l'aéroport, un homme m'approcha. « Mais où donc étiez-vous passée ? » me demanda-t-il, et il se présenta comme Joe Spellman, spécialiste en marketing, avant d'ajouter : « Le monde de la mode a besoin de vous. Vous pourriez être une star du XXIe siècle. » Quoique incrédule, je dois reconnaître que je savourai d'être reconnue ! Joe, après avoir été un génie du marketing pour Elizabeth Arden puis Estée Lauder, était alors associé de Marvin Traub, le célèbre ex-chairman de Bloomingdale's. À mon retour de Venise, j'eus plusieurs réunions avec lui, et c'est alors qu'il eut une idée étonnante : « Pourquoi ne pas vendre à la télévision ? »

Je n'avais jamais entendu parler de téléachat, mais pourquoi pas ? De toute évidence, c'était un moyen de toucher directement les clientes. Quelques semaines plus tard, nous prîmes tous le train pour Philadelphie. Puis une voiture pour une banlieue appelée West Chester, afin de visiter une société du nom de QVC. Je n'avais aucune idée de ce qui m'attendait lorsque nous sommes arrivés au beau milieu d'une émission en direct avec l'actrice de *soaps* Susan Lucci. En quelques minutes, elle avait vendu des centaines de flacons de shampooing et de conditionneur, et le montant de 600 000 dollars s'était affiché sur l'écran de l'ordinateur ! Je compris dès cet instant que nous avions atterri dans le futur : le monde interactif du téléachat.

En regardant Susan parler directement à ses clientes sur les écrans de télévision, j'éprouvai une grande excitation. Je m'imaginais déjà faire renaître ma ligne de cosmétiques à la télévision, mais les dirigeants de

QVC avaient une autre idée en tête. Ils voulaient que je leur dessine des robes. Ce qui me fit hésiter. Je ne comprenais pas bien comment vendre des robes à la télévision et, pour être honnête, leur présentation ne m'avait pas paru du meilleur goût. Je répondis donc que j'allais réfléchir.

Je rapportai ma visite à Barry. Par hasard, il connaissait la chaîne de téléachat, grâce à des discussions avec Comcast et Liberty, copropriétaires de QVC. Le timing s'avéra fortuit. Barry venait de quitter Fox et cherchait une nouvelle activité. Nous étions tous les deux devenus de jeunes magnats des affaires très tôt dans la vie. Maintenant, nous étions tous deux à la recherche de nouvelles opportunités. Nous n'imaginions pas que nos deux prochaines carrières allaient démarrer du même lieu : QVC.

De retour dans mon studio de création, avec l'aide de deux jeunes femmes dont j'avais hérité après la liquidation de la société qui devait fabriquer mes robes sous licence, je mis au point un concept que je baptisai Diane von Furstenberg Silk Assets. Il s'agissait d'une ligne de vêtements coordonnés en soie imprimée lavable. Les coupes étaient simples, ce qui permettait de se passer d'essayage. La collection comptait des foulards, des chemisiers coupés large et des pantalons à taille élastique. Les coloris étaient vifs et gais ; les imprimés jolis et vigoureux ; et les pièces pouvaient être coordonnées de différentes façons. Chaque mini-collection partait d'une inspiration commune et racontait une histoire : ainsi, la collection *Giverny*, inspirée par la palette de Claude Monet ; ou la collection *Pietra*

Dura, inspirée par les marbres florentins. Cet arrière-plan historique permettait de construire un récit et de le raconter à l'écran avec enthousiasme.

J'étais donc de retour à mes racines, à créer des palettes de couleurs et à dessiner des imprimés. L'arrangement financier aussi me convenait : QVC achèterait les vêtements directement auprès du fabricant à Hong Kong. Mes responsabilités seraient de dessiner la collection, de m'assurer de la qualité et de faire en sorte qu'elle soit livrée à temps. Ensuite, je devrais la vendre personnellement à la télévision et assurer toute la promotion. En échange, QVC me paierait l'équivalent de 25 % du coût de fabrication des vêtements. C'était une bonne affaire pour QVC et pour les consommateurs, car il n'y avait pas de grossiste intermédiaire. C'était une encore meilleure affaire pour moi : je n'aurais pas d'inventaire à gérer, puisque les vêtements seraient expédiés directement de l'usine à QVC. Ce qui représentait un énorme soulagement. Par deux fois, je m'étais trouvée obligée de revendre ma société parce que je n'avais pas su gérer mes inventaires !

Pour la première émission consacrée à Diane von Furstenberg Silk Assets, en arrivant dans ma chambre d'hôtel, je trouvai un magnifique bouquet de fleurs avec un mot : « Bienvenue chez nous et bonne chance ! Je t'aime, Barry. » En grand secret, Barry venait en effet de prendre le contrôle de QVC, ce qui devait le lancer dans le nouveau monde de l'interactif, et lui permettre d'arriver aujourd'hui.

Ce jour-là, en deux heures, je vendis pour plus de 1,3 million de dollars de mes Silk Assets, tandis que

Barry (qui m'avait fait une visite surprise) et les dirigeants de QVC regardaient les chiffres de ventes s'envoler sur l'ordinateur. Ils applaudissaient tous ! Kate Bess, une jeune journaliste de *Vogue*, était venue assister à l'émission. Elle en tira un article admiratif, commençant par ces mots : « *Show and sell* (Montrer et vendre) : *Vogue* témoin de la naissance d'un nouveau phénomène dans la mode. » Du jour au lendemain, j'étais passée de *has been* à pionnière.

Il n'est pas exagéré de dire que Barry et moi avons donné ses lettres de noblesse au téléachat, jusque-là balbutiant. La participation de Barry à cette nouvelle technique de distribution lui a conféré une légitimité, tandis que ma propre participation, en tant que créatrice, lui a apporté le glamour. Un défilé de gens a commencé de venir à West Chester pour observer cette nouvelle révolution. Et les articles sur nous et sur QVC se sont multipliés dans les revues et les journaux.

Nous faisions de mieux en mieux. Le public ne se lassait pas de Silk Assets. Un jour, en 1993, je vendis deux mille deux cents pantalons en moins de deux minutes !

Le succès n'est pas que du glamour : c'est aussi beaucoup de travail. Faire des émissions en direct, souvent en pleine nuit, était épuisant. Les allers-retours en voiture sur l'autoroute, le New Jersey Turnpike, me donnaient parfois l'impression d'être l'antihéros Willy Loman dans la pièce d'Arthur Miller, *Mort d'un commis voyageur.* Mais la fatigue en valait la peine ; en peu de temps, Silk Assets avait généré 40 millions de dollars de chiffre d'affaires.

En 1996, Barry vendit ses actions et prit le contrôle d'une autre chaîne de téléachat, le Home Shopping Network. Je le suivis avec mon affaire et les ventes continuèrent leur essor. Le succès de Silk Assets me redonnait confiance en moi, mais je ne pouvais pas vendre à la télévision les robes drapées plus sophistiquées qui étaient mon style. Cela me manquait.

Ce dont j'avais désespérément envie était de relancer ma marque Diane von Furstenberg et d'être à nouveau présente dans les magasins haut de gamme. Certains frémissements dans l'air du temps pouvaient faire penser que c'était possible. Dans les années 1990, il y avait une nostalgie pour la mode des années 1970, notamment grâce à Tom Ford, qui avait relancé Gucci et remis l'esprit de cette décennie légendaire au goût du jour.

« Tu devrais relancer tes robes », me dit Ralph Lauren un jour que j'essayais de le convertir au téléachat, dans l'espoir que d'autres créateurs me rejoignent. Karl Lagerfeld et Gianni Versace en dirent autant : « Nous adorons tes robes des années 1970. Tu devrais les refaire. » Rose Marie Bravo, qui était alors présidente de Saks Fifth Avenue, était d'accord, et me demandait régulièrement de refaire mes petites robes en jersey. Soudain, il me parut évident que j'avais été une sorte d'icône des années 1970. Grâce à la nouvelle atmosphère de nostalgie, les jeunes créateurs à la mode semblaient heureux de me rencontrer. Je me souviens d'être passée un jour devant le Bar Pitti, dans le Village, où les jeunes créateurs *grunge* Marc Jacobs et Anna Sui étaient en train de dîner. Enthousiastes, ils me saluèrent de grands signes de la main. Je fus pour le moins surprise, et très flattée, que de jeunes créateurs talentueux fassent attention à moi. Un autre jeune créateur, Todd Oldham, baptisa un de ses défilés « hommage à Diane von Furstenberg ». À nouveau, je fus flattée mais quelque peu surprise. Je me rappelle avoir pensé : « Je ne suis pas encore morte ! »

La nostalgie des années 1970 et de mes premières collections continua de grandir. À New York, les jeunes filles, des contemporaines de ma fille Tatiana, chinaient les dépôts-ventes et les boutiques *vintage* à la recherche de mes anciennes robes portefeuille. Tous les signes étaient réunis pour un *come-back*. La question était comment. La réponse qui m'apparut à l'époque fut Federated Department Stores, une société qui, après maintes fusions et acquisitions, était devenue l'un des grands noms du commerce de détail, propriétaire entre autres de Bloomingdale's et de Macy's. Je rencontrai donc Allen Questrom, le président, que je connaissais depuis des années, et lui proposai de dessiner une collection en exclusivité pour ses magasins. L'idée était de commencer par des robes et d'élargir progressivement l'offre, avec des accessoires, de la lingerie et de la décoration. C'était quelque peu audacieux de ma part, puisque je n'avais pas été présente dans les magasins depuis dix ans, mais l'idée d'avoir un accord d'exclusivité avec une créatrice séduisit Allen.

Il me présenta à ses cadres pour discuter du merchandising et des aspects financiers. Je voulais utiliser la même formule que pour le téléachat : je dessinerais les collections, et eux achèteraient au fabricant et supporteraient les charges liées aux stocks. Comme cela exigeait un engagement financier important de leur part, je décidai de m'engager moi aussi. J'investirais dans un studio de création professionnel et recruterais des stylistes expérimentés et talentueux. Cela paraissait un bon plan.

Sans plus attendre, j'abandonnai mes bureaux du 745 5e Avenue, où j'étais installée depuis 1979. J'avais besoin d'un espace plus grand, nouveau et qui respire la créativité – quelque chose qui puisse faire office à la fois de studio et de showroom pour les présentations à la presse et aux acheteurs.

À trente ans, j'avais voulu un espace très adulte et glamour *uptown*. À près de cinquante ans, j'avais envie de quelque chose de plus bohème, et qui m'appartienne. En cherchant *downtown*, je dénichai une ancienne écurie en briques rouges, datant de 1858, dans l'ancien quartier des boucheries, le Meatpacking District, tout à l'ouest de la 12e rue, non loin de la rivière Hudson. Le bâtiment, 1 500 m², était plein de charme et très ouvert, avec un petit bassin dans l'entrée, des poutres apparentes et des murs en briques nues. Le lieu avait eu plusieurs vies : écurie pour les chevaux de la police montée, atelier du peintre Lowell Nesbitt et, dernièrement, siège d'une agence de publicité.

Je tombai immédiatement amoureuse de l'endroit, au grand dam d'Alexandre, qui ne comprenait pas pourquoi je voulais acheter une maison dans ce quartier de bouchers et de prostituées, où flottaient de mauvaises odeurs. Il était si horrifié qu'il appela ma mère et lui demanda d'essayer de me faire changer d'avis. Ils n'y réussirent pas, bien qu'il y ait un fond de vérité dans leurs objections : il y avait effectivement de mauvaises odeurs, et le matin la rue était pleine de déchets et de capotes usagées. Et pourtant j'aimais le quartier. Curieusement, les pavés me rappelaient Bruxelles, et je refusai d'écouter les opposants. Je m'offris les écuries pour mon cinquantième anniversaire.

Dans le West Village, il y avait une énergie, une diversité et un sens de la communauté que je n'avais jamais rencontrés sur la 57e rue. J'étais dans un vrai quartier, et j'établis rapidement de bonnes relations avec mes voisins, tous plus hauts en couleur les uns que les autres. Le premier était Florent Morellet, le fils du célèbre peintre français François Morellet. De style flamboyant, Florent avait un bistrot sur la rue Gansevoort, ou plus exactement un *diner*, ouvert 24 heures sur 24, que fréquentaient les artistes du coin, les employés et les travestis. Florent, qui lui-même s'habillait souvent en travesti, ne cachait pas qu'il était séropositif, à tel point qu'il affichait ses résultats d'analyse à côté du menu, au-dessus du comptoir ! Il était déterminé à préserver les petits immeubles en briques du quartier. Pourrais-je l'aider dans sa campagne pour que le caractère historique du quartier soit reconnu et protégé ? Pourrais-je organiser un événement pour lever des fonds, un *fundraiser* ? « Bien sûr ! »

Le *fundraiser*, le premier de tous ceux que j'ai organisés depuis, dans un immeuble voisin de mon atelier, était une sorte de kermesse, à laquelle participèrent toutes sortes de restaurants du quartier. Ce fut un grand succès et, en 2003, Florent réussit à faire passer le règlement qui déclara le quartier comme historique, sous le nom de « Quartier historique du marché Gansevoort », sauvant ainsi les merveilleux immeubles anciens en brique des démolisseurs. Florent réussit donc à faire de son rêve une réalité. Quant à Alexandre, il se mit lui aussi à apprécier l'éclectisme coloré du quartier et installa bientôt ses bureaux dans mon immeuble.

Sur la 12e rue, tout paraissait neuf et plus vivant, y compris mon affaire, pourtant balbutiante. Nous n'avions pas plus tôt emménagé que tout sembla aller plus vite et grandir plus vite – y compris le stress et la pression.

L'équipe était réduite. Kathy et Colleen s'occupaient de la collection Silk Assets pour le Home Shopping Network. L'équipe de stylistes était internationale : Christian le Hollandais ; Evelyn, portoricaine ; et Sergio, colombien. Alexandra, la jeune épouse d'Alexandre, qui avait étudié la mode à la Parsons School of Design, nous rejoignit. Son premier rôle fut de sélectionner les imprimés. Comme moi bien des années plus tôt à l'usine Ferretti, elle venait au studio et faisait des recherches dans les archives de mes premières années. C'est avec elle que je créai les premiers dessins durant les mois où nous étions encore en négociations avec Federated.

Je souhaitais recréer le jersey que j'avais utilisé pour mes robes dans les années 1970. Ferretti était mort et ses usines étaient maintenant fermées, mais j'avais gardé des échantillons. Après la séparation avec Ferretti en 1979, un certain M. Lam, à Hong Kong, avait repris la fabrication des robes DVF pour Carl Rosen et Puritan.

Cela faisait près de quinze ans que je n'avais pas vu M. Lam lorsque j'allai lui rendre visite à Hong Kong, pour lui parler de recréer mon jersey italien des années 1970. La dernière fois que je l'avais rencontré, son usine était toute petite. Maintenant, ses usines avaient grandi, et c'était mon affaire à moi qui était petite. Toutefois, M. Lam m'accueillit à bras ouverts. Comme il allait devoir investir pour pouvoir fabriquer mon jersey, notamment améliorer son matériel d'impression, je décidai à titre de contrepartie de délocaliser la production de ma ligne Silk Assets et de la lui confier. De son côté, M. Lam mit ses techniciens à ma disposition. Ensemble, nous allions mettre au point un jersey de qualité parfaite, aussi serré que le jersey italien mais cette fois plus luxueux et en 100 % soie. Quant à moi, je partageai mes connaissances sur l'impression à la main et passai de longues heures avec les techniciens. Le processus me demanda beaucoup de temps et de patience, mais cela en valait la peine. Les résultats furent parfaits.

À mettre ainsi « la main à la pâte » dans les usines de M. Lam, il me sembla que j'avais remonté le temps, sauf que cette fois j'étais en Chine plutôt qu'en Italie et que je mangeais des nouilles avec les techniciens au lieu de spaghettis. Les allers-retours entre les bureaux de M. Lam à Hong Kong et les usines en Chine étaient épuisants. J'étais accompagnée par Patso, le bras droit de M. Lam, qui travaillait aussi dur que moi, avec un engagement total.

Un autre aspect de mon investissement fut de rédiger mon premier livre de mémoires, consacré à ma vie professionnelle, pour tirer un trait entre le présent et le futur, et me présenter à mes nouvelles clientes. Sans hésitation, je fis appel à mon amie Linda Bird pour m'aider à écrire le livre : elle avait déjà joué un grand rôle dans ma vie avec ses articles dans *New York Magazine* et *Newsweek*. La date de sortie de *Diane : A Signature Life* était calée sur le lancement de ma première collection pour Federated. Le plan était de faire une tournée nationale dans les magasins de Federated pour promouvoir à la fois le livre et les vêtements. J'étais sur le point de terminer le manuscrit en été 1996 lorsque j'appris la mauvaise nouvelle : Federated n'était plus intéressé.

Je reçus l'appel un vendredi matin, dans ma voiture, alors que j'étais en route pour la campagne. Allen Questrom, le président, avait quitté la société. Le projet ne leur paraissait plus adapté. Ils étaient désolés. Je suis sûre qu'ils avaient d'autres raisons, mais s'ils me les ont dites, je les ai oubliées. J'étais sous le choc, dévastée. J'avais tellement compté sur cet arrangement. Que faire maintenant ?

Ce week-end-là, Barry était auprès de moi à Cloudwalk. Comme d'habitude, il sut me rassurer et m'encourager à aller de l'avant. Le lundi matin, j'avais un nouveau plan. Un plan évident. Un plan qui était sous mon nez depuis longtemps. La robe portefeuille.

Mon symbole des années 1970. J'allais relancer la robe portefeuille et le faire seule, comme la première fois.

Il y avait nombre d'éléments positifs. Grâce au succès du téléachat, mon nom était de nouveau très connu. J'avais été surprise de voir qu'il bénéficiait d'un des plus forts taux de reconnaissance parmi les marques, d'après une étude réalisée cette année-là par *Women's Wear Daily*. J'en étais donc là : reconnaissance du nom ; demande pour la robe et le tissu parfait à ma disposition.

J'appelai Rose Marie Bravo chez Saks et l'adage de ma mère se vérifia une fois de plus. Une porte s'était fermée. Une autre s'ouvrait. « Comme c'est excitant, dit Rose Marie, nous serions très fiers de lancer vos robes portefeuille chez Saks ! »

J'avais pris ma retraite à trente-six ans, et je refaisais mes débuts, à cinquante ans. J'étais inquiète, mais j'éprouvais aussi une excitation incroyable. Si je pouvais réintroduire ma griffe avec succès dans un magasin haut de gamme comme Saks, cela prouverait au monde, et à moi-même, que la première fois n'avait pas été un accident. Mais encore fallait-il y parvenir.

Je décidai de baptiser la ligne « Diane », le nom que j'avais utilisé pour ma ligne couture, avec une griffe reproduisant ma signature. Celle-ci devint aussi mon premier imprimé : un imprimé signature « Diane ». L'idée m'en était venue alors que j'étais au téléphone et que je crayonnais tout en regardant l'étiquette. Tous ces « Diane » enchevêtrés ressemblaient à mes imprimés des années 1970 et rendaient bien. Cela m'amena à retravailler un de mes imprimés originaux à motifs de brindilles en y ajoutant des couleurs supplémentaires. Je ressortis également le motif zèbre et en créai de nouveaux, tous géométriques et marqués, dans l'esprit des années 1970.

L'annonce de mon contrat d'exclusivité avec Saks fut suivie d'une grande vague d'intérêt pour la robe portefeuille, de même que pour moi. Des journaux et des magazines se penchèrent sur mon mariage avec Egon, sur mes enfants et sur le phénomène de la robe portefeuille. L'*International Herald Tribune* décrivit la robe comme « l'image d'une époque », avec pour sous-titre « les vies enchantées et l'esprit libre de Diane von Furstenberg. » Le *New York Times* raconta ma vie comme un conte de fées : « Il était une fois une princesse qui eut une idée. L'idée était une robe, etc. » Le *Women's Wear Daily* mit en plein dans le mille : « La folle chevauchée de Diane. »

Re-débuter me donnait l'impression d'être jeune et sans peur mais, en réalité, mon journal intime de cette année-là révèle aussi quantité de craintes. Comme d'habitude, je ne montrais pas mes fêlures. J'avais l'air assurée et pleine de confiance en moi dans toutes les interviews que je donnais, mais c'était une époque compliquée pour moi. D'un côté, j'éprouvais de l'excitation, je me sentais rajeunie de recommencer l'aventure de la robe portefeuille, et flattée de la réaction des jeunes filles et de l'excitation de Rose Marie. De l'autre côté, j'avais peur et me posais sans cesse des questions. Je ne me sentais pas en confiance. J'allais de l'avant, mais j'avais peur d'échouer. Le rejet de

Federated m'avait déstabilisée dans ma vie professionnelle et, dans ma vie privée, j'avais connu un revers majeur : Mark Peploe m'avait quittée pour une autre femme, et je souffrais. Quelle époque étrange c'était… Quelque part en moi, je me sentais vieille. Pour la première fois, de passage à L.A., je consultai des chirurgiens esthétiques. Je n'en éprouvai que plus d'insécurité et de trouble. Je savais que la chirurgie esthétique n'était pas la solution. Toutefois je me fis refaire les dents : j'avais des problèmes dentaires depuis une chute à l'âge de dix ans, et sept semaines de radiothérapie n'avaient pas amélioré les choses. Alexandra me présenta à son dentiste, le docteur Irwin Smigel, et après plusieurs mois de rendez-vous il me laissa deux cadeaux : un beau sourire, pour la première fois de ma vie, ainsi que le numéro de téléphone de Tracie Martyn, qui est encore mon esthéticienne.

Le lancement chez Saks était prévu pour septembre 1997. Durant les mois d'été, plusieurs événements inattendus me redonnèrent confiance. J'assistai à l'élégant mariage d'amis de mes enfants, en Virginie, où toutes les jeunes filles portaient des robes très tendance griffées Tocca : des robes droites toutes simples, très colorées, de la créatrice hollandaise Marie-Anne Oudejans, alors très à la mode. Toutefois, Marie-Anne, elle, avait demandé à emprunter un prototype de mes nouvelles robes portefeuille, l'imprimé signature en beige et blanc. Pour mon grand plaisir, Marie-Anne, jeune et branchée, portait ma robe au mariage. Je fus très flattée. Cela eut beaucoup d'importance pour moi.

La seconde petite piqûre de confiance que je reçus fut en juillet au défilé Dior, à Paris. J'avais apporté une de mes nouvelles robes portefeuille et je la portais au défilé, un choix audacieux et quelque peu éprouvant pour les nerfs. Dans ce lieu et pour ce défilé couture, je portais pratiquement la même robe que celle que j'avais mise vingt-cinq ans plus tôt. Par extraordinaire, ce fut cette petite robe qui créa l'événement à Paris et qui attira l'œil d'Amy Spindler, la jeune journaliste talentueuse du *New York Times*.

« Diane von Furstenberg portait une robe portefeuille pour le défilé couture de John Galliano pour Christian Dior à Paris en juillet, au-dessus d'un maillot de bain », écrirait bientôt Amy dans le supplément du dimanche du *New York Times*. « Quand le soleil a commencé à chauffer à la verticale, à travers la verrière, tout le monde à côté d'elle lui enviait sa robe : elle avait écarté les pans de la jupe pour dégager les jambes, retroussé les manches pour révéler les bras, et il ne lui restait plus qu'une robe de la taille du maillot de bain qu'elle portait dessous. Les actrices Rita Wilson et Kate Capshaw, assises en face d'elle, ne tarissaient pas d'éloges sur son allure. Les mannequins non plus. Et c'est là qu'elle a su. » C'est vrai, je voyais ce qui était en train de se passer, mais cela restait difficile à croire. « Oh, comme j'aimerais une robe comme la vôtre ! », me dirent, l'une après l'autre, les mannequins encore vêtues de leurs robes de bal, quand on m'emmena dans les coulisses voir John Galliano. Il y eut un tel enthousiasme pour la robe portefeuille que je téléphonai à mon bureau et fis porter davantage de robes à

Paris par une de mes amies. Je mis un autre modèle au défilé Chanel. Toute la semaine, je portai mes robes portefeuille, chaque fois dans un imprimé différent.

De retour à New York, Amy se montra tout aussi enthousiaste lors du premier défilé, plutôt original, que j'organisai sur la 12e rue en septembre. Il n'y avait que des robes portefeuille, et quelques tuniques brodées de perles sur des pantalons blancs. Les mannequins descendaient l'étroit escalier en spirale, et défilaient sur un petit podium recouvert du motif signature Diane en noir sur fond blanc. En y repensant, j'ai du mal à croire qu'à l'âge de cinquante ans j'avais encore cet esprit *start-up*. Le défilé n'était pas très différent de mon tout premier, à l'Hôtel Gotham. Je suivais mon intuition, bien déterminée à réussir. La presse, à commencer par Amy, adora.

« Oui, oui, oui, écrivit-elle ensuite dans le *Times*, la robe portefeuille de Diane von Furstenberg est de retour, toujours aussi audacieuse, coupée de biais, avec des lignes épurées. Redessinée pour les années 1990, elle est soignée et sexy, mais elle a une qualité “très cool”. » J'ai une dette immense envers Amy. Journaliste de mode influente, elle portait mes robes, et m'amena un soutien éditorial tel qu'elle devint aussi importante pour cette nouvelle ligne que Diana Vreeland l'avait été pour la robe portefeuille d'origine. (Malheureusement, Amy devait mourir d'un cancer en 2004. Elle n'avait que quarante ans.)

Il me fallait trouver la bonne image, avec la bonne approche, pour la première campagne de publicité pour Saks. Je m'adressai à une amie, la photographe Bettina Rheims, qui sait si bien photographier les femmes, et choisis avec elle notre modèle, Danielle Zinaich. Danielle avait une vingtaine d'années, de très jolies jambes et un *body language* parfait. Ses cheveux châtains lui arrivaient aux épaules et elle avait un visage allongé intéressant, mais ce qui nous séduisit surtout, c'était sa personnalité, et son rire énorme, qui révélait franchement ses gencives. Danielle prit l'avion pour Paris avec moi et les séances photo eurent lieu dans mon appartement rue de Seine. La grande majorité des clichés étaient dans des couleurs vives, sauf une robe, photographiée en noir et blanc.

Les problèmes commencèrent lorsque j'appelai Rose Marie Bravo et lui montrai fièrement les photos branchées que Bettina et moi avions faites à Paris. Rose Marie et moi étions complices dans cette aventure, mais elle n'aimait pas du tout les photos. Elle les trouvait trop dures, trop décadentes, et rappelant une récente controverse au sujet de clichés inspirés par l'« héroïne chic » de mannequins au teint pâle et à l'air malade. J'étais dévastée. Toutes ces belles photos si colorées rejetées ! Rose Marie eut probablement pitié de moi : en sortant, elle montra du doigt les deux photos de Danielle en noir et blanc, l'une sérieuse et l'autre riant et montrant ses gencives. « Prends celles-ci, me dit-elle, elle a l'air heureuse. »

Après le départ de Rose Marie, je fixai ces deux photos en noir et blanc pendant des heures. Je ne savais que faire après avoir passé tant de temps – et dépensé tant d'argent – à produire des centaines de clichés pour de belles publicités en couleur, mais il fallait que je trouve quelque chose. Enfin il me vint une idée : « Je vais les faire parler, me dis-je, et leur donner une raison d'être. » Je les mis l'une à côté de l'autre ; sous la photo sérieuse, j'écrivis : « Il m'a dévisagée toute la soirée » ; et sous la photo gaie : « Et puis il m'a dit : Quelque chose en vous me rappelle ma mère. »

C'était amusant mais risqué, et mes collègues trouvèrent l'idée ridicule. « Personne ne veut ressembler à sa mère », dirent-ils tous. Mais provoquer m'a toujours plu. Le plus important, c'est que cela plaisait aussi à Rose Marie, et qu'elle fut d'accord pour participer à la campagne. Ce fut un vrai succès.

Le 9 septembre 1998, le lancement eut lieu en fanfare au magasin Saks de New York. Des caméras de télévision et des photographes de presse se pressaient autour des femmes qui faisaient la queue pour acheter les robes, souvent avec leur fille. La demande était telle que le stock fut bientôt épuisé et que les acheteuses durent s'inscrire sur une liste d'attente. Je n'arrêtais pas de dire aux hordes de journalistes que j'avais une impression de déjà-vu. Par « déjà-vu », eux comprenaient un succès explosif qui paraissait familier, mais dans mon esprit cela voulait également dire une invitation à la prudence.

Une fois de plus, j'étais sur un train fou, sans plan de développement ni stratégie. Je n'avais même pas de président pour gérer la nouvelle société. Je n'avais tout simplement pas eu le temps d'en recruter un ! Le nouveau studio de la 12e rue n'était pas encore fonctionnel. Les rénovations n'étaient pas terminées, il n'y avait pas suffisamment de lignes téléphoniques et les ordinateurs n'arrêtaient pas de bugger. Je me rappelle m'être sentie distraite et épuisée lors du lancement chez Saks, un état exacerbé par mon retour dans les salons d'essayage et la vue de mon visage avec vingt ans de plus dans le miroir. Pourtant, le retour de la robe portefeuille était un rêve devenu réalité.

Je partis bientôt en tournée dans tout le pays avec Alexandra, pour visiter les magasins Saks, à grand renfort de publicité. Les médias parlèrent beaucoup de nous : une belle et nouvelle princesse von Furstenberg dans une robe ; sa belle-mère dans une autre. Tant que nous étions dans les magasins, les robes se vendaient très bien, mais l'excitation et les ventes retombaient après notre départ. La réintroduction de la robe portefeuille avait commencé comme un soufflé, mais elle était retombée tout aussi vite. Je ne savais pas que faire. « Les affaires sont difficiles ; je perds de l'argent ; pas de plan », écrivis-je ainsi dans mon journal.

J'avais été absente des magasins depuis si longtemps que j'ignorais la nouvelle réalité : dans les années 1990, les jeunes femmes s'habillaient rarement au rayon robes des grands magasins, et c'est là que nous étions placées chez Saks. L'ancienne génération y faisait encore ses achats, mais les jeunes femmes de la génération d'Alexandra s'habillaient plutôt dans des boutiques. C'est là que la robe portefeuille nouvelle version allait connaître une renaissance.

Scoop. Que serions-nous devenues sans Scoop ? C'était une nouvelle boutique branchée, située *downtown*, tout en bas de Broadway, qui appartenait à une amie d'Alexandra et ne vendait pratiquement que du noir. Mais la propriétaire, Stefani Greenfeld, aimait mes nouvelles robes colorées, et en suspendit tout simplement dans sa vitrine, sur des cintres. En une demi-heure, elle avait tout vendu ! Elle avait peine à suivre la demande des filles de *downtown* et bientôt, lorsqu'elle eut ouvert une seconde boutique à hauteur de la 70e rue, elle eut du mal à satisfaire la demande *uptown* aussi. Dans les boutiques que fréquentaient les jeunes femmes, les robes se vendaient à une vitesse météorique, mais ce n'était tout simplement pas le cas dans les grands magasins, sur lesquels nous avions également compté.

Début 1998, j'engageai Susan Falk, l'ancienne présidente du magasin new-yorkais Henri Bendel, pour être ma présidente, ainsi qu'un consultant très connu pour nous conseiller sur le choix de nos canaux de distribution. Susan me présenta à Catherine Malandrino, une jeune styliste talentueuse avec qui elle avait déjà travaillé. Catherine vint me voir au Carlyle, où j'habitais alors. Après avoir parlé de son itinéraire de styliste, je lui montrai mon tout dernier modèle de robe, un imprimé léopard vert camouflage. Elle adora et accepta de nous rejoindre.

Ensuite, j'organisai une présentation aux acheteurs des nouvelles robes portefeuille et de quelques nouveaux modèles de robes drapées unies. Je m'étais inspirée de l'ambiance des anciennes maisons de couture parisiennes. J'avais transformé le studio en salon, en le meublant avec un canapé, des tableaux, un immense miroir et un piano venus de mon ancien appartement de la 5e Avenue. Toutes les dix ou quinze minutes, les mannequins apparaissaient dans une nouvelle tenue et prenaient la pose au piano ou sur le rebord du bassin, tandis que le pianiste jouait des airs de Gershwin et de Scott Joplin.

La contribution de Catherine à DVF fut de jolis drapés. Je portais d'ailleurs une de ses robes l'année suivante quand je posai pour Francesco Clemente, le jour de la naissance de Talita. Le tableau est accroché dans le hall d'entrée de mon studio actuel, sur la 14e rue, et me rappellera toujours cette journée où je suis devenue grand-mère pour la première fois. La robe, baptisée Angelina, avait un joli drapé et était très seyante, avec toutes sortes de détails couture, à l'ancienne. Elle a eu beaucoup de succès.

Alexandra était de plus en plus impliquée et elle était une image formidable pour la marque. Bien qu'elle aime les nouveaux modèles drapés, elle s'inquiétait du manque de direction de la compagnie. Elle n'avait pas tort. Entre les robes portefeuille et les nouvelles robes drapées, nous avions une collection viable mais nous n'avions pas de vision claire pour la distribuer ni pour aller de l'avant. Les consultants que nous avions engagés nous avaient conseillé de cibler du bas de gamme, mais cela ne correspondait pas au caractère sophistiqué des robes. J'étais stressée et inquiète.

Cet été-là, alors que je me dirigeais vers l'aéroport de Teterboro dans le New Jersey pour y retrouver Barry et prendre un vol pour l'Alaska, j'eus un accident grave. Ayant raté la sortie vers l'aéroport, je donnai un coup de volant, heurtai quelque chose et fus projetée sur l'autoroute, où j'eus une collision avec un énorme semi-remorque. J'avais une douleur incroyable dans la poitrine et je me souviens d'avoir demandé à l'équipe de secours : « Est-ce qu'on peut vivre avec un trou dans le cœur ? » En plus de dix-huit points de suture dans le cuir chevelu, je m'étais cassé cinq ou six côtes et perforé un poumon.

Je passai les deux semaines suivantes dans un petit hôpital à Hackensack, dans le New Jersey, avec des médecins formidables. La sécurité était tellement stricte que j'étais convaincue qu'il devait y avoir un patron de la mafia à l'étage ! Je souffrais, mais j'étais au calme. Barry et les enfants voulaient que je sois transférée à New York, mais je refusai. J'aimais ce petit hôpital et j'appréciais ma solitude : Hackensack était suffisamment loin de New York pour décourager les visites. J'avais besoin d'une pause. J'étais consciente d'être épuisée et un peu perdue. Alexandre aussi s'en rendait compte. « Tu as eu cet accident parce que tu ne sais pas ce que tu fais », me dit-il avec inquiétude. C'était peut-être un peu rude de sa part, mais ce n'était pas faux. Quelques années plus tôt, j'avais eu un cancer qui me paraissait symptomatique de mon incapacité d'alors à m'exprimer. Cette fois, je vis mon accident comme un symptôme de mon absence de « feuille de route » pour mon affaire.

Les nuits à l'hôpital étaient longues et douloureuses, malgré la gentillesse de mon infirmière, avec qui je devins amie. J'ai peu de souvenirs de ces deux semaines dans un *no man's land*, et je n'en ai jamais parlé dans mon journal intime. Tout ce que je sais, c'est que j'avais un tube dans un poumon, que je n'avais pas la force de lire ni de regarder la télévision, et que j'attendais sans bouger que mon corps guérisse. Il finit effectivement par guérir. Ce fut long mais, petit à petit, j'évacuai la douleur.

Je savais que j'avais besoin de changement, mais l'événement catalyseur se présenta dès mon retour à mon appartement du Carlyle : j'y découvris une fuite d'eau dans ma chambre. « Cela commence à bien faire, me dis-je, je déménage *downtown*. »

Ce fut le début d'une nouvelle vie.

Je créai alors un espace personnel merveilleux juste à côté de mon bureau, au dernier étage des anciennes écuries de la 12ᵉ rue. Je décorai le séjour avec des objets balinais et installai un lit à baldaquin en fer forgé contre le mur de briques. Je fis faire un dressing qui puisse aussi me servir de studio de yoga. J'adorais le décor bohème de mon nouveau style de vie, si différent de l'hôtel Carlyle. Le matin, je me faisais un café et j'allais me promener, pratiquement en pyjama, de l'autre côté du West Side Highway, le long de la rivière. J'avais une petite chambre d'amis où ma mère dormait quand elle me rendait visite. En fait, elle ne s'y sentit jamais vraiment bien. Des années après, je réalisai que les murs de briques lui rappelaient peut-être les camps.

Au contraire, mon ami Christian Louboutin adorait cette petite chambre et y vécut presque à demeure quand il se lança à New York : il présenta ses premières collections sur ma table de salle à manger ! À l'époque, il commençait tout juste de vendre ses souliers à semelle rouge, si sexy, chez Barneys, Jeffrey et Neiman Marcus. Comme je le voyais créer chaque saison de nouveaux modèles spectaculaires mais en nombre limité, je suggérai qu'il mette au point une ligne de modèles permanents pour les offrir chaque saison. Je suis très fière d'avoir pu l'aider à bâtir une marque mondiale grâce à son talent. Nous sommes devenus très amis et avons passé de nombreuses vacances ensemble. Nous avons ainsi parcouru la route de la soie en Ouzbekistan, de Tachkent à Samarcande, Boukhara, Khiva et Fergana, jusqu'à la frontière avec l'Afghanistan. Christian et moi sommes tous deux Capricorne : comme les petites chèvres, nous aimons grimper ! Nous avons également fait des randonnées et des treks ensemble, de l'Égypte au Bhoutan.

Ce que je préférais avec ma maison de la 12e rue, c'était l'impression qu'elle me correspondait parfaitement. Mon style personnel et mes créations étaient sur la même ligne : simple, heureuse, sexy. Pour la première fois depuis des années, tout dans ma vie commençait à être cohérent. Tout cela, et les personnalités créatives de mon quartier animé, me donnait l'impression de renaître. De nouveau, je donnais des fêtes amusantes, dont une pour la publication de mon livre, *Signature Life.* Tatiana demanda à l'ami d'une amie de s'occuper de la musique et c'est ainsi qu'elle rencontra Russell Steinberg, qui allait bientôt devenir le père de ma seconde petite-fille, Antonia.

Mes affaires continuaient de clopiner, mais avec un léger mieux. En tout cas, j'étais plus heureuse que je ne l'avais été depuis longtemps. Quand le CFDA me demanda d'entrer au conseil d'administration, en 1999, je fus à la fois très touchée et fière. La reconnaissance de mes pairs était rassurante. Pour la première fois depuis des années, je n'étais plus un outsider ; j'étais de retour dans le monde de la mode.

En revanche, je n'avais pas anticipé un conflit que j'eus avec Alexandre dans le contexte de ce que nous appelons maintenant « l'intervention de la famille ». Nous étions tous réunis dans le bureau de Barry à New York pour discuter de la création de la fondation familiale Diller-von Furstenberg pour les dons caritatifs. Cette discussion terminée, Alexandre, qui gère les affaires de la famille, m'affronta : « Il faut que tu recentres ton énergie et que tu décides ce que tu veux faire avec la société. Il faut arrêter de perdre de l'argent. Ou mettre la clef sous la porte. »

J'étais très en colère de cette confrontation. C'était mon argent, après tout, et il y avait du progrès. Je comprenais l'inquiétude d'Alex, mais dans mon esprit l'aventure cette fois était moins pour l'argent que pour moi. Lorsque j'avais lancé ma première affaire, mon but était l'indépendance financière, et je l'avais atteint. Cette fois, mon but était de prouver à moi-même, et au reste du monde, que la première fois n'avait pas été un accident. Ma fierté était plus importante que le prix à payer pour atteindre mon objectif. Et je tenais à la robe portefeuille, à ce style qui était le mien et qui avait à nouveau sa place dans la penderie des femmes. Mettre la clef sous la porte ? Maintenant ?

Je tapai du poing sur la table : « Donne-moi six mois. Je vais redresser l'affaire. Tu verras. » Alex céda et tout le monde se mit d'accord pour attendre six mois.

Il avait raison, bien sûr. Nous ne pouvions pas continuer à investir sans plan. Mais je sentais que j'étais sur la bonne voie, grâce à l'enthousiasme des jeunes femmes pour mes robes, et je voulais travailler là-dessus. Toutefois, j'avais besoin de l'aide d'un professionnel de la vente.

Et c'est alors que Paula Sutter entra dans ma vie.

C'est Stefani, la propriétaire de la boutique Scoop, qui me présenta à son amie et ex-collègue Paula, lors d'un déjeuner au restaurant Balthazar, *downtown*. Paula, qui était très enceinte, avait été vice-présidente des ventes et du marketing chez DKNY. Stefani et elle faisaient partie de l'équipe qui avait lancé DKNY avec tant de succès dans les années 1980. La plupart de ces jeunes femmes, après 1980, avaient connu des carrières spectaculaires. « Vous devriez la recruter », me dit Stefani. Ce fut donc à moi de convaincre Paula lorsqu'elle vint me voir à mon bureau. Elle ne voulait pas s'engager à plein-temps, à cause du bébé, mais je réussis à la convaincre de travailler pour moi en tant que consultante à temps partiel. C'était en 1998. Lorsque Susan Falk, qui voulait retourner dans une grosse société, partit, Paula devint présidente de Diane von Furstenberg Studio. Extrêmement précieuse à ce poste, elle allait y rester pendant quatorze ans.

Les débuts furent difficiles, surtout lorsque Alexandre vint trouver Paula pour lui rappeler son ultimatum, désormais familier : « Vous avez six mois pour dégager un bénéfice, ou fermer l'affaire. » Ce n'était pas le plus chaleureux des accueils. Mais Paula était de mon côté.

Avec son CV, elle aurait pu travailler pour d'autres marques plus importantes et plus rentables, mais elle vit que notre affaire avait un bon ADN ; elle avait simplement besoin d'un bon coup de propre, comme disait Paula. Elle éprouvait autant d'excitation que moi à l'idée du potentiel que représentait la clientèle jeune. Dès le départ, nous nous étions trompés de cible. Il fallait changer de cap.

La vente au détail se transformait et adoptait une approche plus moderne. Les grands magasins commençaient à créer des départements de « mode contemporaine » ou de « luxe abordable » et, pour Paula, c'est là qu'était notre place. Il fallait cibler la nouvelle génération de consommatrices et raconter notre histoire de façon plus jeune et plus moderne. Mais d'abord, il fallait repositionner la marque comme étant universellement cool.

Paula était aussi enthousiaste que déterminée. Elle faisait preuve d'une grande énergie dans ses discussions avec les magasins de luxe comme Bergdorf Goodman, mais ce n'était pas facile. Mon nom, disaient-ils, était « pollué » parce que nous vendions encore par téléachat, et certains acheteurs me voyaient encore comme une marque ancienne, alors que nous avions déjà de très bons résultats auprès des jeunes femmes. La griffe « Diane » était également vue comme problématique : ils la trouvaient datée. Heureusement, un de mes anciens boyfriends, Craig Brown, le graphiste qui avait fait de la langue de Mick Jagger le logo des Rolling Stones, réapparut dans ma vie à ce moment-là. Il redessina la griffe, qui devint « DIANE VON FURSTENBERG » en caractères d'imprimerie.

Nous prîmes d'autres mesures. « Diane von Furstenberg Silk Assets » devint « Silk Assets ». Je me dégageai des émissions du Home Shopping Network, où je fus remplacée par Alicia, une jeune femme du bureau.

Paula mit en place des livraisons mensuelles afin que les magasins aient un flux régulier de nouveautés. Pour la journée presse qui suivit cette décision, j'eus l'idée de créer, autour du bassin de l'immeuble de la 12e Rue, des tableaux vivants illustrant les thèmes des livraisons à venir : les plantes ; les fleurs ; la mer. Les mannequins étaient ravissants dans ces mini-collections de robes en jersey ou en mousseline dans des imprimés et des couleurs assortis. Les acheteurs et les journalistes avaient l'impression de pénétrer dans un tableau vivant. C'était coloré, sexy, avant-gardiste et différent de tout ce qui se faisait à l'époque.

Nous continuâmes notre *show and tell* à Paris, en prenant un stand à Tranoï, une foire internationale pour les jeunes créateurs qui se tenait au Carrousel du Louvre. Les meilleures boutiques spécialisées du monde entier y vont : ce sont elles qui lancent les tendances du reste du marché. Nous espérions être présentes dans une de ces boutiques et ce fut le cas lorsque Colette commanda nos robes imprimées si sexy pour sa boutique de la rue Saint-Honoré. Et c'est là aussi que Betsee Isenberg, de Los Angeles, prit la ligne pour la vendre sur la côte Ouest.

Alexandre restait sceptique. Nous ne faisions guère de bénéfices, mais nous étions en progrès. De retour à New York, Paula prépara des projections et une ébauche de plan de développement, qu'elle montra à Barry et Alexandre. « Je comprends, fit Barry en riant, tu voudrais une transfusion sanguine. » Le terme fut aussitôt adopté, parce que c'était exactement ce que nous voulions pour le studio. Six mois plus tard, nous étions de retour à Paris avec la nouvelle collection.

Je garde un souvenir ému de ce séjour. Nous étions cinq ou six du studio de New York, entassés avec tous les vêtements dans l'appartement de la rue de Seine, où nous campions pendant toute la durée de la foire. C'était une équipe réduite : Paula, bien sûr, et Astrid, la meilleure vendeuse imaginable, qui parlait toutes les langues et essayait toutes les robes. Il y avait aussi Maureen, du marketing, et Luisella, la jeune Italienne si intelligente qui était alors mon assistante. Nous riions beaucoup et parvenions à décrocher des commandes auprès de la crème des boutiques internationales.

Je me sentais rajeunie, grâce à l'énergie des jeunes femmes qui m'entouraient, et je partageais leur excitation et leur enthousiasme. J'avais l'impression d'avoir leur âge. Il n'y avait pas de grandes réunions, pas de grands plans marketing. Rien de tout cela. La seconde fois avait commencé de manière aussi organique que la première. C'était une petite entreprise, après tout. C'était comme incuber une nouvelle marque, une marque jeune, avec peu de moyens, tirés des profits du Home Shopping Network.

Mais bientôt nous vendions, vendions à des boutiques en Angleterre, en France, en Italie, en Espagne – dans toute l'Europe – et aux États-Unis. Scoop, bien entendu, était notre pilier à New York ; à L.A. c'était Fred Segal, le marchand remarquable qui, le premier, avait eu l'idée d'ouvrir un magasin de jeans dans les années 1960. Les deux boutiques étaient des fans absolus de la marque et le faisaient savoir à leur clientèle, très fidèle. Le moment de ce second lancement, en pleine nostalgie des années 1970, s'avéra parfait. Colette adora rendre hommage au glamour des années 1970 et au Studio 54, une époque que j'avais pleinement vécue. Le fait que j'aie activement participé à cette époque donnait de l'authenticité à mes vêtements, à mes interviews et à ma présence. Nous étions donc là à la foire, avec les jeunes designers cool, et c'était encourageant. Pour autant, les bénéfices restaient maigres.

Il fallait trouver un raccourci. Un jour, alors que j'étais assise à côté de Tom Ford sur un vol Londres-New York, il exprima un grand intérêt pour ce que je faisais. J'eus une intuition : pourquoi ne pas vendre des actions à Gucci et lever ainsi des fonds qui nous permettent d'aller de l'avant plus facilement ? Quelques semaines plus tard, je prenais un vol pour Londres avec Barry, et Alexandre et Paula nous y retrouvaient. C'était l'été 1999, et Barry était très occupé par une énorme transaction, puisqu'il était en train d'acquérir le contrôle d'Universal, mais il prit le temps de nous accompagner à la réunion avec Gucci. Elle ne commença pas sous les meilleurs auspices. Tom et son associé, Domenico de Sole, étaient en retard, et Barry était contrarié. Finalement, nous fîmes notre présentation et ils parurent intéressés. Il y eut d'autres réunions à New York au cours des mois suivants, mais il semblerait que les raccourcis ne soient pas pour moi. En fin de compte, Gucci ne fut pas intéressé et, à la place, investit dans Stella McCartney. J'étais déçue.

Au milieu de tout cela, Catherine Malandrino nous quitta pour développer sa propre ligne et ouvrir sa propre boutique. Elle fut remplacée par Nathan Jenden, en 2001. Il devait rester près de dix ans auprès de moi.

Nathan était anglais ; il avait trente ans, je crois, à l'époque et avait travaillé avec John Galliano et Tommy Hillfiger. Il comprenait donc à la fois la mode haut de gamme et ce que les Américains appellent la mode de *Main Street* (la Grand-Rue). Il avait aussi un côté branché et fantaisiste. Il me plut dès le début : je lui avais demandé de me faire une présentation (aussitôt perdue, puis retrouvée) ; en réponse, il dessina une fille qui portait une robe avec un imprimé à motif de mots croisés et l'intitula « La Princesse rebelle ». Quand il vint à mon bureau, il fut impressionné par le nombre de livres ; de mon côté, je fus heureuse qu'il les ait remarqués.

Nathan apporta beaucoup de *feng shui* et un peu de rock'n'roll aux vêtements et ensemble nous avions un bel élan. Il avait un talent incroyable et faisait des miracles aux essayages, grâce à des coups de ciseaux audacieux. Le premier défilé que nous fîmes ensemble eut lieu deux jours après le 11 septembre, qui nous avait tous laissés en état de choc et en plein désarroi. Le travail de Nathan était si pointu qu'il réussit à maintenir nos ventes, bien que l'économie de la ville ait subi un coup terrible. Cette année-là nous ouvrîmes également notre première boutique, juste à côté du studio. Elle était tellement minuscule qu'on avait du mal à la trouver ! Calvin Klein vint à l'inauguration de ma « boutique cachée » et admira les petites robes. « Quel magnifique concept ! » s'exclama-t-il. Venant de Calvin, qui n'aime ni la couleur ni les imprimés, c'était un énorme compliment. Je commençais à me sentir de nouveau euphorique, en dépit du rejet de Gucci.

L'euphorie continua avec les Oscars, à Los Angeles. Le samedi à midi, Barry et moi organisons depuis toujours un pique-nique en l'honneur de notre ami Graydon Carter, le rédacteur en chef de *Vanity Fair*, hôte de la soirée des Oscars de ce magazine. De nombreuses stars vinrent au lunch, et je les vis arriver de plus en plus nombreuses en robes DVF. Maintenant nous avions vraiment décollé !

Partie de quelques petites robes, la collection s'étoffa bientôt pour devenir complète. Deux fois par an, nous faisions de véritables défilés au studio. Les intitulés – « Working Girl », « Sous le volcan », « Princesse rebelle » – reflétaient la femme pour qui les collections étaient créées : décontractée, sexy, indépendante, active et avec une touche de fantaisie. Après le show *Dolce Vita*, une lampe tomba et blessa deux journalistes. Je me sentais terriblement coupable. J'allai voir Hilary Alexander, l'excellente journaliste du *Daily Telegraph*, à l'hôpital. Elle fut formidable, vraiment fair-play : malgré sa blessure, son article fut très élogieux. Mais le temps était venu de jouer dans la cour des grands et de défiler sous les tentes officielles de la Fashion Week de New York.

En 2002, nous étions présents dans pratiquement tous les grands magasins de qualité, y compris le plus prestigieux, Bergorf Goodman. Je laissais à nouveau mes cheveux friser. C'était une renaissance : j'étais un vrai *comeback kid*. En trois années incroyables, j'étais passée d'un business qui perdait de l'argent, et que ma famille voulait fermer, à une affaire très profitable. Personne dans le secteur de la mode n'en croyait ses yeux. Personne ne s'attendait à ce que nous avions accompli, et beaucoup étaient surpris que nous ayons réussi à réinventer la marque. Paula et moi avions positionné l'affaire de façon très moderne, et voilà où nous en étions : une affaire fondée dans les années 1970 qui avait effectué un saut remarquable dans le XXIe siècle avec, au centre, la robe d'origine et, tout autour, de nouvelles créations, globales et multi-générationnelles.

Ensuite, notre croissance continua, en réponse aux opportunités, sans *master plan*, sans plan d'ensemble.

Nous ouvrîmes une boutique à Miami, puis, l'année suivante, à Notting Hill, qui marchaient toutes les deux très bien. Après, ce fut Paris, avec un lancement spectaculaire. Comme Madonna était en ville, je lui envoyai un mail. Elle vint à l'ouverture de la boutique avec sa fille et une bande de paparazzi. Elle acheta une robe portefeuille, qu'elle porta ensuite à une conférence de presse en Israël. Difficile d'imaginer mieux comme amie, ou comme publicité !

Madonna fut tout aussi formidable, des années plus tard, à une fête qu'elle donna avec Demi Moore après la cérémonie des Oscars de 2008. Elles me firent la surprise de porter la même robe portefeuille dorée du défilé printemps/été. Je sentis vraiment que j'étais enfin « arrivée », en tant que créatrice. Le même soir, j'eus également un sentiment d'euphorie en découvrant à la télévision la publicité d'American Express, qui passa deux fois pendant la cérémonie des Oscars. Ils avaient engagé Bennett Miller, un réalisateur nominé aux Oscars, pour cette publicité tournée à Cloudwalk et au studio. Bennett avait refusé de me laisser voir le scénario, préférant m'interviewer et utiliser l'interview en voix off. Ce soir-là, des millions de téléspectateurs m'écoutèrent dire : « Je ne savais pas vraiment ce que je voulais faire, mais je savais quel genre de femme je voulais devenir. » Bien que j'aie déjà souvent prononcé cette phrase, l'entendre à la télévision me fit réaliser la force du message. Ce désir est au cœur de ma marque.

Dans les années qui suivirent, nous ouvrîmes des boutiques à Tokyo, Jakarta, Saint-Tropez, Bruxelles, Shanghai, Hong Kong, Moscou et Madrid, et des boutiques supplémentaires à Paris, Sao Paulo et Pékin. L'ouverture de la boutique d'Antwerp, appartenant à ma belle-sœur, fut particulièrement satisfaisante pour moi car c'était ma première boutique en Belgique. Axel Vervoordt, le célèbre architecte et décorateur, donna un grand, un magnifique dîner en mon honneur dans son château. Pour la première fois, je me sentais reconnue comme créatrice dans mon pays d'origine.

Moscou aussi fut mémorable. En 2005, notre collection était d'inspiration russe. La boutique qui la vendait, Garderobe, m'invita à Moscou. Ils organisèrent un petit défilé et un dîner en mon honneur dans la maison de Tolstoï, à Ulitsa Lva Tolstogo. Après le défilé, assise une coupe de champagne à la main sous un lilas du jardin de Tolstoï, face à des journalistes venus m'interviewer, j'eus une pensée pour mon père d'origine russe : comme il aurait été fier !

Un autre grand souvenir est la visite à Cloudwalk de Roberto Stern, le joaillier qui dirige la maison H. Stern, dont il est copropriétaire. Il y avait longtemps que j'avais envie de dessiner de beaux bijoux et j'avais contacté son père, Hans, des années auparavant pour une éventuelle collaboration. J'adorais la qualité de leurs bijoux, mais Hans avait refusé.

J'avais fait une seconde tentative en 2001, cette fois auprès de Roberto, mais cela n'avait rien donné. Roberto, je l'apprendrais plus tard, m'avait trouvée quelque peu intimidante, mais après sa visite à Cloudwalk l'intimidation laissa place à l'inspiration et nous eûmes une merveilleuse collaboration. Il fit un travail d'interprétation formidable de ma vision et n'eut pas peur de créer les gros bijoux que j'aime : d'énormes bagues en cristal et le lourd bracelet Sutra en or que je porte quotidiennement, avec ses maillons gravés de mes sutras préférés, « harmonie », « intégrité », « paix », « abondance », « amour », « connaissance », « rire » et « créativité ».

Mon affaire connaissait une telle croissance que les anciennes écuries de la 12e rue n'y suffirent bientôt plus. Notre ancienne maison était devenue trop petite pour la grande famille DVF.

J'achetai donc deux immeubles anciens à l'angle de Washington Street et de la 14e rue, toujours dans le Meatpacking District. Une partie des bâtiments avait été utilisée par le millionnaire John Jacob Astor pour loger ses employés. Il fallut trois ans pour construire un immeuble neuf de six étages, parce que nous étions dans un quartier historique que j'avais aidé à protéger quelques années plus tôt, avec mon premier événement de levée de fonds sur la 12e rue. Au lieu de démolir les bâtiments pour construire mon siège et mon studio, je dus passer devant la commission des monuments historiques et présenter un projet terriblement coûteux préservant deux façades en briques et démolissant uniquement l'intérieur. Je fis également construire une chambre, bien qu'il puisse paraître excentrique de dormir dans une cabane en verre sur le toit. La 12e rue s'avéra avoir été un bon investissement, malgré toute l'opposition à laquelle j'avais dû faire face. J'avais acheté les deux écuries pour 5 millions de dollars en 1997. Je les revendis en 2003 pour 20 millions.

Toute cette croissance renforçait ma confiance en moi, ce qui est vital pour la façon de considérer les opportunités. En 2005, je reçus du Council of Fashion Designers of America le prix pour l'ensemble de ma carrière. L'année suivante, je fus élue présidente du CFDA. L'accolade de ses pairs est la forme de reconnaissance la plus valable qui soit. Sans elle, je doute que je me serais lancée dans le défi le plus audacieux qui soit : la Chine.

« Je veux être connue en Chine. » Telle était ma première résolution de Nouvel An à la veille de 2010. Je prends mes résolutions d'autant plus au sérieux que le 31 décembre est également mon anniversaire.

La Chine m'a toujours fascinée. J'y suis allée souvent, dès 1989, alors qu'il n'y avait pratiquement pas de voitures dans les rues. Au fil des ans, je me suis fait de nombreux amis à Pékin et à Shanghai : des artistes, des écrivains, des hommes et des femmes d'affaires. En 2010, tout le monde regardait soudain la Chine comme une « opportunité » mais, contrairement à d'autres marques, je ne voulais pas être simplement opportuniste. Je souhaitais comprendre leur culture, et expliquer la mienne. Étant le visage derrière ma marque, j'avais toujours eu une relation privilégiée avec ma clientèle. Je souhaitais construire la même chose en Chine.

J'avais un plan : l'exposition sur mon travail, ma vie et l'art que j'avais déjà montée à Moscou et à Sao Paulo pour me présenter aux marchés russe et brésilien. Bill Katz, un ami de longue date dont le métier est d'organiser des expositions, me suggéra un lieu exceptionnel : la Pace de Pékin, la plus grande galerie d'art privée au monde. Arne Glimcher, le propriétaire, donna son accord avec enthousiasme.

J'étais ravie. D'autres l'étaient moins. Paula était contre : Nathan Jenden nous avait quittés et Yvan Mispelaere venait d'arriver au poste de directeur artistique. Il y avait beaucoup à faire, car il fallait le briefer et l'intégrer dans la société. De plus, Paula faisait valoir – et elle n'avait pas tort – qu'il semblait prématuré de faire une exposition en Chine. Notre présence, à l'époque, se limitait à deux boutiques à Pékin et une à Shanghai. Pour l'entreprise, l'exposition demanderait énormément de temps, d'argent et d'efforts. Paula me conseillait d'attendre quelques années, jusqu'à ce que nous soyons plus établis en Chine. Mais mon instinct me disait que le timing était le bon, et j'insistai donc pour aller de l'avant. Le vernissage fut fixé au 4 avril 2011.

Lorsque je parlai à des amis chinois de l'exposition de Pékin, lors d'un dîner que la galeriste Pearl Lam donnait pour moi à Shanghai, ils me demandèrent tous : « Et Shanghai ? Pourquoi ne pas faire quelque chose ici ? » « Pourquoi ne pas donner un bal ? » suggéra Wendi Deng Murdoch, la femme de Rupert Murdoch. « Personne en Chine ne donne de bals. » Tout le monde trouva l'idée excellente. Moi aussi. Je décidai de l'appeler « le Bal rouge ».

Le lendemain même, j'allai voir le célèbre artiste Zhang Huan dans son studio, une usine de tuyauterie reconvertie en un immense atelier, dans la banlieue de

Shanghai. Dès le premier instant, je sus que c'était l'endroit rêvé pour le bal : beaucoup plus intéressant que n'importe quel grand hôtel. Zhang adora l'idée, qui séduisit aussi les Shanghaïens, d'autant qu'ils ont une rivalité informelle avec Pékin. Le Bal rouge aurait lieu le 31 mars, quatre jours avant l'ouverture de la rétrospective à Pékin.

Nous attendions sept cents invités, mais plus d'un millier vint au bal. C'était un *Who's Who* de la Chine, avec notamment le compositeur oscarisé Tan Dun (*Tigre et dragon*), l'actrice Zhang Ziyi (*Tigre et dragon*, *2046*) et de nombreuses autres personnalités. Pour la soirée, je me fis faire une robe brodée avec les caractères chinois du mot amour. Ce fut une soirée spectaculaire, dont on parle encore, à ce que me dit mon ami Hung Huang, l'écrivain, blogueur et fondateur du magazine *iLook*. Un bataillon d'hommes masqués, vêtus de noir, manipulant des rayons laser rouge tout autour du studio de dix mètres de hauteur ; le temple ming construit par Zhang Huan qui flottait dans une brume écarlate ; la troupe de ballet contemporain de Jin Xing qui s'emparait d'éventails rouges et dansait au son des percussions chinoises ; en *after*, la piste de danse d'un rouge scintillant et le ballet des éclairages ; le tout mis en scène par mon ami Alex de Betak, le magicien qui dessine les décors de mes défilés.

J'étais tellement fière ! Toute ma famille était auprès de moi : enfants et petits-enfants, cousins, et Philippe qui était venu de Belgique avec sa femme et ses enfants. « Qu'est-ce que tu préfères dans ton travail, Didi ? » me demanda la fille de Tatiana, Antonia, la veille du bal. « Ce que je préfère, répondis-je, c'est de rêver d'une chose, et de la réaliser. » Le voyage fut d'autant plus mémorable que Tatiana réalisa la campagne publicitaire, ainsi qu'un film spectaculaire, tous deux intitulés « Rendez-vous », dans le studio de Zhang Huan.

Quatre jours plus tard, un millier de personnes se pressaient au vernissage de l'exposition à la Pace de Pékin. Les Chinois étaient fascinés par mon parcours à New York dans les années 1970 et par les portraits d'Andy Warhol, si loin de ce que connaissait leur pays à la même époque. Sur une suggestion d'Arne Glimcher, j'avais commissionné quatre nouveaux portraits par des artistes chinois d'envergure.

Chaque fois qu'en entrant dans mon bureau je vois le portrait à la cendre fait par Zhang Huan, ou qu'en entrant dans ma bibliothèque de Cloudwalk je vois celui peint par Li Songsong, je suis heureuse d'avoir suivi mon instinct : ce sont des chefs-d'œuvre. Sans compter que j'ai accompli ma résolution du Nouvel An : nous avons vingt-cinq boutiques en Chine, et projetons d'en ouvrir quatorze supplémentaires. Et je suis bel et bien « connue » ! Quand j'ai commencé à travailler sur mon projet chinois, je n'avais pas d'abonnés sur Sina Weibo, la version chinoise de Twitter. Après le Bal rouge et l'exposition de Pékin, j'en ai rapidement eu trois cent mille. Aujourd'hui, j'en ai plus de deux millions !

Nous étions tous euphoriques en quittant la Chine. Nous avions dépassé tous nos espoirs, et l'équipe DVF avait fait un travail formidable. Nous ne savions pas que, dans moins de trois ans, nous monterions à nouveau cette exposition, cette fois à Los Angeles. Ce serait toutefois différent. Pour le projet chinois, j'avais insisté seule contre le reste de mon équipe. De retour à New York, je réalisai que ce n'était pas une bonne habitude de prendre des décisions toute seule. Bien des choses devaient changer. Il était temps que mon affaire entre dans une troisième phase, une phase que j'appelle la Nouvelle ère. Le changement n'a été facile pour personne.

6

Une nouvelle ère

Avant même le voyage en Chine, c'était une évidence : il y avait du changement dans l'air. Du changement à la fois excitant et douloureux. Paula et moi avions été comme Thelma et Louise dans le film de Ridley Scott : ensemble, nous avions parcouru le pays en tous sens pendant dix ans. La marque était de nouveau jeune, et son étoile brillait dans cinquante-cinq pays. Nous avions ouvert une centaine de boutiques DVF. Parties de zéro, nous avions atteint un chiffre d'affaires de 200 millions de dollars. Quelle serait la prochaine étape ?

Mon objectif avait changé. Ce n'était plus l'indépendance financière : il y avait longtemps que je l'avais acquise. Je n'avais plus besoin de prouver que la première fois n'avait pas été un accident : la preuve en était faite. Ce que je voulais désormais, c'était transformer une belle entreprise en une entreprise exceptionnelle, laisser un héritage, une entité qui puisse me survivre. J'avais atteint l'âge où l'on commence à penser à ce que l'on va léguer à ses enfants et petits-enfants.

J'avais déjà commencé à bâtir un héritage en dehors de mon entreprise. Étant moi-même devenue une femme influente, il était de mon devoir d'aider d'autres femmes à en faire autant. C'est la raison pour laquelle je m'étais engagée auprès de l'organisation Vital Voices, puis avais créé le Prix DVF. Je m'engageai également auprès d'un monde et d'une ville qui m'avaient beaucoup apporté : le monde de la mode et la ville de New York. Dans la mode, l'opportunité vint du CFDA. Je ne dirai jamais assez quel honneur ce fut pour moi d'être élue présidente de cette institution en 2006. Le *Women's Wear Daily* consacra un gros titre à mon élection : « Élue présidente au CFDA, DVF apporte son carnet d'adresses et sa sophistication. » Steven Kolb, nouveau directeur exécutif, et moi fîmes immédiatement équipe. Mon premier objectif était de faire de l'institution une famille, d'amener du sang neuf et de m'assurer que les créateurs les plus établis jouent un rôle de mentor vis-à-vis des plus jeunes. Ensemble, nous aurions davantage de pouvoir et d'influence qu'individuellement. Quelques semaines à peine après mon élection, Steven et moi étions à Washington, pour faire pression sur le Congrès et demander davantage de protection contre les copies de vêtements. À notre arrivée ce matin-là, notre lobbyiste, Liz Robbins, nous dit que nous tombions mal : tout le monde était très occupé ; nous allions devoir attendre des heures et ne verrions probablement personne. Mais elle fut ravie de constater que nous avions plus d'influence qu'elle ne l'avait cru. Nous fûmes reçus par une bonne demi-douzaine de sénateurs, dont Hillary Clinton, John McCain et Dianne Feinstein, ainsi que la représentante Nancy Pelosi, future chef de la majorité parlementaire. Nous pûmes expliquer le besoin de protéger nos designs. Il y eut aussi des séances photos. La loi n'est pas encore passée, mais il est clair que nous avons contribué à mettre en lumière le travail des créateurs et que nous avons montré aux distributeurs de masse l'intérêt d'engager des créateurs plutôt que de les copier.

Après la catastrophe du 11 septembre et son impact sur l'économie, mon amie Anna Wintour, la célèbre rédactrice en chef de *Vogue*, eut l'idée de créer un fonds pour promouvoir les jeunes créateurs américains. Je suis extrêmement fière d'avoir participé à la création du CFDA/Vogue Fashion Fund. Parmi les créateurs les plus talentueux et les plus grands succès d'aujourd'hui, bon nombre ont émergé grâce à cette pépinière de talents : on peut citer – entre autres – Alexander Wang, Proenza Schouler, Rodarte, Rag and Bone, Prabal Gzurung, Joseph Altuzarra et Jennifer Meyer.

Le CFDA a pris l'engagement de promouvoir la diversité et de protéger la santé et le bien-être des mannequins. Nous soutenons également Made in NY (« Fabriqué à New York »), une initiative lancée par Andrew Rosen – le fils de Carl, qui sauva mon entreprise en 1979 – pour redynamiser le secteur textile local. Et le CFDA se montre très actif en réponse aux crises humanitaires. Nous avons levé plus d'un million de dollars pour venir en aide à Haïti à la suite du séisme de 2010, et nous soutenons la campagne Born

Free pour mettre fin à la transmission mère-enfant du virus HIV.

Steven Kolb et moi n'oublierons jamais le jour où nous sommes allés à City Hall rencontrer celui qui était alors le nouveau maire de New York, Michael Bloomberg. Il nous a demandé ce que la ville pouvait faire pour le secteur de la mode. J'ai répondu que nous avions besoin d'un lieu pour nos défilés, qu'il nous fallait un Centre de la mode. « Peut-être un des anciens débarcadères le long de l'Hudson », ai-je suggéré avec espoir.

Nous n'avons pas eu de débarcadère, mais l'adjoint au maire, Dan Doctoroff, n'a jamais oublié ma requête. Pour la Fashion Week, nous disposerons bientôt d'un nouveau « home » au Culture Shed, une nouvelle institution culturelle de plus de 18 000 m^2 qui sera dédiée à toutes sortes d'activités créatives. J'ai rejoint le conseil d'administration du Shed, qui doit ouvrir en 2019 au nord de la High Line, cette promenade si populaire qui fait la joie et la fierté de ma famille.

La High Line (« voie suspendue ») est le rêve devenu réalité de Josh David et Robert Hammond, deux habitants de Chelsea et du West Village, qui ont eu l'idée audacieuse de s'opposer à l'une des dernières décisions du maire Rudolf Giuliani, prise quelques jours avant la fin de son mandat : un ordre de démolition de l'ancienne voie ferrée suspendue qui va de Gansevoort Street à la 34e rue, le long du fleuve Hudson. L'idée de Josh David et Robert Hammond, fondateurs des Amis de la High Line, était de sauver la structure de la démolition et de la transformer en parc. Ma famille les a rejoints et, avec l'aide de nombreux soutiens, nous avons réussi à réaliser ce rêve. L'ancienne voie ferrée, transformée grâce au travail extraordinaire des architectes et paysagistes James Corner Field Operations, Diller Scofidio + Renfro et Piet Oudolf, a ouvert en 2009. Des millions de New-Yorkais et de touristes aiment se promener le long de ce ruban vert de fleurs sauvages, de buissons et d'herbes, au-dessus des rues. Je fais partie de ces promeneurs.

Grâce à tout cela, je fus bientôt nommée par *Forbes* sur la liste des vingt femmes d'affaires les plus influentes du monde ! Pourtant, ma propre entreprise évoluait d'une opportunité à une autre sans objectifs clairs et sans grande discipline. Tandis que nous nous étions laissés bercer par notre croissance spectaculaire, des affaires qui avaient été fondées quelques années auparavant, mais avec une feuille de route claire et un marketing offensif, valaient soudain beaucoup plus que DVF.

Notre nouveau directeur de la création, Yvan Mispelaere, venait de commencer. Il arrivait de Gucci, où il était directeur de la collection de prêt-à-porter féminin, avec de solides références. Comme les collections de Gucci et les nôtres partagent le même style sexy des années 1970, il paraissait un candidat idéal. Il vint à New York nous rencontrer, Paula et moi, en 2010, et fut engagé sur-le-champ.

Les choses commencèrent très bien, avec une promenade « inspirationnelle » dans les rues de Paris. Je l'emmenai voir une exposition sur Isadora Duncan au musée Bourdelle dans le 15e arrondissement, et il fut décidé que ce serait l'inspiration pour la prochaine collection printemps/été. Baptisée « Déesse », celle-ci était moderne mais intemporelle, et très sexy. Les imprimés étaient forts et les couleurs lumineuses : cela me plaisait énormément. Notre collaboration, bien reçue, paraissait un mariage idéal. Après cette première collection, réalisée à quatre mains, je décidai d'abandonner toute responsabilité en matière de création. Je devais m'occuper de la Chine, et de toutes sortes d'autres projets qui demandaient de mon temps et de mon énergie.

Comme je travaillais de plus en plus à l'extérieur du studio, Yvan reprit la direction du département création. Étant perfectionniste, il prenait son rôle très au sérieux. Tout le monde était très intimidé par ce créateur européen qui venait de Gucci et qui changeait tout. Yvan eut l'idée de scinder la collection en deux lignes : un groupe « vintage », baptisé « DVF 1974 », auquel furent ajoutés des accessoires, et une autre ligne plus « couture ».

L'idée paraissait bonne en principe, mais le problème était que toutes les idées d'Yvan – et il en avait beaucoup – étaient créées, ce qui finit par aboutir à un surplus de produits et, au bout du compte, à un manque de clarté. Je m'en aperçus à Honolulu en novembre 2011 lors de l'inauguration de ma première boutique à Hawaï. La directrice, Marilee, et mon amie la princesse Dialta di Montereale avaient organisé une fête formidable avec tout le gratin de Honolulu. Ce fut une soirée glamour ; nous vendîmes beaucoup de vêtements et tout le monde était content. Mais je sentais que quelque chose n'allait pas : la quantité d'articles en rayon était énorme ; bien que tout soit joli et coloré, je me demandais si une diversité pareille serait durable à long terme.

De retour à New York, je trouvai mon entreprise sens dessus dessous. En moins d'un an, la création avait phagocyté les autres départements, à tel point que le merchandising et la production étaient affectés. Les calendriers et les plannings prenaient du retard, provoquant une grande nervosité. J'aimais beaucoup Yvan, j'avais un grand respect pour son talent et je savais à quel point il travaillait dur. Aussi intervenais-je régulièrement, sans aller au fond des problèmes, juste pour pacifier tout le monde. Je cédais à Yvan de plus en plus de responsabilités. Ce qui était plus grave, c'est que j'ignorais les avertissements de Paula, qui me disait pourtant que la collection s'éloignait de la marque, et que ni les acheteurs professionnels ni nos clientes ne s'y retrouvaient plus.

Bien qu'à ce stade je n'aie pas encore complètement réalisé toute l'importance de l'ADN d'une griffe, nous commençâmes à inventorier les atouts de la marque. Notre premier projet fut de réexaminer le monogramme DVF. Avec les années, ces trois lettres nous sont devenues si familières qu'à présent même ma famille me surnomme DVF ! Notre nouveau graphiste, le talentueux Diego Marini, « joua » avec le *V* et le *F*, et en fit un logo plus ouvert, plus dynamique que l'ancien monogramme. Il l'apposa, au milieu d'une pluie de bouches rouges, sur nos sacs et notre papier à en-tête. Cette nouvelle image me séduisit tout de suite ; audacieuse autant qu'élégante, elle représente tout ce que j'aime : la force, l'amour et la liberté.

Je me rappelle ce matin de l'été 2012 où je pris un hélicoptère très tôt de Cloudwalk pour arriver sur une piste d'atterrissage ventée et déserte sur Long Island. Au cours de l'approche, je me penchai pour regarder notre nouveau logo, miroitant du haut de ses cinq mètres, entouré de l'énorme équipe de Trey Laird, le publicitaire que j'avais engagé pour réaliser notre nouvelle campagne. Fait pour paraître métallique, haut comme une maison, dressé dans un espace complètement dégagé, le logo paraissait d'autant plus surréaliste que l'équipe l'arrosait constamment d'eau. J'aimais beaucoup cet énorme logo, de même que les images d'Arizona Muse, le mannequin qui posa pour cette collection. Après la séance photo, j'allai m'installer en riant dans le creux du *V* et quelqu'un me prit en photo.

Nous nous sommes bien amusés ce jour-là. Ce qui fut moins amusant, en revanche, fut le travail autour du *brand book* sur lequel Paula et Trey insistèrent. L'objectif d'un tel exercice est de clarifier ce que représente une marque, de définir une vision que chacun puisse suivre. Au début, cela me parut un exercice inutile et rébarbatif. Mais je réalisai bientôt mon erreur, lorsque j'eus du mal à répondre aux questions qui étaient posées. Quelle est la marque ? Que représente-t-elle ? Quel message projette-t-elle ? Le message est-il cohérent ? Quel est le design phare de la marque ? Quelles sont les couleurs phares ? Qui est notre cliente ?

Décrivez-la. La réponse à cette dernière question, nous dit Trey, devrait tenir en quelques mots. Quelques mots ? Comment quarante années dans la mode et des millions de clientes pourraient-elles tenir en quelques mots ? Le fils d'Alain, Lapo Elkann, véritable génie du marketing, décrit ma marque comme « *the ultimate Love Brand* », la marque de l'amour par excellence. Comment expliquer cela ? L'entreprise était en psychothérapie, et moi j'étais terriblement stressée !

Trey, en revanche, était enchanté. « La marque, me dit-il, c'est vous, c'est votre histoire. La princesse européenne qui est arrivée en Amérique avec quelques robes en jersey et les a transformées en un Rêve américain. Qui d'autre a connu une telle histoire ? Et votre énorme archive d'imprimés : cela aussi doit être intégré au *brand book* ; c'est unique. » Je décidai de lui donner carte blanche.

Les problèmes étaient plus graves que le simple besoin d'améliorer le marketing et la fidélité à la marque. Je ne suis pas un bon manager, et je ne le serai jamais. Cela devint évident lorsque Alexandre commença un audit détaillé de la société. Je fus abasourdie d'apprendre qu'il avait du mal à contrôler les chiffres. Quant à lui, il fut choqué par le manque de rigueur et d'efficacité de nos structures. La société était gérée comme une seule entité, sans que chacune des deux divisions, la vente en gros et la vente au détail, soit suffisamment redevable et transparente. Nous avions grandi très vite et avions engrangé des bénéfices, mais sans investir dans l'infrastructure.

Nous n'avions même pas de véritable poste de directeur financier.

Alexandre avait une longue liste de critiques, mais se retint de me les dire toutes pour ne pas me stresser. Il me parlait constamment de gouvernance et de transparence. Même si je détestais entendre répéter ces mots, je savais bien qu'il avait raison.

Jamais, au cours de toutes ces années dans les affaires, je n'avais préparé un plan de développement. J'avais toujours suivi mon intuition, et transformé mes idées en affaires. Certaines idées avaient rencontré un grand succès ; d'autres, mal exécutées, avaient échoué. Ce type d'énergie confère une grande authenticité et une humanité à une entreprise, mais au prix d'un certain chaos. Dans notre cas, le chaos était indéniable ! Paula et moi savions bien que, si nous devions rejoindre les rangs des entreprises de « première division », il faudrait complètement revoir la structure de la société, investir dans des directeurs de division expérimentés et leur donner des responsabilités, accroître le financement et amener dans notre conseil d'administration familial un nouvel administrateur qui ait une expérience solide dans le domaine de la vente au détail.

Une fois que j'eus réalisé que nous avions désespérément besoin d'aide à tous les niveaux de management, je n'hésitai plus à solliciter les conseils de professionnels. Entre autres, j'organisai des déjeuners avec les PDG de Coach et de Calvin Klein, ainsi qu'avec Mickey Drexler, PDG superstar de J. Crew. Tous me dirent la même chose : pour eux, mon nom et ma marque avaient infiniment plus de potentiel que ce que représentait alors mon affaire. Le potentiel de croissance, me répétaient-ils, était énorme. Leur réaction était à la fois frustrante et instructive : frustrante parce que mon entreprise était moins grosse qu'ils ne l'imaginaient ; instructive parce que, bien que j'aie remarquablement réussi et sois reconnue, j'avais par certains côtés une attitude de débutante.

« Faites plus d'accessoires, me dirent-ils tous. C'est vital pour votre croissance et votre profitabilité. » Effectivement, les accessoires ne représentaient que 10 % de notre chiffre d'affaires, et le prêt-à-porter 90 %, un déséquilibre étonnant au vu de notre succès. Pour passer dans la division au-dessus, il allait falloir corriger ce déséquilibre.

Mais déjeuner avec des experts n'était pas suffisant. Il me fallait un expert dans mon équipe et mon conseil d'administration.

Au cours de mes recherches, je m'aperçus que je connaissais déjà le meilleur d'entre tous, Silas Chou. Silas est un riche investisseur chinois basé à Hong Kong, une superstar de l'habillement qui a acheté Tommy Hilfiger en 1989, alors que la société connaissait des difficultés, puis l'a rebâtie et introduite en bourse avec succès quelques années plus tard. Dernièrement, Silas a connu le même succès avec Michael Kors, mis sur le marché en 2011 pour des milliards de dollars.

Je connaissais Silas par des amis communs et, lorsque je préparais mon entrée sur le marché chinois, il avait organisé un dîner à Pékin pour me présenter. Ce fut une soirée mémorable : son appartement, au sommet d'un grand immeuble, comprend une réplique d'une demeure chinoise traditionnelle, avec vue sur la ville de Pékin et sur le Nid d'oiseau, le stade national de la ville. L'appartement était rempli de célébrités et des danseuses avaient été engagées pour l'occasion. Silas était également venu à l'exposition DVF à Pékin, et nous avions eu l'occasion de déjeuner ensemble au studio, à New York.

J'étais en admiration devant les succès en affaires de Silas, mais il était trop occupé pour rejoindre mon conseil d'administration, même s'il manifestait un réel enthousiasme. Il me dit que je ne réalisais pas la valeur de DVF et que, pour connaître une vraie croissance, j'avais besoin d'avoir « une machine derrière moi ». « Vous pourriez être une géante ! » conclut-il.

« J'ai une idée », me confia Tommy Hilfiger lors d'un nouveau déjeuner. « Joel Horowitz. Nous avons été associés et je lui dois tout. Il faut absolument que tu le rencontres. »

Ce que je ne savais pas, lorsque Joel entra dans mon bureau quelques semaines plus tard, en février 2012, c'était qu'il avait refusé toutes les idées de collaboration que Tommy lui avait proposées. Il avait beaucoup travaillé toute sa vie, était retraité, et maintenant il aimait jouer au golf et mener une vie agréable sous le soleil de Floride.

Comme tous les autres professionnels du secteur, il fut choqué quand je lui donnai des chiffres. Il les trouva « incroyablement bas » pour une « créatrice de style de vie », comme il me décrivit, aussi reconnue. « Vous devriez avoir un chiffre d'affaires de deux milliards », me dit-il.

Peu de temps après, je lui écrivis pour lui demander s'il pourrait rejoindre notre conseil d'administration. « Oui, je pourrais », répondit-il. Mais lorsque je lui envoyai la date de la réunion suivante, je fus surprise par sa réponse : « J'ai dit que je le pourrais, mais je n'ai pas dit que je le ferais. » Tant pis pour lui, me dis-je.

Ce fut Silas Chou qui remit notre relation sur les rails lorsqu'il nous invita à dîner chez lui à New York, Barry et moi. Comme nous partions ce soir-là pour l'Inde, je répondis à Silas que nous ne pouvions pas rester dîner mais que nous passerions en allant à l'aéroport. Silas nous prit à part : « Je sais que vous avez fait la connaissance de Joel Horowitz. C'est votre homme. Vous devriez lui donner un siège au conseil d'administration et vous associer avec lui. » Vraiment ? « Vraiment, m'assura Silas, je dois le voir le week-end prochain ; je le lui dirai. » Et c'est ainsi que Joel a rejoint notre conseil d'administration et notre entreprise.

Mon fils commença à négocier le contrat avec Joel par téléphone alors que nous participions à la conférence annuelle de Herb Allen à Sun Valley, dans l'Idaho. Il ne savait pas que j'écoutais la conversation, assise de l'autre côté de la porte : l'idée d'avoir un fils aussi aimant et intelligent, qui soit là pour représenter la société et me protéger, emplissait mon cœur de fierté et de gratitude. Si Joel avait hésité à nous rejoindre, il s'avéra que c'était parce que je l'avais seulement invité à rejoindre le conseil d'administration. Cela ne l'intéressait pas : « Cela ne m'intéresse pas, expliqua-t-il, de donner des avis d'ordre général quatre fois par an. Je veux être un partenaire actif. » En fin de compte, notre accord fut que Joel investirait une part minoritaire dans la société, que ma famille augmenterait son investissement et que Joel et moi serions coprésidents du conseil d'administration.

J'étais enchantée, et Alexandre aussi, quoique pour des raisons différentes. De mon côté, j'étais enthousiasmée par l'expertise managériale de Joel ; Alexandre, lui, était heureux que Joel soit une figure d'autorité avec une stature et une influence suffisantes pour me contrôler.

Quand Joel arriva chez DVF en août 2012, c'était un désastre. Je souffre rien que d'y repenser… Tout était de ma faute. À cause de ma panique et de l'absence de direction, tout le monde courait dans tous les sens. J'avais toujours cherché des solutions, mais je n'avais jamais eu le temps de m'arrêter et de réfléchir ; le train à grande vitesse ne ralentissait jamais.

Ce fut durant ces semaines difficiles, juste avant la collection du printemps 2013, que je dus finalement faire face à un autre problème majeur : nos produits avaient perdu leur identité. D'un côté, le département création concevait une mode compliquée tandis que, de l'autre côté, pour compenser, le merchandising produisait des pièces banales et trop commerciales. Tout le monde travaillait dur et pensait faire pour le mieux, mais rien n'était fidèle à la marque, et rien ne me plaisait. Ma propre histoire et l'héritage de la marque, la robe portefeuille, les archives de quinze mille imprimés – pourquoi n'étions-nous pas concentrés sur ces atouts ? Ce que nous avions perdu en cours de route, c'était tout ce que nous avions mis dans la collection capsule « DVF 1974 », que nous avions ensuite abandonnée à cause du surplus de produits. Je compris plus tard, beaucoup plus tard, qu'en fait cette petite collection capsule était l'essence de la marque.

Ces quelques semaines sont un de mes pires souvenirs. Je faisais des allées et venues entre mon bureau et l'atelier de dessin pour la préparation du défilé, et j'étais de plus en plus contrariée. Cela me serrait le cœur de voir des portants entiers de vêtements inutiles. Je ne dormais plus. Il m'arrivait même de pleurer. Je ne pouvais plus me contenter d'avoir des doutes. Il était clair que le produit avait tout faux. Seuls les coloris – Yvan est un génie de la couleur – étaient fidèles à la marque, mais ce n'était pas suffisant. Et pourtant, on ne pouvait pas annuler le show.

Ce qui sauva le défilé fut un cadeau tombé du ciel : le lancement des lunettes Google Glass. Deux mois auparavant, à la conférence de Sun Valley, le cofondateur de Google Sergey Brin m'avait appelée de sa cachette, derrière un arbre. Il ne voulait surtout pas qu'on le voie, car il portait sa nouvelle technologie ultra-secrète : des lunettes qui pouvaient prendre des photos et des vidéos et permettaient de lire ses mails. Il avait un mini-ordinateur sur le front ! En bavardant, j'appris qu'il n'était jamais allé à un défilé de mode et je l'invitai donc avec sa femme à mon défilé de septembre.

À l'approche de la Fashion Week, Sergey m'appela avec une offre intrigante : « Et si vous lanciez les lunettes Google Glass au défilé ? » Je faillis en tomber de ma chaise ! C'était moi qui allais lancer les Google Glass ? Je trouvais l'idée formidable. Mais pas mon équipe de création, ni celle de relations publiques : « Ça sera une distraction ; on ne fera plus attention aux vêtements ; ça va gâcher le défilé », me dirent-ils. Je dus leur rappeler que l'objectif numéro un d'un défilé est d'avoir de belles photos : « Nous allons non seulement présenter cette nouvelle technologie que personne n'a jamais vue, mais en plus nous allons faire un film d'un point de vue complètement inédit : celui des mannequins qui défilent ! » Dans mon esprit, c'était aussi une arme secrète pour sauver un show auquel je ne croyais guère.

Et ce fut effectivement un moment historique, surtout lorsque j'allai chercher Sergey parmi le public et le pris par le bras pour saluer ensemble. Le soir, le défilé était sur toutes les chaînes de télévision du monde entier et le film *DFV (through the Google Glass)* fut visionné par des millions d'internautes sur YouTube. Google Glass avait sauvé le défilé !

Yvan et moi nous sommes séparés peu après. Ce que nous avions besoin de faire pour remettre la marque sur les rails aurait nui à sa créativité. Joel insista pour que je reprenne le poste de directeur artistique afin de ramener les collections vers leur ADN. « Comment trouver mieux que DVF pour faire du

DVF ? » fit-il valoir. Plus facile à dire qu'à faire. Il me fallut plus d'un an pour retrouver confiance en moi, y voir clair et, lentement mais sûrement, nous ramener sur la bonne voie.

Un matin, mon ami François-Marie Banier m'appela de Paris. Il dut sentir que je manquais d'assurance et me dit quelques mots que je trouvai lumineux : « Assume-toi. » Ce qu'il me disait, c'était d'avoir confiance en mon talent et d'apprendre à le respecter. Il avait entièrement raison. Bien que je conseille toujours aux autres d'oser être eux-mêmes, je ne m'appliquais pas cette devise à moi-même. « Peux-tu me faire un dessin, un portrait, pour me le rappeler ? » lui demandai-je en riant. Le dessin est accroché là, sous mes yeux, à côté de mon bureau.

Tandis que je m'impliquais davantage dans le processus de création, Joel réorganisa la société en divisions, avec une équipe unifiée coiffant la création, le merchandising et les ventes, et un calendrier clair pour le développement des nouvelles créations. Il recruta, entre autres, un président de la division vente au détail, un directeur de la division accessoires et un directeur général, sans oublier notre premier chef du marketing.

Joel prit l'initiative de demander à chaque cadre de l'entreprise de définir la femme DVF en une phrase. À sa grande frustration, la réponse n'était jamais la même ! Il organisa donc une séance de brainstorming avec Trey Laird, notre consultant.

L'objet de cette journée de brainstorming était de trouver trois mots qui décrivent précisément DVF.

Trois mots pour identifier notre marque, nos clientes et nos produits. J'étais sceptique. Nous nous sommes répartis en trois groupes de travail et avons travaillé sur des mots et des phrases. Joel nous avait enfermés dans une pièce avec du café et des pizzas pour nous empêcher de perdre notre concentration. À la fin de la journée, je fus agréablement surprise de voir combien de groupes étaient tombés d'accord sur les mêmes concepts : facile à porter, sexy et parfait pour voyager. Tout le monde applaudit !

Lorsque le brouillard se lève, on voit soudain la lumière et tout est plus facile. Ces trois concepts nous ont apporté une nouvelle clarté. Si le produit n'est pas facile à porter, s'il n'est pas sexy, s'il ne rentre pas dans une petite valise, ce n'est pas un produit DVF. Dès le lendemain, Joel était inondé de suggestions visant à appliquer cette définition à toutes les facettes de l'entreprise. L'équipe de création et l'équipe de merchandising retournèrent à leur travail sur la collection suivante avec un nouveau regard.

Le fils de Joel découvrit de vieilles photos de moi, prises dans le flou du mouvement par le paparazzi Ron Galella, et Joel déclara que c'était exactement l'image de DVF : une femme en mouvement, prise dans le feu de l'action. « Elle est belle ; elle traverse la rue ; ses cheveux volent dans le vent et vous voudriez être elle. » Il fallait trouver le bon mannequin, sophistiqué et avec le bon *body language* : une femme qui ressemble à celle que j'avais toujours voulu devenir.

Je me tournai vers Edward Enninful, le talentueux directeur mode de la revue *W*, pour qui j'ai tant d'amitié et de respect. « Qui verrait-il pour ma campagne de publicité ? » Il me répondit en moins d'une heure, en m'envoyant des clichés de moi jeune qu'il avait trouvés sur Internet, à côté de photos de Daria Werbowy.

Daria : un mannequin canadien d'origine ukrainienne, alors âgée de trente et un ans ; un physique extraordinaire, avec de longues jambes et des yeux bleus très écartés. Bien qu'elle ait fait la couverture des *Vogue* du monde entier, Daria n'est pas un supermodèle ordinaire. On ne la voit jamais dans les fêtes. Elle aime voyager, marcher. Elle est coolissime.

La première campagne de Daria pour DVF était évocatrice et réaliste. La nuit, à New York. Une belle jeune femme, seule, confiante, sachant où elle va, et qui jette un coup d'œil derrière elle. « Les images, écrivit le *Women's Wear Daily*, évoquent les photos des paparazzi dans les années 1970, avec un coup de projecteur sur la fameuse robe portefeuille de DVF. » Nous étions sur la bonne voie.

Pour s'assurer que nous ne déviions pas du droit chemin, Paula fit appel à son amie Stefani Greenfield, grâce à qui j'avais rencontré Paula des années plus tôt. Stefani, qui a vendu sa boutique Scoop en 2008, a maintenant sa propre firme de conseil, et comprend parfaitement la marque, d'autant qu'elle a une énorme collection personnelle de produits DVF. Je fus enchantée de l'avoir à nos côtés.

À côté de toutes ces transitions, reposant pour beaucoup sur les forces du passé et s'employant à les rationaliser pour l'avenir, il y avait une réalité à peine croyable : en 2014, la robe portefeuille aurait quarante ans ! Joel Harowitz organisa une réunion pour discuter de cet anniversaire. Pour Paula et moi, cela avait un air de « déjà-vu ». Nous n'étions pas convaincues de la nécessité de se concentrer sur la robe portefeuille. En revanche, les jeunes femmes du département marketing et Stefani étaient enchantées. Des idées furent proposées : une exposition ; des collaborations.

Comme je m'étais mise à réfléchir à la robe que j'avais créée des décennies auparavant et qui se vendait encore, je pris conscience que, dans mon esprit, la petite robe était toujours allée de soi. Parfois, la robe allait jusqu'à m'agacer, quand les gens en parlaient comme si c'était la seule chose que j'aie créée de ma vie. Lentement mais sûrement, je me mis à considérer la robe d'un œil neuf et à apprécier sa valeur pour elle-même, plutôt que pour ce qu'elle m'avait apporté. Facile, sexy et parfaite pour voyager, cette petite robe était vraiment la quintessence de la marque ! Je décidai donc d'en dessiner une nouvelle version : ce serait son cadeau d'anniversaire, pour remercier la robe d'origine de m'avoir fait vivre et de m'avoir fait entrer dans l'histoire de la mode.

Dans la collection, nous avions un modèle qui avait beaucoup de succès auprès des jeunes femmes : la robe Jeannie, baptisée en l'honneur de notre directrice de production, une vraie star. C'était une robe sans manches, avec un top ajusté en maille et une jupe évasée. Simple et confortable, facile à porter, sexy, pouvant se prêter à toutes les occasions, la robe était vite devenue un best-seller, qui avait séduit des célébrités telles Victoria Beckham.

Si cette jupe évasée plaisait tant, pourquoi ne pas en faire une robe portefeuille ? Je fis venir Emily, la jeune femme talentueuse que j'avais découverte à l'école d'art et de design de Savannah en Géorgie quelques années plus tôt. Je lui expliquai que nous allions réaliser cette nouvelle robe portefeuille ensemble. Le haut devait être comme un cache-cœur de ballerine, dans un jersey très moulant qui mette la poitrine en valeur et serre bien la taille. Pour la jupe, je choisis un tissu qui tombe bien mais reste léger.

La coupe fut travaillée et retravaillée jusqu'à ce que la robe tombe parfaitement, exactement comme je l'avais fait quarante ans plus tôt à Florence. Je voulais baptiser la robe Emily, mais en chemin elle devint Amelia. L'imprimé serpent d'origine, celui qui avait dansé sur le podium dans la salle Cotillon de l'Hôtel Pierre, fut ressorti pour cette robe. Au début, notre département des ventes ne remarqua presque pas la robe Amelia ; elle était arrivée si tard qu'ils n'avaient pas pu la montrer aux acheteurs. Mais, en dépit de mon manque d'assurance d'alors, j'obligeai nos boutiques à acheter la robe. J'avais eu raison : Amelia fut un énorme succès ; la robe apparut en pleine page dans *Vogue* et devint un best-seller ! Ce moment magique, la naissance de la nouvelle robe portefeuille, acheva de me convaincre : nous allions fêter son anniversaire avec fierté. À la réunion suivante, j'étais enthousiaste et très impliquée.

Ce fut à peu près au même moment, juste comme je commençais à retrouver mon assurance et mon enthousiasme, que Paula vint me trouver et commencer à parler de partir. Elle était fatiguée, et pensait qu'il était temps pour elle de songer à de nouveaux horizons et de nouveaux défis. Au début, je refusai de le croire ; j'avais toujours pensé que nous étions comme des sœurs siamoises, inséparables. Nous avions bâti DVF ensemble. Nous étions Thelma et Louise. « Je n'imagine pas DVF sans toi », lui avouai-je. Mais comme Paula continuait de discuter de son départ avec Joel, je me mis petit à petit à en accepter l'idée.

Les projets pour l'anniversaire de la robe portefeuille s'accéléraient. Il fut décidé que nous monterions une exposition. Le nom était tout trouvé : « Le voyage d'une robe ». L'exposition serait entièrement consacrée à la robe portefeuille : des modèles vintage sortis des archives, des modèles actuels et des modèles anniversaires. Une collaboration avec Andy Warhol me vint immédiatement à l'esprit. Quoi de plus DVF, de plus 1970 mais également de plus moderne qu'une robe portefeuille Andy Warhol ?

La première question était le choix du lieu. Je choisis Los Angeles : c'est non seulement une ville que j'aime énormément, et où vivent mes deux enfants, mais c'est aussi une ville qui a le bon *mix* de style et de culture pop. Et j'aime la lumière de L.A., cette même lumière qui a attiré l'industrie du cinéma dès les années 1930 et qui met en valeur les couleurs et l'audace.

Je pris rendez-vous avec Michael Govan, le très dynamique directeur du Los Angeles County Museum of Art (LACMA). Dans le parking, juste avant l'entretien, j'eus toutefois un doute : « Mais que vais-je lui dire ? Il faut annuler », dis-je, paniquée, à Grace Cha, ma directrice de la communication. Elle n'en croyait pas ses oreilles ! « Maintenant que nous y sommes, autant y aller… », m'encouragea-t-elle. Nous y allâmes donc.

Je n'avais pas plus tôt commencé de parler avec Michael que je sentis mon taux d'adrénaline s'envoler. Je revivais le succès de l'exposition de Pékin, et la façon dont j'avais commissionné des artistes chinois. Je sentais Michael enthousiaste lui aussi. « Connaîtriez-vous un lieu proche du LACMA que je puisse utiliser ? » lui demandai-je.

Ce fut Michael qui suggéra l'ancien immeuble d'un grand magasin, le May Company Department Store, situé sur le campus du LACMA. L'immeuble était à moitié vide, car il devait bientôt être rénové par l'architecte Renzo Piano pour en faire le nouveau musée de l'Académie du cinéma, baptisé Academy Museum of Motion Pictures. Le timing était donc parfait. Il ne me restait qu'à en rencontrer les responsables et à obtenir leur accord.

Lorsque je pénétrai dans les couloirs décorés d'affiches de l'Académie pour rencontrer Dawn Hudson, la PDG, et Bill Kramer, le directeur du développement pour le futur musée, j'étais bien déterminée à les séduire. Dawn devait être dans le même état d'esprit : en tout cas, elle portait un top DVF, ce que je trouvai de bon augure. Elle suggéra que nous visitions le lieu. S'il me plaisait, elle en référerait au conseil d'administration.

Le grand bâtiment, qui servait alors d'entrepôt et était envahi par des caisses d'œuvres d'art, n'était pas beau à voir, mais je savais que mon ami l'architecte d'intérieur Bill Katz pouvait faire des miracles. Je donnai donc mon accord pour le lieu et lançai le projet.

Ce que je ne savais pas encore, c'est que le musée Warhol à Pittsburgh, que je ne connaissais pas, était également en train d'organiser un anniversaire, pour ses vingt ans d'existence. Lorsque le directeur, Eric Schiner, m'appela pour m'inviter à participer aux célébrations, il mentionna qu'ils avaient de nombreuses photos de moi dans les archives. Le lendemain même, je rencontrais Bob Colacello, qui avait été rédacteur en chef du magazine *Interview* dans les années 1970 et était un des amis les plus proches d'Andy. Décidément, les planètes étaient alignées ! Je décidai donc de me rendre à Pittsburgh avec Bill Katz, mon architecte d'intérieur, et Bob Colacello à la recherche d'idées. Auparavant, je demandai également à Bob de m'emmener passer la journée à Brooklyn pour visiter les ateliers de jeunes artistes en compagnie de Vito Schnabel, le fils du peintre Julian Schnabel.

À Pittsburgh, Eric Schiner nous fit faire une visite complète : peintures, films, photos des archives. Bob Colacello et moi avions l'impression d'être remontés dans le temps !

Dans les semaines qui suivirent, je continuai à visiter des studios d'artistes avec Vito Schnabel. Je commissionnai notamment un jeune sculpteur, Dustin Yellin, pour qu'il fasse un portrait de la robe portefeuille en trois dimensions. Le résultat fut époustouflant ! Mais j'eus du mal à trouver des concepts aussi intéressants avec d'autres artistes.

« Tu cherches trop les complications ! me gronda Bill Katz, l'architecte d'intérieur. L'exposition est sur toi et sur la robe. Les seules œuvres d'art devraient être celles d'artistes qui t'ont connue, qui t'ont peinte, qui ont travaillé avec toi… C'est ton parcours, et celui de ta robe. Utilise tes imprimés, mets-les en avant, mets-les sur les murs, sur le sol, ne sois pas timide ! » Bill a l'œil le plus sûr du monde… Rien d'étonnant à ce que des artistes comme Jasper Johns, Anselm Kiefer et Francesco Clemente n'accrochent jamais une toile sans son avis ! Il parvint à me convaincre. J'étais si contente que je l'embrassai.

Ensuite, je rencontrai Stefan Beckman, qui dessine les magnifiques décors de tous les défilés de Marc Jacobs. C'est là que l'exposition commença à prendre forme : il y aurait une frise chronologique, une salle consacrée aux œuvres d'art et une immense pièce avec une armée de mannequins. J'avais toujours dit que je voulais une armée de robes portefeuille, comme l'armée de combattants que j'avais vue à Xi'an, en Chine. Nous en avions trente-six à Pékin, mais j'en voulais beaucoup plus à L.A. Ils furent fabriqués par Ralph Pucci, et sculptés spécialement pour moi, sur la base d'anciennes photos de mon visage. Le sculpteur leur donna des pommettes hautes et, à ma demande expresse, des nez de caractère. Je voulais aussi que les mannequins aient une pose intéressante et forte : elle fut donc inspirée par celle du *David* de Michel-Ange ! Je suivais régulièrement l'évolution des mannequins et, lorsque j'estimai qu'ils avaient l'air suffisamment forts et sans peur, j'en commandai deux cent vingt-cinq.

Stefan se mit à travailler sur la disposition des mannequins : cinq pyramides disposées en losange ; une grande au centre et quatre plus petites autour. Au sol, de larges bandes de vinyle reprenant les six grands imprimés DVF : brindilles, cubes, maillons, léopard, python et signature. L'effet était celui d'un immense drapeau. J'étais enchantée : j'avais toujours voulu un drapeau !

Tandis que Bill Katz s'occupait de l'architecture, Stefan des décors et Pucci des mannequins, notre archiviste, Franca Dantes, ressortait des documents et des images pour la frise chronologique : la lettre d'encouragement de Diana Vreeland en 1970, les premières publicités et des photos mémorables de femmes en robe portefeuille ; de Madonna à Ingrid Bétancourt ; de Michelle Obama à Cybill Sheperd dans *Taxi Driver* ; de Penelope Cruz dans *Étreintes brisées* à Amy Adams dans *American Hustle.* Dans la salle consacrée à l'art, nous disposerions les œuvres de Warhol, Francesco Clemente, Anh Duong, une nouvelle œuvre de Barbara Kruger, des photos de Helmut Newton, Chuck Close, Mario Testinao, Horst, Annie Leibovitz et les œuvres contemporaines commissionnées en Chine. Luisella Meloni, ma directrice des événements, travaillait avec Jeffrey Hatfield, le responsable de la production qui avait déjà réalisé les expositions de Moscou, de Sao Paulo et de Pékin. Mais il manquait encore une personne essentielle : qui allait être le commissaire d'exposition pour les robes ?

Le hasard fit bien les choses. En juin 2013, j'allai en Angleterre avec ma petite-fille Antonia pour sa journée d'orientation en pension, et pour assister à l'anniversaire de Bob Miller, le fondateur des boutiques Duty Free, grand-père maternel de Talita et de Tassilo. Lorsque je vais à Londres, j'en profite souvent pour rencontrer des stylistes, afin d'évaluer le vivier de talents disponibles. L'un d'eux était Michael Herz, le directeur de la création de Bally. Nous avions fait connaissance plusieurs années auparavant, alors qu'il était encore étudiant, et avions longuement bavardé à l'extérieur du Victoria and Albert Museum. Cette fois, ce fut un thé au Claridge's. Il m'avoua que j'apparaissais souvent sur son *inspiration board*. Son sens de l'humour et ses propos sur les femmes me plurent. Il y avait de la poésie dans tout ce qu'il disait. Intriguée, je posai des questions et appris que son contrat se terminait. Il n'avait pas de plans particuliers. « Ce serait sympathique de faire un projet ensemble », proposai-je, sans vraiment savoir ce que ce projet pourrait bien être.

De retour à New York, j'avais trouvé. J'appelai Michael : « J'ai un projet pour vous. » Et je l'invitai à Cloudwalk : peut-être pourrait-il être mon commissaire d'exposition ?

Lorsque Michael pénétra dans ma salle d'archives et commença à regarder les robes, je ne pus m'empêcher de sourire. Je le laissai travailler seul pendant deux jours, pour lui permettre d'absorber l'ensemble. Sa première sélection était très intéressante. Il avait choisi des robes que je n'avais pas vues depuis des années. Il avait passé des heures à étudier les vieux press-books, à prendre des photos et des notes et à réaliser des croquis. Au bout de ces deux jours, je savais déjà que Michael était la bonne personne pour l'exposition. « Vous avez trois mois, lui expliquai-je, pour organiser les robes par groupes et donner un sens à l'ensemble. Je voudrais que vous mélangiez les anciennes et les nouvelles robes, pour bien montrer la pertinence de la robe et son caractère indémodable. Si vous le souhaitez, vous pouvez ressortir d'anciens imprimés, modifier la taille des imprimés ou même dessiner de nouvelles robes… Mais l'ensemble doit être fluide et naturel. » Michael travailla de son côté pendant deux mois, puis nous passâmes deux longues journées à revoir sa sélection.

Michael me montra les catégories qu'il me proposait. Dans le grand losange central, il avait pensé mettre uniquement des robes en noir et blanc. Mais j'insistai pour mélanger le noir et blanc avec des robes en couleur. Noir et blanc mélangé avec des couleurs vives serait beaucoup plus DVF. Les autres thèmes étaient « nature », « animalier », « géométrique » et « pop ». Il me montra les croquis et les tissus qu'il voulait réimprimer. Ses choix étaient excellents. Il disparut dans les usines et les salles d'échantillons pendant des semaines. Je le laissai faire à sa guise. J'aurais toujours le temps d'intervenir plus tard.

Le vernissage devait avoir lieu le vendredi 10 janvier 2014, deux jours avant la cérémonie des Golden Globes. Toute notre équipe était désormais en mode turbo : construction, marketing, relations publiques et organisation du vernissage, les tâches ne manquaient pas.

Lorsque je rencontrai l'organisateur du vernissage début décembre, je me rendis compte que la fête était prévue à l'extérieur, sous une tente. Ce n'était pas ce que je voulais. Il fallait qu'elle ait lieu à l'intérieur, mais pas dans les salles d'exposition. Par chance, je dénichai 350 m^2 supplémentaires à côté de la salle des mannequins, et j'eus l'idée de les convertir en mon propre Studio 54, avec banquettes, colonnes et boules disco !

L'activité fut intense durant toutes les fêtes de fin d'année. Le chantier, qui avait démarré juste après Thanksgiving, ne s'interrompit pas pendant les fêtes ; les œuvres d'art étaient en route ; de nouvelles robes étaient en fabrication ; Franca, l'archiviste, devait négocier les droits pour les photographies. Alors que je passais les vacances en famille sur le bateau, je ne pouvais pas m'empêcher de harceler le responsable du chantier, Jeffrey Hatfield, et de lui demander des photos. J'étais inquiète : les imprimés sur le sol et les murs n'étaient-ils pas trop présents ? Mais lorsque je fus de retour à L.A., le 2 janvier, et que je me rendis directement au musée, je fus enchantée, et les idées s'enchaînèrent : la frise chronologique en noir et blanc et rose ; un immense néon à l'entrée : « *Feel like a woman, wear a dress* » (« Sentez-vous femme, mettez une robe ») ; et, au centre du show, la robe à motif léopard noir et blanc de 1974.

7

Les quarante ans de la wrap dress

Los Angeles, le vendredi 10 janvier 2014.

Je me suis réveillée tôt. Barry dort à mes côtés, calme et rassurant, dans la chambre où j'ai dormi pour la première fois trente-neuf ans auparavant. Il s'est passé tant de choses – et pourtant rien n'a changé.

Avant de me lever, je reste un moment sans bouger, à imaginer la journée à venir : une conférence de presse à neuf heures, puis une série d'interviews dans plusieurs langues qui vont prendre presque toute la journée. J'ai sélectionné plusieurs tenues pour ne pas porter la même sur toutes les photos. Pour le soir, j'ai choisi une robe longue baptisée Geisha Wrap, une robe noire très glamour avec des manches spectaculaires et une ceinture (un *obi*) en soie de couleur chartreuse.

Je me lève et, tout en mangeant un bol de graines de grenade, j'observe mon visage dans le miroir : Aïe, j'ai les yeux gonflés ! Je me pose un masque sur le visage avant de prendre une bonne douche de vapeur. Comme d'habitude, je me coiffe seule, mais c'est Sarah qui me maquille. Elle a la main légère, et je commence à me sentir mieux.

Puis j'enfile un pantalon avec un imprimé python, une chemise à motif léopard et des boots, et j'embrasse Barry. Je mets dans la voiture les vêtements que j'ai préparés et tout ce dont je vais avoir besoin pour cette journée de presse.

Me voici sur la route dans ma petite Mercedes de location. Un petit sourire et un clin d'œil dans le rétroviseur. Arrivée à l'angle de Fairfax et Wilshire, je contemple l'immense bâtiment et sa large bannière avec de nombreuses images de mon portrait par Andy Warhol.

C'est en français que je me dis alors tout haut : « Dianette, ta vie tout entière est dans cette boîte ! »

En parcourant la première galerie, les vêtements sur le bras, je me sens comme la Diane qui aimait tant entrer seule au Studio 54, telle une pionnière, pleine d'assurance et avec le désir de conquérir… Une vie d'homme dans un corps de femme.

Dans le bureau, je me change : une petite robe noire et blanche, des bas résille de couleur chair, des sandales à talon… « Sentez-vous femme, mettez une robe ! »

Dans ma chaussure, en guise de talisman, je scotche une des pièces d'or de mon père, une de celles qu'il a passées en contrebande quand il s'est réfugié en Suisse, en 1942. Les yeux fermés, je m'abandonne à la gratitude.

La gratitude envers Dieu qui a sauvé la vie de ma mère.

Envers ma mère qui m'a donné la vie.

Envers mes enfants pour être qui ils sont.

Envers Barry qui est toujours là pour moi.

Je suis prête pour ce grand jour, prête à rendre hommage à la petite robe qui est à l'origine de tout cela.

*

Tout le monde est venu à ma fête. Comme dans le générique à la fin du film, tous les acteurs de ma vie sont venus.

Ma famille : Barry, mes enfants, Alexandre et Tatiana, avec leurs compagnons respectifs ; Alexandra Miller et son compagnon ; Tassilo avec Talita et ses amies, une nouvelle génération de *wrap girls* avec leur robe portefeuille DVF/Andy Warhol ; mon frère Philippe et sa famille ; Martin Muller, venu de San Francisco ; Ginevra Elkann, de Rome ; Olivier Gelbsmann de New York ; Albert Koski et sa femme, Danièle Thomson, de Paris ; ainsi que Christian Louboutin, François-Marie Banier, Martin d'Orgeval et Johnny Pigozzi. Tous mes amis sont venus. Mes amis du monde de la mode, à commencer par Anna Wintour et mes amis et collègues du CFDA. Les acteurs et actrices : Gwyneth Paltrow, Raquel Welch, Demi Moore, Rooney Mara, Robin Wright, Tobey Maguire, Julie Delpy, Ed Norton et bien d'autres. L'aristocratie du cinéma est représentée, entre autres, par David Geffen. Sans oublier tous mes collègues et ex-collègues de DVF. Ils sont tous là, à ma grande joie.

*

L'exposition, qui dura quatre mois, fut un grand succès. Presque 100 000 visiteurs, des dizaines de milliers de commentaires dans les médias sociaux, des critiques dithyrambiques dans le monde entier. Même les experts de la mode les plus critiques apprécièrent l'accrochage et reconnurent le caractère indéniablement moderne de la robe, de même que son extraordinaire polyvalence. Il ne s'agissait plus du passé de la robe, mais de son avenir.

L'exposition eut un impact majeur sur le business et créa une demande pour les robes portefeuille auprès d'une nouvelle génération. Mais l'effet le plus surprenant fut celui que cette célébration eut sur moi. La vue de l'œuvre de toute une vie me rendit fière : pour la première fois de mon existence, je me sentais complètement légitime. L'exposition me projeta dans ce que je nomme « une ère nouvelle », le prochain chapitre de mon entreprise, celui qui viendra après moi.

*

Tout comme ma vie, ma carrière a été une formidable aventure. Mon travail m'a permis de devenir la femme que j'ai toujours voulu être, tout en aidant d'autres femmes à en faire autant. J'ai débuté à la recherche de la confiance en moi, et en chemin je crois avoir suscité cette même confiance chez d'autres.

J'ignore si j'ai atteint la sagesse, mais j'espère que mon expérience, racontée avec toute l'honnêteté et la franchise que j'ai pu trouver en mon cœur et dans ma mémoire, inspirera d'autres femmes à prendre leur vie entre leurs mains, à devenir leur propre meilleure amie et à oser sans crainte.

Être femme est un privilège, et comme tout privilège, ce n'est pas facile, mais je m'émerveille chaque jour de la force des femmes. Toutes les femmes sont fortes et, en cas de tragédie, leur force surgit toujours. Notre devoir envers nous-mêmes est donc d'assumer notre force avec douceur et humilité et d'oser être la femme que nous voulons être.

L'auteur

Diane von Furstenberg entre dans le monde de la mode en 1972 avec une valise pleine de robes en jersey. Deux ans plus tard, elle créée la robe portefeuille, symbole de pouvoir et d'indépendance pour des générations de femmes. En 1976, elle a déjà vendu plus d'un million de ces robes et fait la couverture du magazine *Newsweek*. Diane relance la robe portefeuille en 1997 et reconstruit son entreprise, dont elle a fait une marque de luxe mondialement connue. DVF est désormais présente dans cinquante-cinq pays. En 2005, Diane reçoit le prix du Council of Fashion Designers of America (CFDA) pour l'ensemble de sa carrière. Un an plus tard, elle est élue présidente du CFDA, un poste qu'elle occupe toujours. En 2012, Diane est nommée par *Forbes magazine* la femme la plus influente du monde dans la mode.

Table

N° d'édition : L.01EHBN000844.N002
Dépôt légal : octobre 2016

Cet ouvrage a été mis en page par IGS-CP
à L'Isle-d'Espagnac (16)

Imprimé en France par CPI
en octobre 2016

N° d'impression : 138234